LANGENSCHEIDTS
PRAKTISCHE LEHRBÜCHER

LANGENSCHEIDTS

PRAKTISCHES LEHRBUCH POLNISCH

von

Grażyna Lewicka und Roman Lewicki

LANGENSCHEIDT

BERLIN · MÜNCHEN · WARSCHAU · WIEN · ZÜRICH · NEW YORK

Langenscheidts Praktisches Lehrbuch Polnisch
Ein Standardwerk für Anfänger
von Grażyna Lewicka und Roman Lewicki

Illustrationen: Olga Lewicka, Matthias Weis
Redaktion: Susanne Brudermüller

Ein Schlüssel zu den Übungen ist gesondert lieferbar.
Es empfiehlt sich, zu diesem Lehrbuch auch die beiden Begleitcassetten oder Audio-CDs zu verwenden.
Sie enthalten das polnische Alphabet mit Beispielwörtern sowie sämtliche Lektionstexte.
Schlüssel (Best.-Nr. 26267), Cassetten (Best.-Nr. 80426) und CDs (Best-Nr. 80259) sind im Buchhandel erhältlich.

Titelfoto: Krakau, Wawel
(ifa, Stuttgart)

Druck: Druckhaus Langenscheidt, Berlin-Schöneberg
Printed in Germany / ISBN 3-468-26262-0

Inhaltsverzeichnis

Inhaltsverzeichnis

Inhaltsverzeichnis

Vorwort

Langenscheidts neues Praktisches Lehrbuch Polnisch ist sowohl für echte Anfänger als auch für Lernende mit Vorkenntnissen bestimmt. Es bietet in 22 Lektionen eine systematische und umfassende Einführung in die polnische Sprache.

Der Kurs beginnt mit einer kurzen Einführung in die polnische Aussprache. Diesen Abschnitt sowie sämtliche Lektionstexte finden Sie auf den beiden *Begleitcassetten* (Bestellnummer 80426). Die ersten vier Lektionstexte wurden zweimal aufgenommen: Einmal mit Pausen zum Nachsprechen, das zweite Mal in normalem Sprechtempo. Im Lehrbuch stehen die ersten drei Texte auch in Internationaler Lautschrift (IPA).

Jede Lektion besteht aus vier Teilen: *Teil A* enthält einen Text mit den dazugehörigen Vokabeln und Redewendungen. *Teil B* bringt Erklärungen zur Landeskunde und zum Sprachgebrauch. *Teil C* enthält einen leichtverständlichen Kommentar zu den im Lektionstext vorkommenden grammatischen Strukturen. *Teil D* bietet grammatische, lexikalische und kommunikative Übungen, die der Festigung der Sprachstrukturen und der Redemittel dienen.

Langenscheidts Praktisches Lehrbuch Polnisch ist nicht einer bestimmten Methode verpflichtet, sondern bietet durch verschiedenartige Übungsformen und Arbeitsvorschläge breiten Spielraum für seinen effektiven Einsatz sowohl beim Selbststudium als auch im Gruppenunterricht. Eine Lektion läßt sich im Gruppenunterricht je nach Vorkenntnissen in 3–4 Doppelstunden à 45 Min. erarbeiten.

Hier ein paar Ratschläge für erfolgreiches Lernen im Selbststudium:

1. Üben Sie regelmäßig – jeden Tag etwa 15–20 Minuten ist besser als einmal die Woche drei Stunden.
2. Beginnen Sie jede Lektion möglichst mit dem Abhören des Textes – zunächst ohne Textvorlage, dann mit dem Lehrbuch. Zum Üben können Sie den Text auch in zwei/drei kleinere Teile zerlegen.
3. Nachdem Sie den Text gehört haben, können Sie ihn übersetzen – am folgenden Tag den ersten Teil des Textes, dann den restlichen Teil.
4. Lernen Sie die neuen Wörter möglichst nicht isoliert, sondern in ihren konkreten Anwendungsbeispielen und auch nicht alle Wörter und Wendungen auf einmal an einem Tag.
5. Schreiben Sie einen Teil des Textes oder den ganzen Text ab und lassen Sie dabei für die zweite Hälfte jedes dritten Wortes eine Lücke. Ergänzen Sie am nächsten Tag alle Lücken und vergleichen Sie Ihren Text mit dem Original.
6. Sprechen Sie nun in den Pausen (der ersten vier Lektionen) die einzelnen Äußerungen bzw. Sätze nach dem Buch oder sogar aus dem Gedächtnis. Die Begleit-

cassette dient Ihnen als Kontrolle. Auch diese Phase kann beliebig oft wiederholt oder dazwischengeschoben werden.
7. Analysieren Sie die im Text vorkommenden neuen grammatischen Strukturen, lesen Sie dazu den entsprechenden Punkt aus dem Grammatikteil (Teil C). Auf diese Weise können Sie jeden Tag einen grammatischen Punkt bearbeiten.
8. Wenn Sie alle Grammatikpunkte durchgearbeitet haben, machen Sie die Übungen, die Sie im Übungsteil (Teil D) finden. Die meisten Übungen beziehen sich auf den Wortschatz und die Strukturen des Lektionstextes. Es gibt außerdem kommunikative Übungen, die Sie mit einem Partner oder im Gruppenunterricht machen können. Auf diese Weise machen Sie aus Ihrem autonomen Lernen ein partnerschaftliches Lernen, in dem Sie das Gelernte auch auf neue kommunikative Situationen übertragen können.

Insbesondere für den Selbstlerner empfiehlt sich eine Kontrolle durch den getrennt lieferbaren *Schlüssel* zu den gebundenen Übungen (Bestellnummer 26267).

VERFASSER UND VERLAG

Grammatikalische Fachausdrücke und ihre Erklärung

Adjektiv = Eigenschaftswort: das rote Auto
Adverb = Umstandswort: Es fährt schnell.
Akkusativ = 4. Fall, Wenfall: Sie kauft die Zeitung.
Aktiv = Tätigkeitsform: Er wäscht das Auto.
Aspekt = Handlungsablauf beim Verb – perfektiv, imperfektiv
Attribut = Eigenschaft, Beifügung: das rote Auto
Dativ = 3. Fall, Wemfall: Eva hilft ihrem Bruder.
Deklination = Beugung der Substantive, Adjektive und Pronomina
Demonstrativpronomen = hinweisendes Pronomen: dieser, jener
feminin = weiblich
Femininum = weibliches Substantiv
Flexion = Beugung der Substantive, Adjektive, Pronomina, Verben
Futur = Zukunftsform: er wird lesen
Genitiv = 2. Fall, Wesfall: der Vater meines Freundes
Genus = grammatisches Geschlecht
Imperativ = Befehlsform: sag(e)!
imperfektiv = unvollendeter Aspekt des Verbs
Indikativ = Wirklichkeitsform: Er schreibt einen Brief.
Infinitiv = Nennform, Grundform des Verbs: fahren, gehen
Instrumental = 5. Fall
Kasus = Beugungsfall der Deklination
Komparativ = Höherstufe bei der Steigerung: schneller
Konjugation = Beugung des Verbs
Konjunktion = Bindewort: weil, und, daß
Konjunktiv = Möglichkeitsform: Er schriebe einen Brief.
Konsonant = Mitlaut: p, t, k usw.
Lokativ = 6. Fall
maskulin = männlich
Maskulinum = männliches Substantiv
neutral = sächlich
Neutrum = sächliches Substantiv
Nominativ = 1. Fall, Werfall: Mein Freund wartet auf mich.
Numerus = Zahl
Objekt = Satzergänzung: Die Frau kauft das Buch.
Ordinalzahl = Ordnungszahl: der erste, der zweite
Partizip = Mittelwort: gekommen, getanzt
Passiv = Leideform: das Auto wird gewaschen.
perfektiv = vollendeter Aspekt des Verbs
Personalform = besondere Formen zur Bezeichnung des Nominativ Plurals bei männlichen Personen
Personalpronomen = persönliches Fürwort: ich, du, er

Grammatikalische Fachausdrücke und ihre Erklärung

Plural = Mehrzahl: Kirschen
Positiv = Grundstufe bei der Steigerung: schnell
Possessivpronomen = besitzanzeigendes Fürwort: mein, dein, sein
Prädikat = Satzaussage: Die Tante besucht uns jede Woche.
Präfix = Vorsilbe: abschreiben, vorlesen
Präposition = Verhältniswort: an, von, zu, mit, für
Präsens = Gegenwart: ich lese
Präteritum = Vergangenheit: ich las
Pronomen = Fürwort
Reflexivpronomen = rückbezügliches Fürwort: sie kämmt sich
Relativpronomen = bezügliches Fürwort: Wo ist das Buch, das ich gekauft habe?
Sachform = besondere Formen zur Bezeichnung des Nominativ Plurals bei Gegenständen und Begriffen sowie bei Lebewesen, die keine männlichen Personen sind
Singular = Einzahl: Tisch
Subjekt = Satzgegenstand: Der Vater kauft die Zeitung.
Substantiv = Hauptwort
Suffix = Nachsilbe: zahl-bar, Neu-heit
Superlativ = Höchststufe bei der Steigerung: der schnellste
Verb = Zeitwort, Tätigkeitswort: schreiben, lesen
Vokal = Selbstlaut: a, e, i, o, u
Vokativ = 7. Fall

Abkürzungen

Adj.	Adjektiv	*m*	maskulin
Adv.	Adverb	*Mask.*	Maskulinum
Akk.	Akkusativ	*n*	neutral
Akt.	Aktiv	*Neutr.*	Neutrum
Dat.	Dativ	*Nom.*	Nominativ
f	feminin	*Part.*	Partizip
Fem.	Femininum	*Pass.*	Passiv
Fut.	Futur	*Pers.*	Person
Gen.	Genitiv	*pf.*	perfektiv
Imp.	Imperativ	*Pl.*	Plural
Inf.	Infinitiv	*Präp.*	Präposition
Instr.	Instrumental	*Präs.*	Präsens
it.	iterativ	*Prät.*	Präteritum
Komp.	Komparativ	*Pron.*	Pronomen
Konj.	Konjunktion	*Sg.*	Singular
Lok.	Lokativ	*Vok.*	Vokativ

Erläuterungen zur Aussprache

Buchstaben und Laute

Das polnische Alphabet besteht aus 32 Buchstaben, denen folgende Laute entsprechen:

Buchstabe		*Laut-schrift*	*Name*	*verwandter Laut im Deutschen*	*Beispiel*	
A	a	[a]	a	**A**dresse	**a**dres	*Adresse*
	ą	[ɔ̃]	ɔ̃	**Bonbon**	w**ą**ż	*Schlange*
B	b	[b]	bɛ	**B**ar	**b**ar	*Bar*
C	c	[ts]	tsɛ	**Z**ucker	**c**ukier	*Zucker*
Ć	ć	[tɕ]	tɕɛ	En**tch**en	**ć**wier**ć**	*Viertel*
D	d	[d]	dɛ	**D**ame	**d**ama	*Dame*
E	e	[ɛ]	ɛ	**E**ff**e**kt	**e**f**e**kt	*Effekt*
	ę	[ɛ̃]	ɛ̃	Cous**in**	j**ę**zyk	*Zunge*
F	f	[f]	ɛf	**F**ragment	**f**ragment	*Fragment*
G	g	[g]	gɛ	**G**as	**g**az	*Gas*
H	h	[x]	xa	Da**ch**	da**ch**, **h**umor	*Dach, Humor*
I	i	[i]	i	**I**nstinkt	**i**nstynkt	*Instinkt*
J	j	[j]	jɔt	**J**ak	**j**ak	*Jak*
K	k	[k]	ka	**K**asse	**k**asa	*Kasse*
L	l	[l]	ɛl	**L**egende	**l**egenda	*Legende*
Ł	ł	[w]	ɛw	**W**estern	**ł**adny	*hübsch*
M	m	[m]	ɛm	**M**ai	**m**aj	*Mai*
N	n	[n]	ɛn	**N**ovelle	**n**owela	*Novelle*
	ń	[ɲ]	ɛɲ	Ko**gn**ak	ko**ń**	*Pferd*
O	o	[ɔ]	ɔ	K**o**nt**o**	k**o**nt**o**	*Konto*
Ó	ó	[u]	ɔ[1]	d**u**mm	s**ó**l	*Salz*
P	p	[p]	pɛ	Pech	pech	*Pech*
R	r	[r]	ɛr	**R**um	**r**um[2]	*Rum*
S	s	[s]	ɛs	Ba**ß**	ba**s**	*Baß*
Ś	ś	[ɕ]	ɛɕ	etwa wie in i**ch**	kto**ś**	*jemand*
T	t	[t]	tɛ	**T**ennis	**t**enis	*Tennis*

[1] o kreskowane bzw. o z kreską *o mit Strich*
[2] im Polnischen Zungenspitzen-R

Buchstabe		*Lautschrift*	*Name*	*verwandter Laut im Deutschen*	*Beispiel*	
U	u	[u]	u	S**u**mme	s**u**ma	*Summe*
W	w	[v]	vu	**W**aage	**w**aga	*Waage*
	y	[ɨ]	ɨ	etwa wie in S**i**nn, Sonn**e**	s**y**n sen	*Sohn*
Z	z	[z]	zɛt	**S**uppe	**z**upa	*Suppe*
Ź	ź	[ʑ]	ʑɛt[3]	–	**ź**le	*schlecht*
Ż	ż	[ʒ]	ʒɛt[4]	**J**ournal	**ż**urnal	*Journal*

[3] z z kreską *z mit Strich*
[4] z z kropką *z mit Punkt*

Darüber hinaus verfügt das Polnische über Buchstabenkombinationen, denen folgende Laute bzw. Lautgruppen entsprechen:

Buchstabe	*Lautschrift*	*verwandter Laut im Deutschen*	*polnisches Beispiel*	
ch	[x]	Da**ch**	da**ch**	*Dach*
cz	[tʃ]	**Tsch**eche	**Cz**ech	*Tscheche*
sz	[ʃ]	**Sch**al	**sz**al	*Schal*
rz	[ʒ]	**J**ournal	**rz**ecz	*Sache*
rz	[ʃ][1]	**Sch**al	p**rz**erwa	*Pause*
dż	[dʒ]	**Dsch**ungel	**dż**ungla	*Dschungel*
dź	[dʑ]	–	**dź**wig	*Aufzug*
dz	[dz]	–	**dz**wonek	*Klingel*

[1] rz wird nach p, t, k wie [ʃ] ausgesprochen.

Um das vorliegende Lehrbuch auch für Selbstlerner geeignet zu gestalten, wurden zur Darstellung der polnischen Laute (in der Einführung und in den ersten drei Lektionstexten) die Zeichen der phonetischen Schrift der IPA (International Phonetic Association) eingesetzt. Die deutschen und die polnischen Beispiele in der Tabelle wurden so zusammengestellt, daß sie an einem ähnlichen und dadurch bekannten Wortgut eine genaue Erkennung der Aussprache der einzelnen Laute ermöglichen. Im Polnischen wird allerdings immer die vorletzte Silbe im Wort betont. Das betrifft auch – von einigen Ausnahmen abgesehen – die Internationalismen, die hinsichtlich der Betonung und Rechtschreibung polnischen Regeln folgen, z. B.: húmor, frágment.

Alle Erläuterungen stellen nur eine annähernde Beschreibung der polnischen Aussprache dar. Die korrekte Aussprache üben Sie am besten mit den Begleitcassetten.

Erläuterungen zur Aussprache

Die Aussprache der einzelnen Laute

Bei der Aussprache der polnischen Laute ist die Zunge mehr nach vorne verlegt und „beweglicher“ als im Deutschen. Aus diesem Grunde werden die stimmlosen [p, t, k] im Polnischen nicht behaucht (aspiriert), und das [r] wird mit der Zungenspitze ausgesprochen.

Dadurch, daß die Regeln einzelne Laute zu Wörtern zu verbinden in beiden Sprachen unterschiedlich sind, werden die Laute in einer anderen phonetischen Umgebung auch anders realisiert. Wie schon erwähnt, wird im Polnischen die vorletzte Silbe eines jeden Wortes betont. Dabei werden die unbetonten Silben genauso deutlich ausgesprochen wie die betonten.

Im Polnischen verschmelzen die einsilbigen Präpositionen, Pronomina und Substantive zu einer Ausspracheeinheit, z. B.:

ze‿mną	*mit mir*	cieszę‿się	*ich freue mich*
do‿wtorku	*bis Dienstag*	pisałem‿ci	*ich habe dir geschrieben*

Die gegenseitige Beeinflussung der Laute wirkt also über die Silben- und Wortgrenzen hinweg, und zwar im Sinne einer Angleichung an den folgenden bzw. vorangehenden Laut. Diese Angleichung wird Assimilation genannt, z. B. wird unter dem Einfluß des stimmhaften [b] das auslautende stimmlose [t] auch stimmhaft ausgesprochen:

Die Assimilation

brat‿Basi

bist‿du

- brat Basi *Barbaras Bruder* wird also [brad‿baɕi] ausgesprochen,
- także *auch* [tagʒe].

Im folgenden wird die Aussprache der einzelnen polnischen Laute in ihrer phonetischen Umgebung behandelt:

Das Vokalsystem

Im Polnischen gibt es acht Vokale: sechs orale a, e, i, y, o, u und zwei nasale ą, ę. Alle Vokale sind kurz und entsprechen den deutschen kurzen Vokalen in betonter Stellung, z. B. Bank, Pech (weitere Beispiele in der Tabelle). Die Vokale [u] und [i] sind kurz und geschlossen, z. B.: Nummer, Film. Das Polnische unterscheidet nicht zwischen betonter und unbetonter Stellung der Vokale. Sie werden in allen Positionen gleich ausgesprochen.

y [ɨ] Der Vokal [ɨ] wird ähnlich wie das dt. [i] oder das auslautende [ə] in Wörtern wie: dt. **Bitte**, **Sinne**, poln. **byt** [bɨt] *Existenz,* **syn** [sɨn] *Sohn* ausgesprochen.
Der Vokal [ɨ] tritt nie im Wortanlaut und nach den Konsonanten [k, g] und [l] auf.

i [i] — Der Vokal [i] hat im Polnischen eine besondere Rolle zu erfüllen. Außer daß er als selbständiger Vokal vorkommt, erweicht er die vorangehenden Konsonanten, z. B.: bilet [b̡ílɛt], film [f̡ílm].

u [u] — Der Vokal [u] wird im Polnischen durch die beiden Buchstaben u und ó wiedergegeben, z. B.: buk [buk] *Buche,* Bóg [buk] *Gott.*

ą [ɔ̃]
ę [ɛ̃] — [ɔ̃] ähnelt dem französischen nasalen [ɔ̃] in b**on** [bɔ̃], und [ɛ̃] dem französischen [ɛ̃] in frz. cous**in** [kuzɛ̃].

Nasal ausgesprochen werden ą und ę vor den Konsonanten f, w, s, ś, sz, rz, z, ź, ż und ch, z. B.: w**ą**ż [vɔ̃ʒ] *Schlange,* k**ę**s [kɛ̃s] *Bissen.*
In anderen Positionen unterliegen sie einer Angleichung an die folgenden Konsonanten und werden dann wie [ɔm], [ɔn] bzw. [ɛm], [ɛn] ausgesprochen:

a) vor p und b wie [ɔm] und [ɛm] in z**ą**b [zɔmp] *Zahn,* s**ę**p [sɛmp] *Geier.*
b) vor t, d, c und vor dz, cz wie [ɔn] und [ɛn] in k**ą**t [kɔnt] *Winkel,* s**ę**dzia [sɛndz̡a] *Richter.*
c) vor g, k und vor ć, dź, ci, dzi wie [ɔn] und [ɛn] in mąka [mɔnka] *Mehl,* męka [mɛnka] *Qual.*

Am Wortende wird das ę heute oft als [e] ausgesprochen, z. B. proszę [prɔʃe] *bitte.*

Die Lautverbindungen au, eu klingen wie deutsches kurzes [a] bzw. [ɛ] mit nachfolgendem kurzem [u], z. B.: auto [autɔ], Europa [ɛurɔpa] und werden nicht wie ein Diphthong ausgesprochen.

Das Konsonantensystem

Das Polnische unterscheidet nicht nur zwischen stimmhaften und stimmlosen, sondern auch zwischen harten, verhärteten und weichen Konsonanten.

	hart		*verhärtet*	*weich*
stimmhaft	l, ł, m, n, r	b, d, g, w, z	dz, dż, rz/ż	ź, dź, ń
stimmlos		ch/h, p, t, k, f, s	c, cz, rz/sz	ś, ć, j

Bei einer **Konsonantenhäufung** beeinflussen sich die stimmlosen und die stimmhaften Konsonanten gegenseitig. Die stimmhaften Konsonanten treten nur vor Vokalen, vor l, ł, m, n, r und anderen stimmhaften Konsonanten auf. Die stimmlosen Konsonanten treten dagegen vor l, ł, m, n, r und vor stimmlosen Konsonanten auf. Am Wortende werden alle Konsonanten (außer l, ł, m, n, r, die immer stimmhaft sind) stimmlos.

Erläuterungen zur Aussprache

Vor **stimmlosen** Konsonanten verlieren stimmhafte Konsonanten ihre Stimmhaftigkeit, z. B.: obcy [ɔptsɨ] *fremd,* ławka [wafka] *Bank.* Vor stimmhaften Konsonanten werden sonst stimmlose Konsonanten stimmhaft ausgesprochen, z. B.: także [tagʒɛ] *auch.* Die stimmhaften Konsonanten w und rz werden nach stimmlosen Konsonanten stimmlos ausgesprochen, z. B.: trzy [tʃɨ] *drei,* twardy [tfardɨ] *hart.*

Die Konsonanten **l, ł, m, n, r** beeinflussen keine anderen Konsonanten und bleiben in allen Positionen unverändert.

Doppelkonsonanten werden im Gegensatz zum Deutschen doppelt ausgesprochen, z.B.: wanna [vanna] *Wanne,* lekko [lɛkko] *leicht.*

Die Einteilung aller Konsonanten in **harte, verhärtete und weiche** Konsonanten ist wichtig bei der Bildung der Deklinationsklassen der polnischen Substantive und Adjektive. Vom Stammauslaut eines Substantivs bzw. Adjektivs hängt die entsprechende Deklinationsendung ab.

Verhärtete Konsonanten sind solche Konsonanten, die ursprüngling weich waren, aber infolge des Sprachwandels hart geworden sind, z. B.: Nom. ławk-a [wafka] *Bank,* Dat. ławc-e [waftsɛ].

Weiche Konsonanten sind in der Schrift durch einen Strich gekennzeichnet. Wenn ein weicher Konsonant bei der Flexion seine Stellung ändert, verändert sich auch seine Schreibweise, z. B.: koń *das Pferd* und konia *des Pferdes.*

Orthographisch können also weiche Konsonanten auch durch nachfolgende Verbindung i + Vokal (sog. Palatalisierung) ausgedrückt werden. Das i bildet in dieser Position keine eigene Silbe, sondern wird wie ein flüchtiger i-Laut **zusammen** mit dem davorstehenden Konsonanten ausgesprochen. Auf diese Weise haben fast alle harten Konsonanten ihre weichen Entsprechungen, z. B.:

[b, b̡]	bez [bɛs] *ohne*	bies [b̡ɛs] *Teufel*
[p, p̡]	pasek [pasɛk] *Gürtel*	piasek [p̡asɛk] *Sand*
[m, m̡]	mara [mara] *Trugbild*	miara [m̡ara] *Maß*

Nachstehend werden nur die Konsonanten behandelt, deren Aussprache sich von der deutschen unterscheidet.

ł [w] — klingt wie ein englisches w in Wörtern wie water, winner; ładny [wadnɨ] *hübsch.*

r [r] — ist mit der Zungenspitze als sog. gerolltes r zu sprechen, z. B.: rura [rura] *Rohr.*

ch/h [x] — werden im heutigen Polnisch grundsätzlich wie der deutsche Ach-Laut ausgesprochen, z. B.: hotel, [xɔtɛl] *Hotel,* dach [dax] *Dach.*

p, t, k [p, t, k] — werden im Polnischen ohne Behauchung ausgesprochen, z. B. tata [tata] *Papa,* pech [pɛx] *Pech,* konto [kɔntɔ] *Konto,* tenis [tɛnis] *Tennis.*

w [v]	klingt wie das deutsche w in Waage, waga [vaga]. Nach t und s wird w aber wie f ausgesprochen, z. B.: swój [sfuj] *sein,* twój [tfuj] *dein.*
z [z]	entspricht dem deutschen stimmhaften s in Suppe, zupa [zupa].
s [s]	wird wie das deutsche stimmlose s in Presse ausgesprochen, prasa [prasa].
c [ts]	entspricht dem deutschen z in Zucker, cukier [tsuķɛr].
dz [dz]	bildet die stimmhafte Entsprechung zu c, z. B.: sprawdza [spravdza] *er prüft,* aber: sprawca [spraftsa] *Täter.*
cz [tʃ]	klingt wie das deutsche tsch in Tscheche, Czech [tʃɛx].
dż [dʒ]	bildet die stimmhafte Entsprechung zu cz. dż wird ähnlich wie das englische j in Jazz und Jam ausgesprochen, z. B.: czemu [tʃɛmu] *warum,* dżemu [dʒɛmu] (Dat.) *Marmelade.*
rz/sz [ʃ]	wird wie das deutsche sch in Schal ausgesprochen, szal [ʃal] *Schal,* lekarz [lɛkaʃ] *Arzt.*
rz/ż [ʒ]	bildet die stimmhafte Entsprechung zu rz/sz und wird wie das französische j in Journal ausgesprochen, żurnal [ʒurnal].
ś [ɕ]	ähnelt der Aussprache des deutschen Ich-Lautes, z. B.: ktoś [ktɔɕ] *jemand.*
ź [ʑ]	bildet die stimmhafte Entsprechung zu ś, z. B.: źle [ʑlɛ] *schlecht.*
ć [tɕ]	entspricht ungefähr der deutschen Aussprache von tch in Entchen, z. B.: ćwierć [tɕfɛrtɕ] *Viertel.*
dź [dʑ]	bildet die stimmhafte Entsprechung zu ć, z. B.: szydź [ʃɨdʑ] *spotte!,* szyć [ʃɨtɕ] *nähen.*
ń [ŋ]	entspricht dem deutschen gn in Kognak, z. B.: amerykański [amɛrɨkaŋski] *amerikanisch.*

Rechtschreibung

Schrift- und Lautbild unterscheiden sich im Polnischen weitgehend voneinander. Wenn Sie sich aber mit der Aussprache vertraut gemacht haben, werden Sie sicherlich auch keine Schwierigkeiten mit der Schrift haben, bis auf einige Punkte:

1. Der Vokal [u] wird im Polnischen mit den zwei Buchstaben u und ó bezeichnet. Ein ó wird meistens in den Wörtern geschrieben, in deren Flexion ein Wechsel von ó zu o erfolgt, z. B.: ogród *Garten,* ogrodu *des Gartens,* wschód *Osten,* wschodu *des Ostens.* Die Wahl des richtigen Buchstabens wird auch durch Wörter mit demselben Stamm erleichtert, z. B.: wódka *Wodka,* woda *Wasser.*

2. Der Konsonant [ʒ] wird ebenfalls durch zwei Buchstaben in der Schrift wiedergegeben: rz und ż. Bei der Wahl des richtigen Buchstabens ist der Wechsel von rz zu r und von ż zu g in der Flexion oder im gemeinsamen Wortstamm behilflich, z. B.: mo**rz**e *Meer* – mo**r**ski *Meeres* ..., mo**ż**e *er darf* – mo**g**ę *ich darf.*

3. Groß geschrieben werden: Eigen-, Orts- und Ländernamen sowie Bezeichnungen für verschiedene Institutionen und Feste, Anreden in Briefform und Satzanfänge. Alle übrigen Wörter werden klein geschrieben.

4. Die Silbentrennung: Einsilbige Wörter und Buchstabenverbindungen, die einen Laut darstellen, werden nicht getrennt, z. B.: rzecz *Sache,* rok *Jahr,* u-cho *Ohr,* ko-szyk *Korb.* Einfache und abgeleitete Wörter werden nach Sprechsilben getrennt, die sich beim langsamen Sprechen von selbst ergeben, z. B.: ko-per-ta *Briefumschlag.* Bei zusammengesetzten Wörtern und Wörtern mit einem Präfix (Vorsilbe) erfolgt die Trennung nach ihren sprachlichen Bestandteilen, z. B.: po-dzie-lić *(ein)teilen.*

1A Text

Przedstawiamy się.
pʃɛtsta'ɣamɨ ɕɛ̃

P. = Paweł Śniegocki
K. = Katarzyna Żórawska

P.: Dzień dobry.
dʑɛɲ 'dɔbrɨ
Czy pani Katarzyna Żórawska?
tʃɨ 'paɲi kata'ʒɨna ʒu'rafska

K.: Tak, to ja.
tak tɔ ja
Słucham pana?
'swuxam 'pana

P.: Nazywam się Paweł Śniegocki.
na'zɨvam ɕɛ̃ 'pavɛw ɕɲɛ'gɔtski

K.: Przepraszam, jak się pan nazywa?
pʃɛ'praʃam jak ɕɛ̃ pan na'zɨva

P.: Jestem Paweł Śniegocki.
'jɛstɛm 'pavɛw ɕɲɛ'gotski

K.: Ach, to pan.
ax tɔ pan
Czekam na pana już od godziny.
'tʃɛkam na 'pana juʃ ɔd‿gɔ'dʑinɨ

P.: To niemożliwe.
tɔ ɲɛmɔʒ'livɛ
Jestem zwykle punktualny.
'jɛstɛm 'zvɨklɛ puŋktu'alnɨ

K.: Och, bardzo mi przykro.
ɔx 'bardzɔ mʲi 'pʃɨkrɔ
Mój zegarek jest zepsuty.
muj zɛ'garɛk jɛst zɛ'psutɨ

P.: Ach, nic nie szkodzi.
ax ɲits ɲɛ 'ʃkɔdʑi

KATARZYNA
ŻÓRAWSKA

PAWEŁ
ŚNIEGOCKI

1A

K.: Jestem Katarzyna Żórawska.
'jɛstɛm kata'ʒɨna ʒu'rafska
A to jest Małgorzata Łabędzka,
a tɔ jɛst mawgɔ'ʒata wa'bɛntska
moja koleżanka.
'mɔja kɔlɛ'ʒanka

P.: Bardzo mi miło.
bardzɔ m̨i m̨iwɔ
A kto to jest ten pan?
a ktɔ tɔ jɛst tɛn pan
Jak nazywa się ten pan?
jak na'zɨva ɕɛ̃ tɛn pan

K.: Ten pan to Krzysztof Ćmielowicz,
tɛn pan tɔ 'kʃiʃtɔf tɕm̨ɛ'lɔv̨itʃ
mój szef.
muj ʃɛf

KRZYSZTOF ĆMIELOWICZ

MAŁGORZATA ŁABĘDZKA

przedstawiać się *ipf.*, przedstawiam się, przedstawiasz się	*sich vorstellen*
przedstawiamy się	*wir stellen uns vor*
dzień, dnia *m*	*Tag*
dobry, -a, -e	*gut*
czy	*ob, oder*
pani, pani *f*	*Frau*
czy pani Żórawska?	*sind Sie Frau Żórawska?*
tak	*ja*
to	*das*
ja	*ich*
pan, -na *m*	*Herr*
słuchać *ipf.*, słucham, słuchasz	*zuhören*
słucham pana/ panią?	*was kann ich für Sie tun?*
nazywać się *ipf.*, nazywam się, nazywasz się	*heißen*
przepraszać *ipf.*, przepraszam, przepraszasz	*entschuldigen*
jak	*wie*
być *ipf.*, jestem, jesteś	*sein*
jest	*(er, sie, es) ist*
czekać *ipf.* na, czekam, czekasz	*warten auf*
na *Präp.* + *Akk.*	*auf*
już	*schon*
godzina, -ny *f*	*Stunde*
od godziny	*seit einer Stunde*
niemożliwe *Adv.*	*unmöglich*
to niemożliwe	*das kann nicht sein*
zwykle *Adv.*	*normalerweise*
punktualny, -a, -e	*pünktlich*
bardzo *Adv.*	*sehr*
mi	*mir*
bardzo mi przykro	*das tut mir leid*
mój, moja, moje	*mein, meine, mein*
zegarek, zegarka *m*	*Uhr*
zepsuty, -a, -e	*kaputt*
nic	*nichts*
nie	*nein, nicht*
nic nie szkodzi	*das macht nichts*
szkodzi	*(es) schadet*
koleżanka, -ki *f*	*(Arbeits-)Kollegin*
miło *Adv.*	*angenehm*
bardzo mi miło	*sehr angenehm*
kto	*wer*
ten, ta, to	*dieser, diese, dieses*
szef, -fa *m*	*Chef*

1B Landeskunde – Sprachgebrauch

1. Begrüßung

Im Polnischen wird nicht zwischen *Guten Morgen* und *Guten Tag* unterschieden.
Dzień dobry bedeutet beides.

2. Höflichkeitsformen – Vorstellung

Will man sich einer anderen Person vorstellen, gebraucht man die 1. Pers. Sg. Präs. des Verbs być *sein* oder nazywać się *heißen* und den Namen im Nominativ:

Jestem Paweł Śniegocki.	*Ich bin Paweł Śniegocki.*
Nazywam się Paweł Śniegocki.	*Ich heiße Paweł Śniegocki.*

Als Antwort hört man meist:

Bardzo mi miło bzw. Bardzo mi przyjemnie.
Beide bedeuten: *(Es ist mir) sehr angenehm.*

Wenn man jemanden nach seinem Namen fragt, gebraucht man folgende Ausdrücke:

Jak pan się nazywa? *Wie heißen Sie?*	Nazywam się Paweł Śniegocki. *(Ich) heiße Paweł Śniegocki.*
Jak pani się nazywa? *Wie heißen Sie?*	Nazywam się Katarzyna Żórawska. *(Ich) heiße Katarzyna Żórawska.*
Jak państwo się nazywają? *Wie heißen Sie?*	Nazywamy się Żórawscy. *(Wir) heißen Żórawski.*

Das deutsche „Sie“ wird im Polnischen mit Hilfe von **pan/pani** *Herr/Frau* (3. Pers. Sg.) und **państwo** *Herrschaften* (3. Pers. Pl.) ausgedrückt.

Wenn man jemanden nach dem vollen Namen einer dritten Person fragt, dann gebraucht man den Ausdruck:

Jak nazywa się ten pan? *Wie heißt dieser Herr?*	Ten pan nazywa się Paweł Śniegocki. *Dieser Herr heißt Paweł Śniegocki.*
Jak nazywa się ta pani? *Wie heißt diese Frau?*	Ta pani nazywa się Katarzyna Żórawska. *Diese Frau heißt Katarzyna Żórawska.*

oder:

Kto to jest ten pan? *Wer ist dieser Herr?*	To jest pan Śniegocki. *Das ist Herr Śniegocki.*
Kto to jest ta pani? *Wer ist diese Dame?*	To jest pani Śniegocka. *Das ist Frau Śniegocka.*
Kto są ci państwo? *Wer sind diese Leute (da)?*	To są państwo Śniegoccy. *Das sind (die) Śniegockis.*

3. Die Konstruktion „Ten pan to (jest) Krzysztof Ćmielowicz"

In Sätzen, die eine Identität ausdrücken, z. B.: Ten pan to (jest) Krzysztof Ćmielowicz, treten beide Substantive im Nominativ auf. Das Hilfsverb być kann weggelassen werden.

1C Grammatik

1. Das Hilfsverb „być" im Präsens

Das Verb **być** *sein* hat im Präsens Singular folgende Formen:

(ja)	jestem	*ich*	*bin*
(ty)	jesteś	*du*	*bist*
on, ona, ono	jest	*er, sie, es*	*ist*
(my)	jesteśmy	*wir*	*sind*
(wy)	jesteście	*ihr*	*seid*
oni, one	są	*sie*	*sind*

Da die Personalpronomina ja, ty, my, wy in einer Aussage ausgelassen werden können, stehen sie im Konjugationsmuster in Klammern.

Jestem Katarzyna Żórawska.	*Ich bin Katarzyna Żórawska.*
Jesteś punktualny.	*Du bist pünktlich.*

Sie werden nur dann gebraucht, wenn sie besonders betont werden sollen.

Im Unterschied zum Deutschen gibt es im Polnischen in der 3. Pers. Pl. zwei Personalpronomina, nämlich:

oni – für männliche personale Substantive
one – für weibliche personale Substantive und alle nichtpersonalen Substantive

(Näheres über personale und nichtpersonale Substantive erfahren Sie unter 4C1.)

2. Allgemeine Fragesätze mit „czy"

Allgemeine Fragesätze werden im Polnischen mit Hilfe der Fragepartikel **czy** gebildet.

Czy to jest pani Żórawska? *Ist das Frau Żórawska?*
Tak, to jest pani Żórawska. *Ja, das ist Frau Żórawska.*

Der Fragecharakter entsteht durch die Partikel czy und durch die steigende Intonation; die Wortfolge ändert sich im Gegensatz zum Deutschen nicht.

Will man sich aber vergewissern, wie die Person heißt, an die man sich gerade wendet, verzichtet man in der Frage sowohl auf die Verbform jest als auch auf das Pronomen to.

Czy pani Żórawska? *Sind Sie Frau Żórawska?*
oder auch
Pani Żórawska? *Sind Sie Frau Żórawska?*

3. Das reflexive Verb „nazywać się"

Das Verb **nazywać się** *sich nennen, heißen* ist ein reflexives Verb. Im Unterschied zum Deutschen ist das Reflexivpronomen się (bei allen reflexiven Verben) für alle Personen gleich, z. B.:

Nazywam się Ćmielowicz. *Ich heiße Ćmielowicz.*
Ona nazywa się Łabędzka. *Sie heißt Łabędzka.*
Oni nazywają się Śniegoccy. *Sie heißen Śniegockis.*

Das Reflexivpronomen kann sowohl vor als auch nach dem Verb stehen, z. B.:

Jak nazywa się ten pan?
Jak ten pan się nazywa? } *Wie heißt dieser Herr?*
Jak się ten pan nazywa?

1D Übungen

1. *Die abgebildeten Personen stellen sich vor. Tragen Sie bitte ihre Namen ein:*

   Beispiel: Jestem Katarzyna Żórawska.

   a) Jestem ...

   b) Jestem ...

   c) Jestem ...

   d) Jestem ...

Und Sie?

2. *Antworten Sie auf die Fragen:*

   Beispiel: Kto to jest ten pan?
   To jest (pan) Paweł Śniegocki.
   oder Ten pan to (jest) Paweł Śniegocki.

   a) Kto to jest ta pani? b) Kto to jest ten pan? c) Kto to jest ta pani?

3. *Bilden Sie Fragen zu den vorgegebenen Antworten. Achten Sie auf die Formen* pani, pan:

   a) Jak się ... nazywa? Nazywam się Katarzyna Żórawska.
   b) ...? Nazywam się Paweł Śniegocki.
   c) ...? Nazywam się Krzysztof Ćmielowicz.
   d) ...? Nazywam się Małgorzata Łabędzka.

4. *Beantworten Sie die Fragen:*

a) Jak nazywa się ta pani?
Ta pani nazywa się ...

b) Jak nazywa się ten pan?
...

c) Jak nazywa się ta pani?
...

d) Jak nazywa się ten pan?
...

e) A jak się pan/pani nazywa?
...

5. *Setzen Sie die entsprechenden Wendungen in die Lücken ein:*

– Ten pan to Krzysztof Ćmielowicz.
– Bardzo mi miło.
– Tak, słucham pana.
– Och, bardzo mi przykro.

Śniegocki: Dzień dobry. Czy pani Katarzyna Żórawska?
Żórawska: ...
Śniegocki: Jestem Paweł Śniegocki.
Żórawska: ...
Żórawska: Czekam na pana już od godziny.
Śniegocki: ...
Śniegocki: A kto jest ten pan?
Żórawska: ...

6. *Übersetzen Sie ins Polnische:*

a) Wer sind Sie? *(Sie fragen einen Mann.)* b) Wer ist dieser Herr? c) Wer sind Sie? *(Sie fragen zugleich eine Frau und einen Mann.)* d) Wer sind diese Leute da? e) Wie heißen Sie? *(Sie fragen eine Frau.)* f) Wie heißt diese Frau?

7. *Stellen Sie sich vor und fragen Sie Ihre Nachbarn nach dem Namen:*

Beispiel: Nazywam się Marian Górecki.
A jak pani/pan się nazywa?
Bardzo mi miło.

8. *Fragen Sie Ihren Nachbarn nach dem Namen eines anderen:*

Beispiel: Przepraszam, jak się ten pan/ta pani nazywa?

2A

2A Text

W biurze podróży „Translingua“
v͜ 'b̦uʒɛ pɔ'druʒɨ trans'lingua

Pan Paweł Śniegocki jest dzisiaj umówiony
pan 'pavew ɕn̦ɛ'gɔtski jɛst 'dʑiɕaj umu'ɣɔnɨ
z panią Katarzyną Żórawską, młodą i atrakcyjną
s͜ 'pan̦ɔ̃ kata'ʒɨnɔ̃ ʒu'rafskɔ̃ 'mwɔdɔ̃ i atrak'tsɨjnɔ̃
tłumaczką.
twu'matʃkɔ̃

Oboje spotykają się w biurze „Translingua“
ɔ'bɔjɛ spɔtɨ'kajɔ̃ ɕɛ̃ v͜ 'b̦uʒɛ trans'lingua
i omawiają program pobytu gości z Niemiec
i ɔma'ɣajɔ̃ 'prɔgram pɔ'bɨtu 'gɔɕtɕi z 'n̦ɛm̦ɛts
w Polsce.
f͜ 'polstsɛ

Pan Śniegocki jest nauczycielem języka polskiego.
pan ɕn̦ɛ'gɔtski jɛst nautʃɨ'tɕɛlɛm jɛ̃'zɨka pɔl'sk̦ɛgɔ
On jest także przewodnikiem. Pani Małgorzata
ɔn jɛst 'tagʒɛ pʃɛvɔd'n̦ik̦ɛm 'pan̦i mawgɔ'ʒata
Łabędzka też oprowadza wycieczki. Ona jest
wa'bentska tɛʃ ɔprɔ'vadza vɨ'ɕɛtʃk̦i ɔna jɛst
również przewodniczką. Pani Łabędzka jest
'ruvn̦ɛʃ pʃɛwɔd'n̦itʃkɔ̃ 'pan̦i wa'bentska jɛst
bardzo miła i sympatyczna. Jest naprawdę miłą
'bardzɔ 'm̦iwa i sɨmpa'tɨtʃna jɛst na'pravdɛ̃ 'miwɔ̃
i sympatyczną kobietą.
i sɨmpa'tɨtʃnɔ̃ ko'b̦ɛtɔ̃.

Szefem biura jest pan Krzysztof Ćmielowicz.
'ʃɛfɛm 'b̦ura jɛst pan 'kʃɨʃtɔf tɕm̦ɛ'lɔɣitʃ
Pan Ćmielowicz jest zawsze wesoły i uprzejmy.
pan tɕm̦ɛ'lɔɣitʃ jɛst 'zafʃɛ vɛ'sɔwɨ i u'pʃɛjmɨ

Nigdy nie jest smutny. On nie jest wysoki i szczupły. Jest raczej
'ŋ̡igdɨ ŋ̡ɛ jɛst 'smutnɨ ɔn ŋ̡ɛ jɛst vɨ'sɔki i 'ʃtʃupwɨ jɛst 'ratʃɛj

niskim i tęgim mężczyzną. Pan Ćmielowicz i pani Żórawska
'ŋ̡isķim i 'tɛ̃g̡im mɛ̃ʃ'tʃɨznɔ̃ pan tɕmŋ̡ɛ'lɔvitʃ i 'paŋ̡i ʒu'rafska

sprawdzają właśnie listę nowych gości.
sprav'dzajɔ̃ 'vwaɕŋ̡ɛ 'listɛ̃ 'nɔvɨx 'gɔɕtɕi

w *Präp. + Lok.*	*in*
biuro, -ra *n*	*Büro*
w biurze	*im Büro*
podróż, -ży *f*	*Reise*
biuro podróży	*Reisebüro*
dzisiaj	*heute*
umówiony, -a, -e	*verabredet*
z *Präp. + Instr.*	*mit*
z panią Żórawską	*mit Frau Żórawska*
młody, -a, -e	*jung*
i	*und*
atrakcyjny, -a, -e	*attraktiv*
tłumaczka, -ki *f*	*Dolmetscherin*
oboje	*beide*
spotykać się *ipf.*, spotykam się, spotykasz się	*sich treffen*
omawiać *ipf.*, omawiam, omawiasz	*besprechen*
program, -mu *m*	*Programm*
program pobytu	*Aufenthaltsprogramm*
goście, gości *Pl.*	*Gäste*
z *Präp. + Gen.*	*aus*
z Niemiec	*aus Deutschland*
Niemcy, Niemiec *Pl.*	*Deutschland*
Polska, -ki *f*	*Polen*
w Polsce	*in Polen*
nauczyciel, -la *m*	*Lehrer*
nauczyciel języka polskiego	*Polnischlehrer*
także	*auch*
przewodnik, -ka *m*	*Reiseleiter*
też	*auch*
oprowadza wycieczki	*sie betreut Reisegruppen*
oprowadzać *ipf.*, oprowadzam, oprowadzasz	*führen*
wycieczki, -czek *Pl.*	*Ausflüge*
również	*auch*
przewodniczka, -ki *f*	*Reiseleiterin*
naprawdę *Adv.*	*wirklich*
miły, -a, -e	*nett*
sympatyczny, -a, -e	*sympathisch*
kobieta, -ty *f*	*Frau*
zawsze *Adv.*	*immer*
wesoły, -a, -e	*fröhlich*
uprzejmy, -a, -e	*freundlich*
nigdy *Adv.*	*nie*
smutny, -a, -e	*traurig*
wysoki, -a, -ie	*hoch;* hier: *groß*
szczupły, -a, -e	*schlank*
raczej *Adv.*	*eher*
niski, -a, -ie	*klein, niedrig*
tęgi, -a, -ie	*dick*
mężczyzna, -ny *m*	*Mann*
sprawdzać *ipf.*, sprawdzam, sprawdzasz	*durchsehen*
lista, -ty *f*	*Liste*
sprawdzać listę	*die Liste durchsehen*
lista nowych gości	*die Liste der neuen Gäste*
nowy, -a, -e	*neu*
właśnie *Adv.*	*gerade, eben*

2B Landeskunde – Sprachgebrauch

1. Wortschatz

Die Wörter **także, również** und **też** *auch* sind Synonyme, z. B.:

On jest także przewodnikiem.	*Er ist auch Reiseleiter.*
Ona jest również przewodniczką.	*Sie ist auch Reiseleiterin.*
Oni są też przewodnikami.	*Sie sind auch Reiseleiter.*

2. Die Negation „nie"

Die Negation **nie** *nicht* steht im Polnischen stets vor dem Prädikat.

Oni nie spotykają się.	*Sie treffen sich nicht.*
On nie jest wysoki.	*Er ist nicht groß.*
Nigdy nie jest smutny.	*Nie ist er traurig./Er ist nie traurig.*

Im letzten Beispiel kommt die doppelte Verneinung **nigdy** *nie* und **nie** *nicht* vor, die für die polnische Negation typisch ist. Das polnische **nie** bedeutet auch *nein.*

Nie, on nie jest smutny. *Nein, er ist nicht traurig.*

2C Grammatik

1. Das Substantiv

Die Substantive haben auch im Polnischen männliches, weibliches oder sächliches Geschlecht (Maskulinum, Femininum, Neutrum). Die Zugehörigkeit zu einem der drei Geschlechter kann meist aufgrund seiner Endung bestimmt werden; in einigen Fällen (z. B. bei Personen) spielt auch die Bedeutung eine Rolle.

Im Polnischen gibt es weder einen bestimmten noch einen unbestimmten Artikel. Den Kasus, in dem ein Substantiv steht, erkennt man an seiner Endung.

2. Die sieben Kasus des Polnischen

Im Unterschied zu den vier deutschen Kasus gibt es im Polnischen sieben Kasus: Nominativ, Genitiv, Dativ, Akkusativ, Instrumental, Lokativ und Vokativ.

Kasus	*Fragepronomen*		
1. Nominativ	kto?	co?	*wer? was?*
2. Genitiv	kogo?	czego?	*wessen?*
3. Dativ	komu?	czemu?	*wem?*
4. Akkusativ	kogo?	co?	*wen? was?*
5. Instrumental	kim?	czym?	*mit wem? womit?*
6. Lokativ	o kim?	o czym?	*über wen? worüber?*
7. Vokativ			(Anredeform)

Alle Kasus werden in den einzelnen Lektionen eingehend behandelt.

3. Der Nominativ Singular des Substantivs

Männliche Substantive haben im Nominativ Singular im Auslaut in der Regel einen **Konsonanten** (z. B. pan *Herr,* szef *Chef*). Eine Gruppe von männlichen Substantiven hat die Endung **-a** (mężczyzna *Mann,* kolega *Kollege*). Sie werden dann nach dem weiblichen Deklinationsmuster gebeugt. **Weibliche Substantive** haben im Nom. Sg. im Auslaut ein **-a** bzw. **-i** (z. B. kobieta *Frau,* pani *Frau, Dame*) und **sächliche Substantive** ein **-o** bzw. **-e** (z. B. biuro *Büro*, pole *Feld*).

Maskulinum	*Femininum*	*Neutrum*
pan mężczyzn**a**	kobiet**a** pan**i**	biur**o** pol**e**

4. Der Instrumental Singular des Substantivs

Weibliche Substantive haben im Instrumental die Endung **-ą, männliche und sächliche Substantive** dagegen die Endung **-em**. Die männlichen Substantive mit der Endung -a im Nominativ, z. B. mężczyzna, enden im Instrumental wie die weiblichen Substantive auf **-ą**.

	Maskulinum		*Femininum*		*Neutrum*	
Nominativ	pan	mężczyzna	kobieta	pani	biuro	pole
Instrumental	pan**em**	mężczyzn**ą**	kobiet**ą**	pani**ą**	biur**em**	pol**em**

5. Der Nominativ Singular des Adjektivs

Im Nominativ können die Adjektive sowohl in attributiver als auch in prädikativer Stellung verwendet werden.

attributiv: miły pan
prädikativ: ten pan jest miły

In attributiver Stellung richtet sich das Adjektiv in Genus und Numerus nach dem Substantiv, auf das es sich bezieht. Im Nominativ Singular hat es folgende Endungen:

Maskulinum	*Femininum*	*Neutrum*
mił**y** nisk**i** głup**i**	mił**a** nisk**a** głup**ia**	mił**e** nisk**ie** głup**ie**

Die Endungen **-i, -(i)a, -(i)e** haben alle Adjektive, die auf einen weichen Konsonanten (weichstämmige Adjektive) oder auf k bzw. g (nur bei Mask. und Neutr.) auslauten; die hartstämmigen Adjektive enden im Nom. Sg. entsprechend auf **-y, -a, -e**.

Im Unterschied zum Deutschen haben die polnischen Adjektive auch in prädikativer Stellung diese Endungen:

Jaki on jest?	*Wie ist er?*	On jest mił**y**.	*Er ist nett.*
Jaka ona jest?	*Wie ist sie?*	Ona jest mił**a**.	*Sie ist nett.*
Jakie ono jest?	*Wie ist es?*	Ono jest mił**e**.	*Es ist nett.*

Auch in der 1. und 2. Pers. Sg. haben die Adjektive weibliche bzw. männliche Endungen:

Jaka/jaki jesteś? Jestem smutn**a**./Jestem smutn**y**. *Ich bin traurig.*
Jaka/jaki jestem? Jesteś wesoł**a**./Jesteś wesoł**y**. *Du bist fröhlich.*

Auch die Fragewörter richten sich nach dem Geschlecht des Subjekts, nach dessen Eigenschaften gefragt wird. Im Deutschen gibt es für **jaki? jaka? jakie?** nur das Fragepronomen *wie?*

Mit den Fragepronomen jaki? jaka? jakie? fragt man ähnlich wie im Deutschen sowohl nach den Merkmalen des Charakters als auch nach dem Aussehen einer Person. Dagegen fragt man mit der Konstruktion **Jak on wygląda?** *Wie sieht er aus?* nur nach dem Aussehen.

Jaki on jest?	*Wie ist er?*
On jest wesoły i uprzejmy.	*Er ist fröhlich und freundlich.*
On jest niski i tęgi.	*Er ist klein und dick.*
Jak on wygląda?	*Wie sieht er aus?*
On jest niski i tęgi.	*Er ist klein und dick.*

6. Der Instrumental des Adjektivs

Die Adjektive haben im Instrumental folgende Endungen:

Maskulinum	*Femininum*	*Neutrum*
mił**ym** tęg**im**	mił**ą** tęg**ą**	mił**ym** tęg**im**

7. Der Instrumental des Substantivs und des Adjektivs in prädikativer Funktion

In prädikativer Funktion stehen die polnischen Substantive im Instrumental, und nicht wie im Deutschen im Nominativ. Gleiches gilt für ihnen zugeordnete Adjektive.

Ona jest mił**ą** i sympatyczn**ą** kobiet**ą**. — *Sie ist eine nette und sympathische Frau.*
On jest mił**ym** i sympatyczn**ym** nauczyciel**em**. — *Er ist ein netter und sympathischer Lehrer.*
On jest mił**ym** i tęg**im** mężczyzn**ą**. — *Er ist ein netter und dicker Mann.*

2D Übungen

1. *Antworten Sie auf die Fragen:*

Beispiel: Kto to jest ten pan?
Ten pan to (jest) Paweł Śniegocki.
Jaki on jest?
On jest punktualny.

a) Kto to jest ta pani?
...
Jaka ona jest?
...

b) Kto to jest ten pan?
...
Jaki on jest?
...

c) Kto to jest ta pani?
...
Jaka ona jest?
...

2. *Finden Sie die Gegenbegriffe zu den unterstrichenen Adjektiven:*

a) Jestem tęgi, a on jest ... b) Jestem niski, a on jest ... c) Jestem smutny, a on jest ... d) Jestem wesoła, a ona jest ... e) Jestem niska, a ona jest ... f) Jestem ..., a ona jest stara *(alt)*.

3. *Ergänzen Sie die Antworten:*

a) Jakim mężczyzną jest pan Ćmielowicz? On jest ... i ... mężczyzną. b) Jaką kobietą jest pani Łabędzka? Ona jest ... i ... kobietą. c) Jaką kobietą jest pani Żórawska? Ona jest ... i ... kobietą. d) Jakim mężczyzną jest pan Śniegocki? On jest ... mężczyzną.

4. *Welchen Satz sagt eine Frau und welchen ein Mann?*

Beispiel:	Jestem tęgi.	(mężczyzna)
	Jestem tęga.	(kobieta)
	Jestem przewodniczką.	(kobieta)
	Jestem przewodnikiem.	(mężczyzna)

a) Jestem wysoki. ( )
b) Jestem szczupła. ( )
c) Jestem młody. ( )
d) Jestem tłumaczką. ( )
e) Jestem smutny. ( )
f) Jestem mężczyzną. ( )
g) Jestem wesoła. ( )
h) Jestem szefem. ( )

5. *Erweitern Sie jeden Satz um das in Klammern stehende Adjektiv und Substantiv:*

Beispiel: Jestem (tęgi mężczyzna). Jestem tęgim mężczyzną.
Jestem (tęga kobieta). Jestem tęgą kobietą.

a) Jestem (młoda tłumaczka). b) Jestem (punktualny nauczyciel). c) Pani Żórawska jest (atrakcyjna kobieta). d) Pan Ćmielowicz jest (wesoły szef). e) Pani Łabędzka jest (sympatyczna kobieta). f) Pan Śniegocki jest (punktualny mężczyzna).

6. *Nennen Sie den Beruf der Person, die sich gerade vorstellt:*

Beispiel: Jestem Peter Braun.
Ten pan jest szefem biura „Transit".

a) Jestem Krzysztof Ćmielowicz. b) Jestem Katarzyna Żórawska. c) Jestem Paweł Śniegocki. d) Jestem Małgorzata Łabędzka.

7. *Lassen Sie das nach dem Adjektiv stehende Substantiv weg. Was passiert dann?*

Beispiel: Jestem szczupłą kobietą. Jestem szczupła.

a) Jestem punktualnym mężczyzną. b) Jestem punktualną kobietą. c) Pani Żórawska jest atrakcyjną tłumaczką. d) Pani Łabędzka jest miłą przewodniczką. e) Pan Ćmielowicz jest sympatycznym szefem. f) Pan Ćmielowicz jest niskim mężczyzną.

8. *Antworten Sie verneinend auf die Fragen. Beachten Sie dabei die Stellung von* nie*:*

Beispiele: Czy pan Ćmielowicz jest szczupły?
Nie, pan Ćmielowicz nie jest szczupły.
Czy pani Żórawska jest nauczycielką?
Nie, pani Żórawska nie jest nauczycielką.

a) Czy pani Łabędzka jest szefem biura? b) Czy pan Ćmielowicz jest przewodnikiem? c) Czy pani Małgorzata nazywa się Żórawska? d) Czy pan Ćmielowicz jest wysoki? e) Czy pani Żórawska jest smutna?

9. *Fragen Sie Ihren Nachbarn nach den Eigenschaften einer anderen Person aus Ihrer Polnischgruppe:*

Beispiel: Ja jestem niski. Jaka jest ta pani?
Ja jestem szczupła. Jaki jest ten pan?

10. *Füllen Sie jetzt bitte die untenstehende Tabelle aus. Die Angaben sollen sich auf alle von Ihnen in Übung 9 befragten Personen beziehen:*

Nazwisko	jaki jest? jaka jest?
a) b) c) d)	

3A

3A Text

Lista naszych gości
'lista 'naʃɨx 'gɔɕtɕi

K. = Katarzyna
P. = Paweł

K.: Proszę tu jest lista nowych gości.
'prɔʃɛ̃ tu jɛst 'l̡ista 'nɔvɨx 'gɔɕtɕi

P.: Ciekawe, kto jest w naszej grupie.
tɕɛ'kavɛ ktɔ jɛst v 'naʃɛj 'grup̡ɛ

Kim są nasi goście? Jeden architekt.
kim sɔ̃ 'naɕi 'gɔɕtɕɛ 'jɛdɛn ar'x̡itɛkt

O nie, przepraszam, jedna sekretarka.
ɔ n̡ɛ pʃɛ'praʃam 'jɛdna sɛkrɛ'tarka

Jeden aktor, jedna aktorka.
'jɛdɛn 'aktɔr 'jɛdna ak'tɔrka

I dalej: dziennikarz, dziennikarka,
i 'dalɛj dʑɛn'n̡ikaʃ dʑɛnn̡i'karka

dentystka i reżyser, pisarka i dentysta ...
dɛn'tɨstka i rɛ'ʒɨsɛr p̡i'sarka i dɛn'tɨsta

O, i nawet jedno dziecko. A to? Kto to jest?
ɔ i 'navɛt 'jɛdnɔ 'dʑɛtskɔ a tɔ ktɔ tɔ jɛst

Czy to jest pani Witkowska?
tʃɨ tɔ jɛst 'pan̡i wit'kɔfska

K.: Tak, to jest jej podpis.
tak tɔ jɛst jɛj 'pɔtp̡is

P.: Kim jest ta pani?
k̡im jɛst ta 'pan̡i

K.: Ona jest pielęgniarką.
ɔna jɛst p̡ɛlɛ̃g'n̡arkɔ̃

P.: A właściwie to ile jest osób w grupie?
a vwaɕ'tɕiv̡ɛ tɔ ilɛ jɛst 'ɔsub w 'grup̡ɛ

K.: Chwileczkę, właśnie sprawdzam listę. Jeden, dwa, trzy, cztery,
xv̡i'lɛtʃkɛ̃ 'vwaɕn̡ɛ 'spravdzam 'l̡istɛ̃ 'jɛdɛn dva tʃɨ 'tʃtɛrɨ

pięć, sześć, siedem, osiem, dziewięć, dziesięć, jedenaście,
p̃ɛ̃tɕ ʃɛɕtɕ 'ɕɛdɛm 'ɔɕɛm 'dʑɛv̥ɛ̃tɕ 'dʑɛɕɛ̃tɕ jɛdɛ'naɕtɕɛ
dwanaście . . .
dva'naɕtɕɛ

P.: A to? Co to jest? Co oznacza ten znak zapytania?
a tɔ tsɔ tɔ jɛst tsɔ ɔz'natʃa tɛn znak zapɨ'taɲa

K.: To jest jeszcze jedno wolne miejsce dla pewnej sympatycznej
tɔ jɛst 'jɛʃtʃɛ 'jɛdnɔ 'vɔlnɛ 'mɛjstsɛ dla 'pɛvnɛj sɨmpa'tɨtʃnɛj
osoby, która nas właśnie słucha i czyta ten tekst.
ɔ'sɔbɨ 'ktura nas 'vwaɕɲɛ 'swuxa i 'tʃɨta tɛn tɛkst

nasz, nasza, nasze	*unser, unsere, unser*
prosić *ipf.*, proszę, prosisz	*bitten*
tu	*hier*
ciekawe *Adv.*	*interessant*
grupa, -py *f*	*Gruppe*
w naszej grupie	*in unserer Gruppe*
kim *Instr.*	hier: *was*
kim ona/on jest (z zawodu)?	*was ist sie/er (von Beruf)?*
jeden, jedna, jedno	*ein, eine, ein*
architekt, -ta *m*	*Architekt*
sekretarka, -ki *f*	*Sachbearbeiterin*
aktor, -ra *m*	*Schauspieler*
aktorka, -ki *f*	*Schauspielerin*
dalej *Adv.*	*weiter*
i dalej ...	*und dann noch ...*
dziennikarz, -rza *m*	*Journalist*
dziennikarka, -ki *f*	*Journalistin*
dentystka, -ki *f*	*Zahnärztin*
dentysta, -ty *m*	*Zahnarzt*
pisarka, -ki *f*	*Schriftstellerin*
pisarz, -rza *m*	*Schriftsteller*
reżyser, -ra *m*	*Regisseur(in)*
nawet *Adv.*	*sogar*
dziecko, -ka *n*	*Kind*
a	*und* (gegenübérstellend)
jego, jej, jego	*sein, ihre, sein*

podpis, -su *m*	*Unterschrift*
pielęgniarka, -ki *f*	*Krankenschwester*
właściwie *Adv.*	*eigentlich*
ile	*wieviel, wie viele*
osoba, -by *f*	*Person*
ile jest osób?	*wieviel Personen gibt es?*
chwileczkę	*einen Augenblick*
jeden, dwa, trzy, ...	*eins, zwei, drei, ...*
co	*was*
oznaczać *ipf.*, oznaczam, oznaczasz	hier: *bedeuten*
znak, -ku *m*	*Zeichen*
znak zapytania	*Fragezeichen*
jeszcze	*noch*
wolny, -a, -e	*frei*
miejsce, -ca *n*	*Platz*
dla *Präp. + Gen.*	*für*
dla pewnej sympatycznej osoby	*für eine sympathische Person*
pewien, pewna, pewne	*ein gewisser, eine gewisse, ein gewisses*
który, która, które	*welcher, welche, welches*
czytać *ipf.*, czytam, czytasz	*lesen*
tekst, -tu *m*	*Text*

3B Landeskunde – Sprachgebrauch

1. Berufsbezeichnungen

Substantive, die Berufe und Titel bezeichnen, haben auch im Polnischen männliche und weibliche Formen.

männlich:	aktor	dentysta
weiblich:	aktorka	dentystka

Es ist zu beachten, daß im Polnischen viele Berufsbezeichnungen nur männliche Formen besitzen, die sich sowohl auf Männer als auch auf Frauen beziehen, z. B. reżyser, lekarz *Arzt,* szef, kierowca *Fahrer,* mechanik *Mechaniker.*

Jan jest lekarzem.	*Jan ist Arzt.*
Anna jest lekarzem.	*Anna ist Ärztin.*

2. Frage nach dem Beruf

Mit Hilfe der Konstruktion **Kim jest ta pani?, Kim jest ten pan?** wird nach dem Beruf einer dritten Person gefragt. Wenn man sich aber mit dieser Frage direkt an eine Person wenden will, dann fragt man **Kim pani jest?, Kim pan jest?** (Höflichkeitsform).

Kim jest ten pan (z zawodu)?	*Was ist dieser Herr (von Beruf)?*
Ten pan jest aktorem.	*Dieser Herr ist Schauspieler.*
Kim jest ta pani (z zawodu)?	*Was ist diese Frau (von Beruf)?*
Ta pani jest aktorką.	*Diese Frau ist Schauspielerin.*
Kim pan/pani jest (z zawodu)?	*Was sind Sie (von Beruf)?*

3. Die Konjunktionen „i“ und „a“

Die Konjunktion „und“ hat im Polnischen zwei Entsprechungen: **i** (verbindend) und **a** (gegenüberstellend).

To jest pisarka i to jest pisarka.
To jest pisarka, a to jest dentysta.

Vergessen Sie nicht, vor a ein Komma zu setzen.

4. Die Grundzahlen von 0 bis 12

0 zero	2 dwa *m*	5 pięć	9 dziewięć
1 jeden *m*	dwie *f*	6 sześć	10 dziesięć
jedna *f*	3 trzy	7 siedem	11 jedenaście
jedno *n*	4 cztery	8 osiem	12 dwanaście

3C Grammatik

1. Präsensformen der Verben: III. Konjugationsklasse

Die polnischen Verben werden in drei Konjugationsklassen aufgeteilt. Entscheidend für die Zugehörigkeit des Verbs zu einer der drei Klassen im Präsens ist sein Stammauslaut, dem die Personalendungen hinzugefügt werden.

Zur III. Konjugationsklasse gehören die Verben mit dem Infinitiv auf **-ać**. Die III. Konjugationsklasse ist am einfachsten zu erlernen, da hier der Stamm in allen Personalformen unverändert bleibt und auf **-a** endet.

	czytać	*lesen*
(ja)	czyta**m**	
(ty)	czyta**sz**	
on, ona, ono	czyta	
(my)	czyta**my**	
(wy)	czyta**cie**	
oni, one	czyta**ją**	

Merke: Im Polnischen erkennt man die Konjugationsklasse eines Verbs vor allem an den Endungen in der 1. und 2. Pers. Sg. In den Konjugationsklassen I und II treten zusätzlich noch Änderungen im Verbstamm auf (vgl. 5C 4–5). Aus diesem Grunde werden in den Vokabellisten bei jedem Infinitiv die 1. und 2. Pers. Sg. angegeben.

Alle Verben (außer prosić *bitten*), die in den ersten drei Lektionstexten vorkommen, gehören zur III. Konjugationsklasse und werden wie das Verb czytać konjugiert.

2. Polnische Artikelwörter

Im Polnischen gibt es weder einen bestimmten noch einen unbestimmten Artikel. Andere Artikelwörter, wie z. B. Demonstrativpronomina und das Zahlwort jeden, haben im Singular drei Geschlechtsformen, die dem Genus des Substantivs und dessen Kasus entsprechen.

Maskulinum	*Femininum*	*Neutrum*
ten jeden	ta jedna	to jedno

Ten pan, ta pani i to dziecko są w naszej grupie. — *Dieser Mann, diese Frau und dieses Kind sind in unserer Gruppe.*

3D Übungen

1. *Schauen Sie sich die Bilder an und antworten Sie auf die Fragen:*

Beispiele: Co to jest? To jest zegarek.
Kto to jest? To jest Katarzyna Żórawska.

a) Co to jest?
b) Kto to jest?
c) Co to jest?
d) Co to jest?
e) Co to jest?

2. *Die einzelnen Personen stellen sich vor und nennen ihre Berufe. Ergänzen Sie:*

Beispiel: nauczyciel: Jestem nauczycielem.
nauczycielka: Jestem nauczycielką.

a) architekt b) pisarka c) tłumaczka d) pisarz e) aktor f) sekretarka g) dziennikarz h) pielęgniarka i) dentystka j) dziennikarka k) dentysta

3. *Antworten Sie:*

a) Kim jest pani Żórawska? b) Kim jest pan Śniegocki? c) Kim jest pani Łabędzka? d) Kim jest pan Ćmielowicz? e) A kim jest pani Witkowska?

4. *Können Sie die zehn Berufe finden, die in diesem Rätsel verschlüsselt sind?*

N	A	F	D	Ę	D	A	S	D	O
O	K	T	Ł	U	M	A	C	Z	C
E	E	Ł	O	O	A	R	W	I	E
N	A	U	C	Z	Y	C	I	E	L
R	A	M	D	D	X	H	I	N	O
E	A	A	E	N	N	I	I	N	M
Ż	C	C	N	P	T	T	Q	I	J
Y	L	Z	T	W	E	E	E	K	D
S	Z	K	Y	Z	Z	K	A	A	D
E	Z	A	S	A	K	T	O	R	B
R	A	K	T	O	R	K	A	Z	B
P	I	S	A	R	K	A	P	Ę	O

5. *Lassen Sie das Verb* jest *dort weg, wo es möglich ist:*

a) Ten pan to jest nasz szef. b) Czy to jest pani Żórawska? c) Pan Ćmielowicz jest naszym szefem. d) Pan Śniegocki jest zwykle punktualny. e) Czy to jest biuro „Translingua"? f) Czy pan jest nauczycielem? g) To jest podpis szefa.

6. *Bilden Sie Fragen zu den unterstrichenen Satzteilen:*

a) On jest niski. b) Ona jest nauczycielką. c) To jest lista gości. d) To jest nasz szef. e) Ona jest atrakcyjna. f) To jest moja koleżanka. g) On jest punktualny. h) On jest tłumaczem. i) To jest podpis. j) Ten pan nazywa się Śniegocki. k) Ona jest przewodniczką. l) Ta pani nazywa się Łabędzka.

7. *Bilden Sie zu den untenstehenden Infinitiven entsprechende Verbformen:*

Beispiel: przedstawiać się (my): my przedstawiamy się
omawiać (oni): oni omawiają

a) spotykać się (oni) b) słuchać (ja) c) nazywać się (ona) d) czekać (on) e) przepraszać (ja) f) sprawdzać (wy) g) oznaczać (on) h) czytać (on) i) pytać (ty) j) wyglądać *(aussehen)* (one).

8. *Stellen Sie das Geschlecht der untenstehenden Substantive fest. Tragen Sie entsprechend (m) für männlich, (f) für weiblich, (n) für sächlich in die Klammern ein:*

koleżanka	(*f*)	podpis	( )	gość	( )
pan	(*m*)	szef	( )	przewodniczka	( )
lista	( )	kolega	( )	dentysta	( )
zegarek	( )	biuro	( )	reżyser	( )
pani	( )	osoba	( )	kobieta	( )
dziecko	( )	znak	( )	Polska	( )
mężczyzna	( )	grupa	( )	miejsce	( )

9. *Ergänzen Sie die fehlenden Zahlen:*

jeden, ..., trzy, ..., pięć, sześć, siedem, ..., dziewięć, dziesięć, jedenaście, ...

10. *Drücken Sie die Zahlen und Gleichungen in Worten aus:*

Beispiel: $1+4=5$ (jeden plus cztery jest pięć)
$8-0=8$ (osiem minus zero jest osiem)

$4+0=$	$7+3=$	$6-0=$
$6+2=$	$9-1=$	$10-8=$
$10+1=$	$12-2=$	$3+4=$
$7+3=$	$6+5=$	$4+5=$

11. *Versuchen Sie, es anders auszudrücken:*

a) Nazywam się Katarzyna Żórawska. b) Jak on wygląda? c) Nasz szef nigdy nie jest smutny. d) Czy pani nazywa się Żórawska?

12. *Antworten Sie auf die Fragen zu den ersten drei Texten:*

a) Kto spotyka się w biurze „Translingua"? b) Co omawiają pan Śniegocki i pani Żórawska? c) Kim jest pan Śniegocki? d) Kim jest pani Żórawska? e) Kim jest pani Łabędzka? f) Jakim mężczyzną jest pan Śniegocki? g) Jaką kobietą jest pani Żórawska? h) Jak nazywa się szef biura „Translingua"? i) Czy pan Ćmielowicz jest szczupły i wysoki? j) Kto jest przewodnikiem? k) Jak wygląda pan Ćmielowicz? l) Ile osób jest w grupie?

13. *Fragen Sie sich gegenseitig nach Ihrem Beruf:*

Beispiel: Ja jestem nauczycielem, a pan/pani kim jest (z zawodu)?
Ja jestem ...

4A Text

My o sobie

Nazywam się Katarzyna Żórawska. Jestem przewodniczką. Mam 24 lata i jestem panną. Mieszkam w Żelazowej Woli razem z rodzicami. Mam także małe mieszkanie w Warszawie na Starym Mieście.

A ten pan to Krzysztof Ćmielowicz. Ten pan jest moim szefem. Pan Ćmielowicz ma 55, albo 56 lat i jest żonaty. Ma miłą żonę i sympatyczną córkę ... Nie, on chyba ma syna. Oj, mam jednak słabą pamięć. Państwo Ćmielowiczowie mają komfortową willę na Saskiej Kępie.

A ja nazywam się Paweł Śniegocki. Ja także oprowadzam wycieczki. Mam 27 lat i jestem jeszcze kawalerem. Mam skromne mieszkanie w Śródmieściu na Nowym Świecie. Mieszkam w nim niestety sam.

Ta pani to oczywiście Małgorzata Łabędzka. Ona ma 41 lat ... O nie, przepraszam. Ona ma 42 lata. Pani Łabędzka jest mężatką. Ma przystojnego męża, sympatycznego syna i uroczą córkę. Syn ma 16 lat, a córka 14. Państwo Łabędzcy mają duży i piękny dom. Mieszkają w Konstancinie pod Warszawą. Mają także dużego psa i pięknego konia.

o *Präp. + Lok.*	*über*
sobie	*sich; einander*
my o sobie	*wir (berichten) über uns*
mieć, mam, masz	*haben*
lata, lat *Pl.*	*Jahre*
mam 24 lata	*ich bin 24 Jahre alt*
panna, -ny *f*	*Fräulein*
jestem panną	*ich bin ledig*
mieszkać *ipf.*, mieszkam, mieszkasz	*wohnen*
razem *Adv.*	*zusammen*
rodzice, -ców *Pl.*	*Eltern*
mały, -a, -e	*klein*
mieszkanie, -nia *n*	*Wohnung*
Warszawa, -wy *f*	*Warschau*

na *Präp. + Lok.*	hier: *in*
Stare Miasto *n*	*Altstadt*
albo	*oder*
żonaty	Mann: *verheiratet*
miły, -a, -e	*nett, lieb*
żona, -ny *f*	*Ehefrau*
córka, -ki *f*	*Tochter*
chyba *Adv.*	*wohl, vielleicht*
syn, -na *m*	*Sohn*
oj	Interjektion
jednak	*jedoch; doch*
słaby, -a, -e	*schwach*
pamięć, -ci *f*	*Gedächtnis*
komfortowy, -a, -e	*komfortabel*
willa, -li *f*	*Villa*
Saska Kępa *f*	Stadtviertel in Warschau
kawaler, -ra *m*	*Junggeselle*
jestem kawalerem	*ich bin ledig*
skromny, -a, -e	*bescheiden*
Sródmieście *n*	Stadtviertel im Zentrum Warschaus
Nowy Świat *m*	Straßenname
mieszkam w nim	*ich wohne darin*
niestety *Adv.*	*leider*
sam	*allein*
oczywiście *Adv.*	*selbstverständlich, natürlich*
mężatka, -ki *f*	*verheiratete Frau*
przystojny, -a, -e	*gut aussehend*
mąż, męża *m*	*Ehemann*
uroczy, -a, -e	*(lieb)reizend*
duży, -a, -e	*groß*
piękny, -a, -e	*schön*
dom, -mu *m*	*Haus*
Konstancin *m*	Vorort von Warschau
pod *Präp. + Instr.*	hier: *unweit*
pies, psa *m*	*Hund*
koń, konia *m*	*Pferd*

4B Landeskunde – Sprachgebrauch

1. Die Familie

dziadkowie		*Großeltern*
	babcia, dziadek	*Großmutter, Großvater*
rodzice		*Eltern*
	matka, ojciec	*Mutter, Vater*
dzieci		*Kinder*
	córka, syn	*Tochter, Sohn*
wnuki		*Enkelkinder*
	wnuczka, wnuczek	*Enkelin, Enkel*

2. Die Grundzahlen von 11 bis 99

Die Zahlen von 11 bis 19 enden auf -naście. Ab „zwanzig" sind die Zahlen Zusammensetzungen aus Zehnern und Einern, z. B. dwadzieścia jeden. Im Unterschied zum Deutschen werden sie in dieser Reihenfolge auch gelesen („zwanzig eins").

11 jedenaście	20 dwadzieścia
12 dwanaście	21 dwadzieścia jeden
13 trzynaście	30 trzydzieści
14 czternaście	40 czterdzieści
15 piętnaście	50 pięćdziesiąt
16 szesnaście	60 sześćdziesiąt
17 siedemnaście	70 siedemdziesiąt
18 osiemnaście	80 osiemdziesiąt
19 dziewiętnaście	90 dziewięćdziesiąt
	99 dziewięćdziesiąt dziewięć

3. Die Altersangabe

Die Altersangabe wird im Polnischen mit dem Hilfsverb **mieć** *haben* und den Pluralformen **lata/lat** von **rok** *Jahr* gebildet. Nach den Zahlen **2–4** (auch in Verbindungen, z. B. 22, 23, 24) steht die Form lata, nach allen anderen Grundzahlen die Form lat.

Mam 2– 4	22–24	32–34 ... lata.	*Ich bin ... Jahre alt.*
Mam 5–21	25–31	35–41 ... lat.	*Ich bin ... Jahre alt.*

aber:

Dziecko ma 1 rok. *Das Kind ist ein Jahr alt.*

Nach dem Alter fragt man:

Ile pan/pani ma lat? *Wie alt sind Sie?*
Ile masz lat? *Wie alt bist du?*

4. Polnische Familiennamen

Eine Anzahl von polnischen Familiennamen besitzt sowohl männliche (mit den Endungen **-ski, -cki, -dzki**) als auch weibliche Formen (mit den Endungen **-ska, -cka, -dzka**).

pan	Śniego**cki**	pani	Śniego**cka**
	Żóraw**ski**		Żóraw**ska**
	Łabę**dzki**		Łabę**dzka**

Die Familiennamen, die auf Konsonanten oder andere Vokale als -i (im Maskulinum) auslauten, haben jedoch nur eine Form für beide Geschlechter.

pan	Ćmielowicz	pani	Ćmielowicz
	Nowak		Nowak
	Sobota		Sobota
	Zielony		Zielony

Das Substantiv **państwo** bezieht sich auf ein Ehepaar oder eine Familie. In diesem Fall gebraucht man die Pluralform der Familiennamen.

państwo Śniego**ccy**, Żoraw**scy**, Łabę**dzcy**, Ćmielowicz**owie**, Sobot**owie**, Nowak**owie**, Zielony (keine Pluralform)

Polnische Familiennamen werden wie alle Substantive entsprechend ihrem Genus und Numerus dekliniert.

4C Grammatik

1. Belebte und unbelebte Substantive

Im Polnischen wird zwischen belebten und unbelebten Substantiven unterschieden.

Belebte Substantive sind solche, die Personen und Lebewesen bezeichnen.

Unbelebte Substantive sind solche, die Gegenstände, verschiedene Erscheinungen usw. bezeichnen.

Diese Einteilung ist für männliche Substantive besonders wichtig, denn sie haben unterschiedliche Deklinationsendungen im Genitiv und Akkusativ Singular.

2. Der Akkusativ Singular des Substantivs

Bei unbelebten männlichen, allen sächlichen und allen auf einen Konsonanten auslautenden weiblichen Substantiven ist **der Akkusativ gleich dem Nominativ**.

Belebte männliche Substantive enden im Akkusativ auf **-a**. Weibliche Substantive, die im Nominativ auf einen Vokal auslauten, haben im Akkusativ die Endung **-ę** bzw. **-ą**.

	Maskulinum		*Femininum*			*Neutrum*
	belebt	*unbelebt*				
Nom.	szef	dom	pani	żona	pamięć	mieszkanie
Akk.	szef**a**	dom	pani**ą**	żon**ę**	pamięć	mieszkanie

3. Der Akkusativ Singular des Adjektivs

Die Adjektive, die die unbelebten männlichen Substantive begleiten, haben im Akk. Sg. die Endung **-i** (nach weichen Konsonanten und k, g) und **-y** (nach allen anderen Konsonanten). Diejenigen Adjektive, die bei belebten männlichen Substantiven stehen, enden im Akk. auf **-ego**. Die Adjektive dagegen, die bei sächlichen Substantiven stehen, haben immer die Endung **-e**. Im Femininum hat der Akkusativ der Adjektive die Endung **-ą**.

	Maskulinum *belebt*	*Maskulinum* *unbelebt*	*Femininum*	*Neutrum*
Nom.	miły długi *(lang)*		miła długa	miłe długie
Akk.	mił**ego** długi**ego**	mił**y** dług**i**	mił**ą** dług**ą**	mił**e** dług**ie**

4. Der Lokativ Singular des Substantivs

Männliche, weibliche und sächliche Substantive mit einem harten Konsonanten im Stammauslaut (mit Ausnahme von k, g, ch) und Substantive auf -a haben im Lokativ die Endung **-e**, wobei die harten Konsonanten palatalisiert (erweicht) werden, z. B. Nom. szef, Lok. sze**fie**; **Ausnahmen:** Lok. syn**u**, dom**u**.

Männliche und sächliche Substantive, deren Stamm auf einen weichen, verhärteten Konsonanten oder auf k, g, ch ausgeht, enden im Lokativ auf **-u**, z. B. Nom. koń, Lok. koniu.

Einige männliche und sächliche Substantive verwandeln im Lok. das **a** zu **e**, z. B. Nom. miasto *Stadt,* Lok. mieście.

Weibliche Substantive auf -a und -i und mit einem weichen Konsonanten im Stammauslaut enden im Lokativ auf **-i**, z. B. Nom. pani, Lok. pani, die Substantive mit einem verhärteten Konsonanten im Auslaut haben im Lokativ die Endung **-y**, z. B. Nom. noc, Lok. nocy.

	Maskulinum		*Femininum*			*Neutrum*	
Nom.	szef	koń	kobieta	pani	noc	miasto	pole
Lok.	sze**fie**	koni**u**	kobiecie	pani	noc**y**	mieś**cie**	pol**u**

Der Lokativ steht immer mit einer Präposition, z. B.:

O kim rozmawiacie?	*Über wen sprecht ihr?*
Rozmawiamy właśnie o moim szefie.	*Wir sprechen eben über meinen Chef.*

Der Lokativ ist der Kasus, der zusammen mit einer Präposition auch eine Ortsangabe bildet, z. B.: w *in,* na *in, auf.*

Nach der Ortsangabe fragt man mit dem Fragewort gdzie? *wo?*:

Gdzie mieszka pani Żórawska? *Wo wohnt Frau Żórawska?*

Ona mieszka w Warszawie na ulicy Długiej. (eine Straße)
w Warszawie na Ursynowie. (ein Stadtviertel)
w Warszawie na Mazowszu. *(Masowien)*

Es ist zu beachten, daß sich der Gebrauch der Präpositionen in den beiden Sprachen nicht immer deckt. Während sich die Präposition **w** mit Substantiven verbindet, die einen Raum bzw. einen Ort (auch einen Ort im Inneren) bezeichnen, bildet die Präposition **na** Ortsangaben mit Namen von Straßen, Stadtvierteln, Siedlungen, Regionen usw. (na Ursynowie, na Saskiej Kępie, na Mazowszu, na Śląsku *in Schlesien*; Ausnahme: w Śródmieściu).

5. Der Lokativ Singular des Adjektivs

Männliche und sächliche Adjektive haben im Lokativ die Endung **-im**, wenn sie auf einen weichen Konsonanten oder k, g ausgehen, und die Endung **-ym**, wenn sie auf einen harten Konsonanten auslauten.

Weibliche Adjektive haben im Lokativ die Endung **-ej**.

	Maskulinum		*Femininum*		*Neutrum*	
Nom.	nowy	niski	nowa	niska	nowe	niskie
Lok.	now**ym**	nisk**im**	now**ej**	niski**ej**	now**ym**	nisk**im**

6. Die Konjugation des Verbs „mieć"

Auch das Verb mieć *haben* gehört zur III. Konjugationsklasse.

(ja)	mam	(my)	mamy
(ty)	masz	(wy)	macie
on, ona, ono	ma	oni, one	mają

4D Übungen

1. *Tragen Sie entsprechende Formen von Familiennamen in die Lücken ein:*

a) pan Śniegocki	pani ...	państwo ...
b) pan ...	pani Żórawska	państwo ...
c) pan Ćmielowicz	pani ...	państwo ...

d) pan ...	pani ...	państwo Łabędzcy
e) pan Zielony	pani ...	państwo ...
f) pan ...	pani Zając	państwo ...
g) pan ...	pani ...	państwo Nowakowie
h) pan Sobota	pani ...	państwo ...
i) pan Maj	pani ...	państwo ...

2. *Schreiben Sie folgende Zahlen in Worten:*

11	21	90	77
15	29	99	52
16	30	14	45
19	66	58	83

3. *Ergänzen Sie die nachstehenden Sätze nach folgendem Muster:*

Beispiel: On ma 27 lat. (27)

a) Ona ma ... (41). b) Pani Żórawska ma ... (24). c) On ma ... (55). d) Córka pani Łabędzkiej ma ... (14). e) Ty masz ... (33). f) Syn pani Łabędzkiej ma ... (16). g) Ja mam ... (?).

4. *Bilden Sie Fragen zu den vorgegebenen Antworten:*

Beispiel: Mam 44 lata.
Ile masz lat? *oder* Ile pan/pani ma lat?

a) On ma 53 lata. b) Masz 25 lat. c) Ona ma 14 lat. d) Mam 82 lata. e) Oni mają 42 lata. f) Mamy 37 lat.

5. *Setzen Sie die richtigen Formen von* mieć *ein:*

a) Państwo Ćmielowiczowie ... komfortową willę. b) Pan Śniegocki ... skromne mieszkanie. c) Państwo Łabędzcy ... piękny dom. d) Pani Żórawska ... małe mieszkanie. e) A Ty? Czy Ty ... duży dom? f) A Pan? Czy Pan ... też duży dom? g) Ja ... skromne mieszkanie. h) A Pani? Czy Pani ... małe mieszkanie?

6. *Setzen Sie die nachstehenden Angaben in der passenden Form ein (Vergleichen Sie Ihre Lösungen mit dem Text.):*

miła żona, małe mieszkanie, komfortowa willa, przystojny mąż, piękny dom, skromne mieszkanie

a) Państwo Ćmielowiczowie mają ... b) Państwo Łabędzcy mają ... c) Pan Śniegocki ma ... d) Pani Żórawska ma ... e) Pan Ćmielowicz ma ... f) Pani Łabędzka ma ...

7. *Ergänzen Sie die Präpositionen* na *oder* w*:*

a) Paweł Śniegocki mieszka ... Warszawie. b) On ma skromne mieszkanie ... Śródmieściu ... Nowym Świecie. c) Katarzyna Żórawska ma małe mieszkanie ... Starym Mieście. d) Ona mieszka razem z rodzicami ... Żelazowej Woli. e) Państwo Ćmielowiczowie mają willę ... Saskiej Kępie. f) Państwo Łabędzcy mieszkają ... Konstancinie.

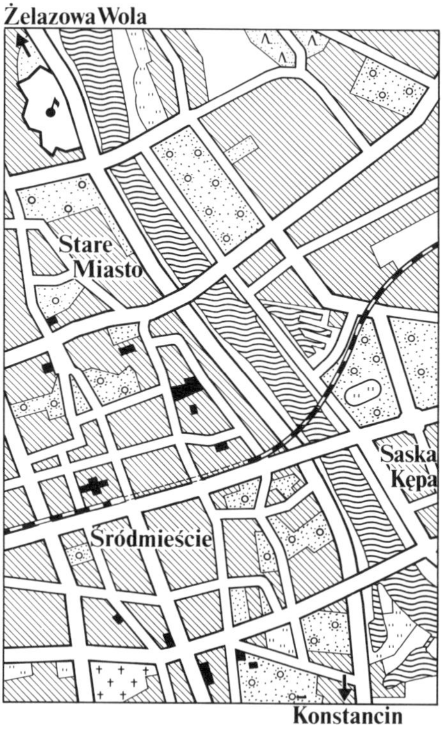

8. *Antworten Sie auf die Fragen:*

a) Ile lat ma Katarzyna Żórawska? Gdzie mieszka? Jakie ma mieszkanie? Jaką pamięć ma Katarzyna? b) Ile lat ma Krzysztof Ćmielowicz? Czy jest kawalerem? Jaką ma żonę? c) Ile lat ma Paweł Śniegocki? Czy jest żonaty? Gdzie mieszka? Jakie ma mieszkanie? d) Ile lat ma Małgorzata Łabędzka? Czy Małgorzata jest panną? Jakiego ma męża? Jaką ma córkę? Jakiego ma syna? Gdzie mieszkają państwo Łabędzcy? Jaki mają dom? Co jeszcze mają państwo Łabędzcy?

9. *Füllen Sie die Tabelle aus. Vergleichen Sie sie dann mit dem Text:*

	Ile ma lat?	Gdzie mieszka?	Jakie ma mieszkanie?	Czy jest mężatka/żonaty?	Czy ma dzieci? Ile?
Katarzyna Żórawska					
Paweł Śniegocki					
Małgorzata Łabędzka					
Krzysztof Ćmielowicz					

10. *Paweł Śniegocki stellt sich vor. Erzählen Sie, was Sie von ihm erfahren haben:*

a) Nazywam się Paweł Śniegocki.	Ten pan ...
b) Mam 27 lat.	On ...
c) Jestem nauczycielem.	On ...
d) Także oprowadzam wycieczki.	On ...
e) Mieszkam w Warszawie.	On ...

11. *Bilden Sie die 1. Person Singular:*

a) On nazywa się Śniegocki.	Ja ...
b) On oprowadza wycieczki.	Ja też ...
c) On spotyka się z panią Żórawską.	Ja również ...
d) On przedstawia się.	Ja także ...
e) On mieszka w Warszawie.	Ja też ...

12. *Stellen Sie sich jetzt vor. Erzählen Sie,*

a) *wie Sie heißen* b) *was Sie beruflich machen* c) *wie Sie aussehen* d) *wie alt Sie sind* e) *wo Sie wohnen* f) *ob Sie verheiratet sind* g) *wie Ihr Ehepartner heißt* h) *wie Ihr Ehepartner aussieht* i) *wieviel Kinder Sie haben* j) *wie alt sie sind*

Stellen Sie die obengenannten Fragen jetzt in der Gruppe.

5A

5A Text

Co zobaczymy w Warszawie?

K. = Katarzyna
P. = Paweł

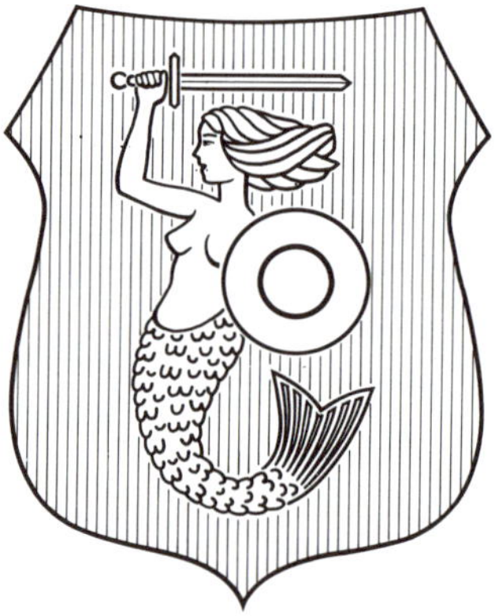

K.: Dzień dobry. Dobrze, że pan już jest. Mamy dzisiaj wiele spraw do załatwienia. Wkrótce przyjadą przecież nasi goście.

P.: Naszą podróż po Polsce zaczniemy chyba od Warszawy.

K.: Tak, tak. Trzeba zarezerwować hotel, kupić bilety do Teatru Wielkiego, zamówić przewodnika po Starym Mieście ...

P.: Przepraszam, która jest godzina?

K.: Zaraz zobaczę. Teraz jest dziesiąta.

P.: Już dziesiąta!? A ja jestem umówiony.

K.: O której godzinie jest pan umówiony?

P.: O jedenastej. Jestem umówiony z przewodnikiem na placu Zwycięstwa obok Ogrodu Saskiego.
Stamtąd pójdziemy do Rynku Starego Miasta, a potem do Zamku Królewskiego.
Potem pójdę jeszcze do Teatru Wielkiego kupić bilety na „Halkę".
O pierwszej pojadę do Parku Łazienkowskiego.

K.: To świetnie. A ja pójdę do hotelu i hotelowej restauracji zamówić noclegi i posiłki, a o drugiej pojadę do Pałacu w Wilanowie.

P.: Trzeba jeszcze napisać list do Niemiec i przedstawić nasz program.

K.: Myślę, że zwiedzanie zaczniemy od Warszawy, a potem pojedziemy do Kazimierza, Sandomierza, Krakowa, i do Zakopanego.

P.: Cieszę się, że się pani ze mną zgadza.

K.: No to do roboty.

zobaczyć *pf.*, zobaczę, zobaczysz	*sehen; erblicken; nachsehen*
dobrze *Adv.*	*gut*
że	*daß*
wiele *Gen.*	*viele*
sprawy *f/Pl.*	*Angelegenheiten*
załatwienie, -nia *n*	*Erledigung*
do załatwienia	*zu erledigen*
do *Präp. + Gen.*	*nach, zu, in*
wkrótce	*bald*
przyjechać *pf.*, przyjadę, przyjedziesz	*kommen, ankommen*
przecież *Adv.*	*doch*
po *Präp. + Lok.*	hier: *durch*
zacząć *pf.*, zacznę, zaczniesz	*anfangen*
od *Präp. + Gen.*	*von*
trzeba	*man soll, man muß*
zamówić *pf.*, zamówię, zamówisz	*bestellen*
kupić *pf.*, kupię, kupisz	*kaufen*
bilety *m/Pl.*	*Eintrittskarten*
teatr, -ru *m*	*Theater*
wielki, -ka, -kie	*groß*
Teatr Wielki	Eigenname (Theater in Warschau)
która godzina?	*wieviel Uhr ist es?*
teraz	*jetzt*
zaraz	*gleich*
dziesiąta	*(die) zehnte; zehn (Uhr)*
o *Präp. + Lok.*	hier: *um*
o której godzinie?	*um wieviel Uhr?*
o jedenastej	*um elf (Uhr)*
plac Zwycięstwa	Eigenname (Platz in Warschau)
obok *Präp. + Gen.*	*neben, an*
Ogród Saski	Eigenname (Park in Warschau)
stamtąd	*von dort aus*
pójść *pf.*, pójdę, pójdziesz	*gehen*
rynek, rynku *m*	*Marktplatz*
potem	*dann*

zamek, zamku *m*	*Schloß*
Zamek Królewski	*Königsschloß* (in Warschau)
„Halka" *f*	*„Halka"* (Oper von Moniuszko)
o pierwszej	*um ein Uhr*
pojechać *pf.*, pojadę, pojedziesz	*fahren*
park, -ku *m*	*Park*
Park Łazienkowski	Eigenname (Park in Warschau)
świetnie *Adv.*	*herrlich, ausgezeichnet, glänzend, großartig*
restauracja, -cji *f*	*Restaurant*
hotelowa restauracja	*Hotelrestaurant*
zarezerwować *pf.*, zarezerwuję, zarezerwujesz	*reservieren*
noclegi *m/Pl.*	*Unterkunft*
posiłki *m/Pl.*	*Verpflegung*
o drugiej	*um zwei (Uhr)*
pałac, -cu *m*	*Palast; Schloß*
Wilanów, -nowa *m*	Eigenname (Vorort von Warschau)
napisać *pf.*, napiszę, napiszesz	*schreiben*
list, -tu *m*	*Brief*
przedstawić *pf.*, przedstawię, przedstawisz	*vorstellen; präsentieren*
myśleć *ipf.*, myślę, myślisz	*denken*
zwiedzanie, -nia *n*	*Besichtigung*
cieszyć się *ipf.*, cieszę się, cieszysz się	*sich freuen*
zgadzać się *ipf.*, zgadzam się, zgadzasz się	*einverstanden sein*
ze mną	*mit mir*
robota, -ty *f*	*Arbeit*
no to do roboty	*also dann an die Arbeit*

5B Landeskunde – Sprachgebrauch

1. Łazienki und Wilanów

Łazienki – Park Łazienkowski wurde von Stanisław August Poniatowski (1732–1798), dem letzten König Polens, gegründet. Ursprünglich umfaßte der Park einen Tiergarten mit einem Gartenpavillon, wo sich das Badehaus (Łazienka) der Familie Waza befand. Daher kommt der Name „Łazienki".

Wilanów – Pałac Wilanowski, ein Barockpalast, wurde Ende des 17. Jahrhunderts von König Jan III. Sobieski als neue Residenz errichtet und „Villa Nova" genannt, daher kommt der polnische Name „Wilanów".

2. Das Adverb „trzeba"

Das modale Adverb **trzeba** *man soll, man muß* in Verbindung mit dem Infinitiv dient zum Ausdruck der Notwendigkeit.

Trzeba napisać list.	*Der Brief soll geschrieben werden.*
Trzeba kupić bilet.	*Die Eintrittskarte soll gekauft werden.*

Diese Konstruktion wird dann verwendet, wenn man die Handlung unpersönlich ausdrücken oder die Notwendigkeit einer bestimmten Handlung unterstreichen will.

3. Die Stellung des Adjektivs

Im Polnischen steht das Adjektiv meist vor dem Substantiv. Bildet das Adjektiv mit dem Substantiv dagegen einen feststehenden Begriff (z. B. bei Eigennamen), wird es oft nachgestellt.

Das Adjektiv vor dem Substantiv: hinter dem Substantiv:

piękny ogród	*ein schöner Garten*	Ogród Saski
wielki teatr	*ein großes Theater*	Teatr Wielki

4. Die Ordnungszahlen von 1 bis 99

Die Ordnungszahlen werden wie Adjektive (übereinstimmend mit dem Genus des Substantivs) dekliniert.

1. pierwszy, -a, -e	11. jedenasty, -a, -e	20. dwudziesty, -a, -e
2. drugi, -a, -ie	12. dwunasty, -a, -e	30. trzydziesty, -a, -e
3. trzeci, -ia, -ie	13. trzynasty, -a, -e	40. czterdziesty, -a, -e
4. czwarty, -a, -e	14. czternasty, -a, -e	50. pięćdziesiąty, -a, -e
5. piąty, -a, -e	15. piętnasty, -a, -e	60. sześćdziesiąty, -a, -e
6. szósty, -a, -e	16. szesnasty, -a, -e	70. siedemdziesiąty, -a, -e
7. siódmy, -a, -e	17. siedemnasty, -a, -e	80. osiemdziesiąty, -a, -e
8. ósmy, -a, -e	18. osiemnasty, -a, -e	90. dziewięćdziesiąty, -a, -e
9. dziewiąty, -a, -e	19. dziewiętnasty, -a, -e	
10. dziesiąty, -a, -e		

dwudziest**y** czwart**y**	*der vierundzwanzigste*
trzydziest**a** szóst**a**	*die sechsunddreißigste*
dziewięćdziesiąt**e** dziewiąt**e**	*das neunundneunzigste*

5. Die Uhrzeit

Die vollen Stunden werden im Polnischen durch Ordnungszahlen wiedergegeben.

Jest druga. *Es ist zwei Uhr.*

Die Angabe der Uhrzeit mit „um“ wird im Polnischen mit der Präposition **o** und dem Lokativ der Ordnungszahl sowie von **godzina** ausgedrückt.

umgangssprachlich (ab Mittag)	*offiziell*
Jest (godzina) pierwsza.	Jest godzina trzynasta.
Jest (godzina) siódma.	Jest godzina dziewiętnasta.
Jest (godzina) dwunasta.	Jest godzina dwudziesta czwarta.

5B/5C

Nach der Uhrzeit fragt man:

Która (jest) godzina?	*Wieviel Uhr ist es?*
(Jest) (godzina) dwunasta.	*Es ist zwölf Uhr.*
O której godzinie?	*Um wieviel Uhr?*
O (godzinie) dwunastej. O dwunastej (godzinie).	*Um zwölf Uhr.*

In der Umgangssprache können jest und godzina bzw. godzinie weggelassen werden.

Merke: Godzina bedeutet sowohl *Stunde* als auch *Uhr.*

Która godzina?	*Wieviel Uhr ist es?*
Za godzinę.	*In einer Stunde.*

5C Grammatik

1. Der Genitiv Singular des Substantivs

Belebte männliche Substantive haben im Genitiv die Endung **-a**, z. B. mąż, Gen. męża; koń, Gen. konia.
Unbelebte männliche Substantive, die im Nominativ auf einen Konsonanten auslauten, enden im Gen. Sg. auf **-u** bzw. **-a**: rynek, Gen. rynku; fotel *(Sessel),* Gen. fotela.
Allgemein gilt die Regel, daß unbelebte Substantive, die einen Gegenstand bezeichnen, Abstrakta und auf -j auslautende Substantive die Endung **-u** haben, z. B.: spacer *(Spaziergang),* Gen. spaceru; pokój *(Zimmer),* Gen. pokoju; Ausnahme: maj *(Mai),* Gen. maja.
Die Endung **-a** haben die Substantive, die einen Gegenstand bezeichnen und zugleich auf einen weichen Konsonanten (ausgenommen -j) oder auf -yk, -ik ausgehen, z. B.: pień *(Stamm),* Gen. pnia; koszyk *(Korb),* Gen. koszyka; guzik *(Knopf),* Gen. guzika.
Bei manchen Substantiven erfolgt ein Wechsel von **ó** zu **o**: ogród, Gen. ogrodu. Das -o- bleibt dann in allen anderen Kasus erhalten.
Männliche Substantive auf -a im Nominativ werden wie weibliche Substantive dekliniert.

	Maskulinum					
	belebt			*unbelebt*		
Nom.	pan	dentysta	kolega	ogród	rynek	koszyk
Gen.	pan**a**	dentyst**y**	koleg**i**	ogrod**u**	rynk**u**	koszyk**a**

Weibliche Substantive haben im Gen. Sg. die Endung **-y**, wenn ihr Stamm auf einen harten bzw. einen verhärteten Konsonanten auslautet: godzina, Gen. godziny. Sie haben die Endung **-i**, wenn ihr Stamm auf einen weichen Konsonanten oder -k, -g, -l ausgeht: restauracja, Gen. restauracji. Das betrifft auch alle männlichen Substantive auf -a, z. B.: mężczyzna, Gen. mężczyzny; kolega, Gen. kolegi.

Sächliche Substantive (mit Ausnahme von Substantiven auf -um) enden im Gen. Sg. auf **-a**, z. B.: kino, Gen. kina; miasto, Gen. miasta.

	Femininum		*Neutrum*
Nom.	godzina	restauracja	kino
Gen.	godzin**y**	restauracj**i**	kin**a**

2. Der Genitiv Singular des Adjektivs

Männliche und sächliche Adjektive haben im Gen. Sg. die Endung **-ego**. Weibliche Adjektive enden im Gen. auf **-ej**.

	Maskulinum	*Femininum*	*Neutrum*
Nom.	miły	miła	miłe
Gen.	mił**ego**	mił**ej**	mił**ego**

3. Die Präpositionen „do", „od" und „obok" mit dem Genitiv

Die Präposition **do** dient zur Bezeichnung des Zielortes (*nach, in, zu* [auch Personen] und des Adressaten *[an]*):

Pójdę **do** teatru.	*Ich gehe **ins** Theater.*
Pojadę **do** syna.	*Ich fahre **zu** meinem Sohn.*
list **do** Niemiec	*ein Brief **nach** Deutschland*
list **do** żony	*ein Brief **an** meine Frau*

Die Präposition **obok** bedeutet *neben, an.*

obok Ogrodu Saskiego	***am** Ogród Saski*
obok żony	***neben** der Frau*

Die Präposition **od** kann entweder in lokaler *(von)* oder in temporaler Bedeutung *(seit, ab)* gebraucht werden.

od Warszawy	***von** Warschau*
od wczoraj	***seit** gestern*
od jutra	***ab** morgen*

4. Die Verben der I. Konjugationsklasse

Zur I. Konjugationsklasse gehören die Verben mit dem Infinitiv auf **-ać**, deren Personalformen folgende Endungen haben:

	napisać	*schreiben*
(ja)	napisz**ę**	
(ty)	napisz**esz**	
on, ona	napisz**e**	
(my)	napisz**emy**	
(wy)	napisz**ecie**	
oni, one	napisz**ą**	

Für die I. Konjugationsklasse ist noch folgender Konsonanten- und Vokalwechsel typisch:

1. Pers. Sg./3. Pers. Pl.	d	n	m	t	s	z	k	g	r	a	o
andere Personen	dzi	ni	mi	ci	si	zi	cz	ż	rz	e	e

Beispiele: *Infinitiv*		*1. Pers. Sg.*	*2. Pers. Sg.*
pójść	*gehen*	pój**d**ę	pój**dzi**esz
zacząć	*anfangen*	zacz**n**ę	zacz**ni**esz
pojechać	*fahren*	poj**a**dę	poj**e**dziesz

5. Die Verben der II. Konjugationsklasse

Zur II. Konjugationsklasse gehören die Verben mit dem Infinitiv auf **-ić** und **-yć/-eć**, deren Personalformen folgende Endungen haben:

	zamówić	*bestellen*	zobaczyć	*nachsehen*
(ja)	zamówi**ę**		zobacz**ę**	
(ty)	zamów**isz**		zobacz**ysz**	
on, ona	zamów**i**		zobacz**y**	
(my)	zamów**imy**		zobacz**ymy**	
(wy)	zamów**icie**		zobacz**ycie**	
oni, one	zamówi**ą**		zobacz**ą**	

Für die II. Konjugationsklasse ist noch folgender Konsonantenwechsel typisch:

1. Pers. Sg./3. Pers. Pl.	c	dz	sz	z	szcz	żdż
andere Personen	c+i	dz+i	s+i	z+i	ść+i	źdz+i

Beispiele:

Infinitiv		*1. Pers. Sg.*	*2. Pers. Sg.*
wrócić	*zurückkehren*	wró**c**ę	wró**ci**sz
prosić	*bitten*	pro**sz**ę	pro**si**sz

Merke: Die Präsensformen der mit *pf.* gekennzeichneten Verben haben zukünftige Bedeutung (vgl. 7C1).

6. Reflexive Verben

Reflexive Verben werden im Polnischen mit Hilfe des Reflexivpronomens **się** gebildet, das unverändert bleibt.

(ja)	cieszę	się	*ich freue mich*
(ty)	cieszysz	się	*du freust dich*
on/ona	cieszy	się	*er/sie freut sich*
(my)	cieszymy	się	*wir freuen uns*
(wy)	cieszycie	się	*ihr freut euch*
oni/one	cieszą	się	*sie freuen sich*

Das Reflexivpronomen kann im Satz vor oder hinter dem Verb stehen (ohne Einfluß auf die Bedeutung), jedoch niemals am Satzanfang.

Merke: Es gibt im Polnischen reflexive Verben, die im Deutschen nicht reflexiv sind, und umgekehrt.

Śmieję się. *Ich lache.*
Siadam. *Ich setze mich.*

7. Der Objektsatz mit der Konjunktion „że"

Im Gegensatz zum Deutschen ist die Wortfolge im polnischen Objektsatz wie im Hauptsatz.

Myślę, że zaczniemy od Warszawy.	*Ich denke, daß wir von Warschau aus beginnen.*
Cieszę się, że pani się ze mną zgadza.	*Ich freue mich, daß Sie mit mir einverstanden sind.*

5D Übungen

1. *Lösen Sie das Kreuzworträtsel. Wie lautet das Lösungswort?*

Zabytki Warszawy
die Sehenswürdigkeiten von Warschau:

a) Park . . .
b) . . . Wielki
c) . . . Starego Miasta
d) Ogród . . .
e) . . . Królewski
f) . . . Miasto
g) Pałac . . .
h) Opera Moniuszki „. . .“

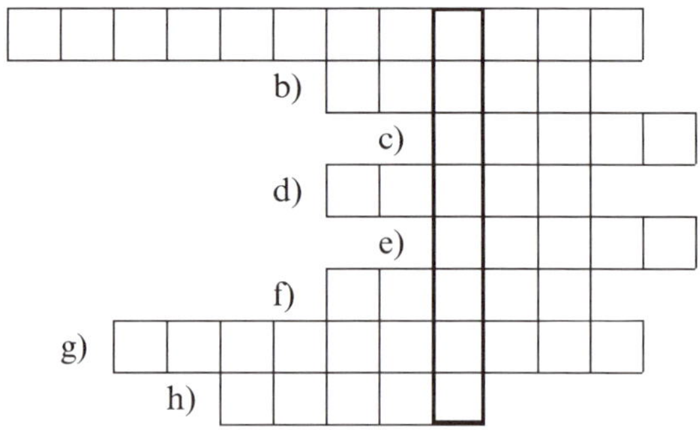

2. *Ergänzen Sie die Endungen:*

a) Trzeba pojechać do hotel. . b) W hotel. . restauracj. . trzeba zamówić posiłki. c) Paweł pojedzie do Teatr. . Wielk. . kupić bilety. d) Trzeba też pojechać do Pałac. . Wilanowski. . e) A potem pójść do Park. . Łazienkowski. . f) Potem trzeba jeszcze pójść do Rynk. . Stare. . Miast. . g) Zwiedzanie zaczniemy od Warszaw. . h) Pojedziemy też do Krakow. . i Zakopane. .

3. *Gdzie jest Paweł umówiony? – Wo ist Paweł verabredet?*
Setzen Sie die in Klammern angegebenen Wörter in den Genitiv:

a) Paweł jest umówiony obok . . . (kino)
b) albo *oder* obok . . . (restauracja hotelowa)
c) albo obok . . . (Park Łazienkowski)
d) albo obok . . . (Teatr Wielki)
e) albo obok . . . (hotel)

Oj, mam chyba słabą pamięć!

4. *Ergänzen Sie die Personalendungen:*

a) Ja zamówi.. przewodnika, a ty kup.. bilety do kina. b) Ona przedstaw.. program, a ja napisz.. list do Niemiec. c) Pani pojedzi.. jeszcze do hotelu. d) Czy się państwo ze mną zgadz..? Ciesz.. się, że (my) zacznie.. zwiedzanie od Warszawy.

5. *Od czego zaczniemy zwiedzanie? – Womit beginnen wir die Besichtigung? Setzen Sie die Wörter in Klammern in den Genitiv:*

a) Myślę, że zaczniemy od ... (Warszawa)
b) albo od ... (Pałac w Wilanowie)
c) albo od ... (Zamek Królewski)
d) albo od ... (Rynek)
e) albo od ... (Ogród Saski)
f) A może ma Pan/Pani inną propozycję? *Vielleicht haben Sie einen anderen Vorschlag?*

6. *Katarzyna hat sich stichwortartig notiert, was Sie und Paweł zu erledigen haben. Können sie Paweł genau sagen, was zu machen ist?*

a) Trzeba zarezerwować hotel.
b) ... ... noclegi.
c) ... ... do Teatru Wielkiego.
d) ... ... bilety na „Halkę".
e) ... ... do Wilanowa.
f) ... ... list do Niemiec.
g) ... ... nasz program.

Übertragen Sie diese Übung auf eine andere Situation.

7. *Schreiben Sie in Worten:*

a) Która godzina? 13^{00} Jest trzynasta.
b) O której godzinie? O trzynastej.

14^{00}	1^{00}	16^{00}	24^{00}	8^{00}
12^{00}	11^{00}	2^{00}	10^{00}	17^{00}
3^{00}	15^{00}	20^{00}	21^{00}	23^{00}

8. *Sie machen eine Stadtbesichtigung in Warschau. Erzählen Sie auf polnisch, um wieviel Uhr Sie wohin gehen wollen:*

Beispiel:

O godzinie dziesiątej | pójdę / pojadę | do Ogrodu Saskiego.

9. *Bilden Sie mit den angegebenen Wörtern jeweils einen Haupt- und einen Nebensatz mit że:*

a) pani, że, się, cieszę, ze, zgadza, mną b) goście, wkrótce, cieszę, przyjadą, nasi, się, że c) zwiedzanie, myślę, Warszawy, od, że, zaczniemy d) że, dobrze, pan, jest, już

10. *Übersetzen Sie ins Polnische:*

a) Bald kommen unsere Gäste nach Warschau. b) Wir gehen heute ins Theater. c) Die Besichtigung beginnen wir von Warschau aus. d) Dann fahren wir nach Kraków. e) Seit gestern schreibe ich einen Brief an meine Frau nach Deutschland. f) Also dann an die Arbeit.

11. *Sie haben einen Gast aus Polen. Was würden Sie ihm in Ihrer Stadt (in Ihrer Umgebung) zeigen? Machen Sie ihm einen Vorschlag:*

a) Najpierw zamówię ... b) Myślę, że zwiedzanie zaczniemy od ... c) Potem pojedziemy razem do ... d) O drugiej zwiedzimy ... i kupimy ... e) O dwudziestej pójdziemy do ...

6A Text

Który to dzień tygodnia?

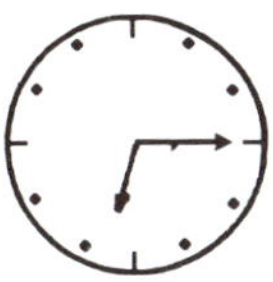

Jest wczesny ranek, piętnaście po szóstej. Paweł Śniegocki właśnie wstaje, goli się, myje i ubiera, a potem je śniadanie. Tak wcześnie rano Paweł musi wstawać zawsze w poniedziałek, środę i czwartek, kiedy uczy w szkole. Trochę dłużej może pospać we wtorek i w piątek, ponieważ pracę w biurze „Translingua“ zaczyna dopiero godzinę później. Najdłużej zaś może sobie poleżeć w sobotę i w niedzielę, jeżeli nie musi oprowadzać wycieczek.

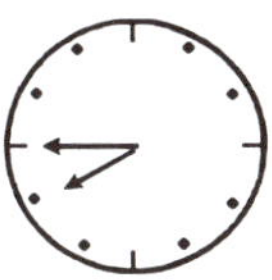

Jest za piętnaście ósma. Paweł Śniegocki jest już w szkole. Ma dzisiaj sześć godzin. Paweł uczy języka polskiego.

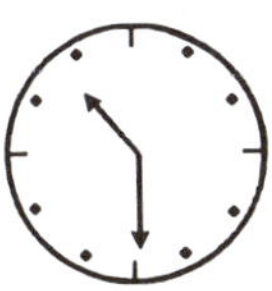

Jest wpół do jedenastej. Przed południem Paweł je drugie śniadanie.

Jest południe. Paweł uczy w szkole jeszcze przez godzinę.

Dzisiaj po południu o wpół do drugiej Paweł jest już po lekcjach i je obiad. Po obiedzie idzie do miasta, ponieważ chce kupić sobie coś na kolację.

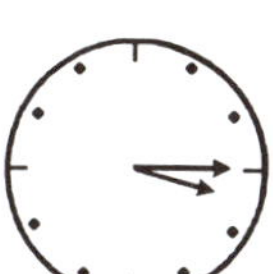

Jest piętnaście po trzeciej. Za godzinę Paweł zaczyna kurs. Jeżeli jest to poniedziałek lub czwartek, Paweł uczy się wtedy języka angielskiego. Jeśli zaś jest to wtorek lub piątek, to Paweł powinien w tym czasie zaczynać kurs języka niemieckiego. Po niemiecku Paweł nie mówi jeszcze dobrze.

6A

Lepiej rozumie język angielski, zaś najlepiej zna francuski, ponieważ francuskiego uczy się najdłużej. Po francusku Paweł umie mówić tak swobodnie jak po polsku.

Jest wieczór, za piętnaście siódma. Paweł je kolację. Dziś wieczorem musi jeszcze uczyć się angielskiego, ponieważ jutro ma kurs. Powinien także jeszcze napisać list po niemiecku.

Jest północ. O północy Paweł już śpi od godziny, ponieważ jutro musi wcześnie wstać do szkoły.

tydzień, tygodnia *m*	*Woche*
wczesny, -a, -e	*früh*
ranek, ranka *m*	*Morgen*
po *Präp.* + *Lok.*	*nach; an*
piętnaście po 6	*Viertel nach 6*
wstawać *ipf.*, wstaję, wstajesz	*aufstehen*
wstać *pf.*, wstanę, wstaniesz	*aufstehen*
myć się *ipf.*, myję się, myjesz się	*sich waschen*
golić się *ipf.*, golę się, golisz się	*sich rasieren*
ubierać się *ipf.*, ubieram się, ubierasz się	*sich anziehen*
jeść *ipf.*, jem, jesz	*essen*
śniadanie, -nia *n*	*Frühstück*
wcześnie *Adv.*	*früh*
tak wcześnie rano	*so früh am Morgen*
musieć, muszę, musisz	*müssen*
w, we *Präp.* + *Lok.*	*an, in*
poniedziałek, poniedziałku *m*	*Montag*
wtorek, wtorku *m*	*Dienstag*
środa, -dy *f*	*Mittwoch*
czwartek, czwartku *m*	*Donnerstag*
piątek, piątku *m*	*Freitag*
sobota, -ty *f*	*Samstag*
niedziela, -li *f*	*Sonntag*
kiedy	hier: *wenn*
uczyć *ipf.*, uczę, uczysz	*unterrichten*
szkoła, -ły *f*	*Schule*
trochę dłużej	*etwas länger*
móc, mogę, możesz	*können, dürfen*
pospać *pf.*, pośpię, pośpisz	*schlafen*
ponieważ	*weil, denn*
praca, -cy *f*	*Arbeit*
zaczynać *ipf.*, zaczynam, zaczynasz	*beginnen*
dopiero *Adv.*	*erst*
godzinę później	*eine Stunde später*
najdłużej	*am längsten*
zaś	*dagegen; aber*
sobie	*sich*
poleżeć *pf.*, poleżę, poleżysz	*liegen;* hier: *im Bett bleiben*
za *Präp.* + *Akk.*	hier: *vor, in*
za piętnaście ósma	*Viertel vor acht*
godziny *f/Pl.*	*Unterrichtsstunden*
dzisiaj, dziś	*heute*
język, -ka *m*	*Sprache*
(język) polski	*Polnisch*
wpół do jedenastej	*(es ist) halb elf*
przed *Präp.* + *Instr.*	*vor;* hier: *an*
przed południem	*am Vormittag*
południe, -nia *n*	*Mittag*
przez *Präp.* + *Akk.*	*durch; über*
przez godzinę	*eine Stunde (lang)*
po południu	*am Nachmittag*
lekcje, lekcji *f/Pl.*	*Unterricht*
obiad, -du *m*	*Mittagessen*
po obiedzie	*nach dem Mittagessen*
iść *ipf.*, idę, idziesz	*gehen*

chcieć, chcę, chcesz	*wollen*
kolacja, -cji *f*	*Abendbrot*
coś na kolację	*etwas fürs Abendbrot*
kurs, -su *m*	*(Sprach-)Kurs*
jeżeli, jeśli	*wenn*
lub	*oder*
uczyć się *ipf.*, uczę się, uczysz się	*lernen*
wtedy	*dann*
(język) angielski	*Englisch*
powinien *Adj.*	*(er) soll*
czas, -su *m*	*Zeit*
w tym czasie	*in dieser Zeit*
(język) niemiecki	*Deutsch*
po niemiecku	*auf deutsch*
mówić *ipf.*, mówię, mówisz	*sprechen*
lepiej	*besser*
rozumieć *ipf.*, rozumiem, rozumiesz	*verstehen*
najlepiej	*am besten*
znać *ipf.*, znam, znasz	*kennen*
(język) francuski	*Französisch*
umieć, umiem, umiesz	*können*
tak swobodnie jak	*so frei wie*
wieczór, wieczoru *m*	*Abend*
wieczorem	*am Abend, abends*
północ, -cy *f*	*Mitternacht*
spać *ipf.*, śpię, śpisz	*schlafen*
jutro	*morgen*

6B Landeskunde – Sprachgebrauch

1. Reflexive Verben

Kommen mehrere reflexive Verben in einem Satz vor, so wird **się** nur einmal (beim ersten Verb) gesetzt.

Paweł się goli, myje i ubiera. *Paweł rasiert sich, wäscht sich und zieht sich an.*

2. Die Wochentage

tydzień	*die Woche*	Kiedy? W który dzień tygodnia?	*Wann? An welchem Wochentag?*
poniedziałek	*Montag*	w poniedziałek	
wtorek	*Dienstag*	we wtorek	
środa	*Mittwoch*	w środę	
czwartek	*Donnerstag*	w czwartek	
piątek	*Freitag*	w piątek	
sobota	*Samstag*	w sobotę	
niedziela	*Sonntag*	w niedzielę	

Die Präposition **w** *an* dient zur Zeitangabe bei Wochentagen. Die Wochentage stehen im Akkusativ: w piątek; aber **we w**torek (der einfacheren Aussprache wegen wird ein -e eingeschoben).

3. Tageszeiten

pora dnia *Tageszeit*	Kiedy? O jakiej porze dnia? *Wann? Zu welcher Tageszeit?*	
ranek	rano, z rana	*am Morgen, morgens*
przedpołudnie	przed południem	*am Vormittag, vormittags*
południe	w południe	*am Mittag, mittags*
popołudnie	po południu	*am Nachmittag, nachmittags*
wieczór	wieczorem	*am Abend, abends*
północ	o północy	*um Mitternacht*
dzień	w dzień	*am Tage, tags*
noc	w nocy	*in der Nacht, nachts*

4. Zeitangaben in Minuten

Zum Ausdruck der Zeitangaben in Minuten werden im gesprochenen Polnisch die Präpositionen **za** *vor* und **po** *nach* gebraucht:

Która godzina?	*Wie spät ist es?*
3^{15} *und* 15^{15}	Jest piętnaście (minut) po *(nach)* trzeciej.
2^{45} *und* 14^{45}	Jest za *(in)* piętnaście (minut) trzecia.
2^{30} *und* 14^{30}	Jest wpół do trzeciej.

In der amtlichen Sprache wird die Uhrzeit wie folgt angegeben:

3^{15}	Jest godzina trzecia piętnaście.
15^{15}	Jest godzina piętnasta piętnaście.
2^{45}	Jest godzina druga czterdzieści pięć.
14^{45}	Jest godzina czternasta czterdzieści pięć.
2^{30}	Jest godzina druga trzydzieści.
14^{30}	Jest godzina czternasta trzydzieści.

Zeitangaben, die sich nicht auf volle oder halbe Stunden beziehen, stehen ohne die Präposition **o** *um*. Um Mißverständnisse zu vermeiden, verbindet man die Uhrzeit mit der entsprechenden Tageszeit.

O której godzinie? *Um wieviel Uhr?*	
	volle und halbe Stunden
o 2^{00}	o drugiej w nocy
o 14^{00}	o drugiej po południu
o 7^{30}	o wpół do ósmej rano
o 19^{30}	o wpół do ósmej wieczorem
	Zeitangaben in Minuten
2^{23}	dwadzieścia trzy po drugiej w nocy
14^{12}	dwanaście po drugiej po południu
7^{35}	za dwadzieścia pięć ósma rano
19^{46}	za czternaście ósma wieczorem

Zur ungefähren Zeitangabe (ohne Minutenangabe) dienen im Polnischen die Ausdrücke:

Przyjdę (zaraz) **po** ósmej. *Ich komme (kurz)* ***nach*** *acht.*
Przyjadę (tuż) **przed** ósmą. *Ich komme (kurz)* ***vor*** *acht.*

5. Die Bezeichnung der Sprachkenntnisse

Zur Bezeichnung der Sprachkenntnisse gebraucht man im Polnischen folgende Ausdrücke:

Konstruktionen		*Beispiele*
mówić *sprechen*	+ Adverb	mówić po polsku
znać *kennen*	+ Akkusativobjekt	znać język hiszpański
rozumieć *verstehen*	+ Akkusativobjekt	rozumieć język włoski
	+ Adverb	rozumieć po czesku

Den Grad der Sprachkenntnisse kann man mit Hilfe folgender Adverbien ausdrükken:

doskonale	*ausgezeichnet*	trochę	*ein wenig*
biegle	*fließend*	słabo	*schwach*
bardzo dobrze	*sehr gut*	nieźle	*gar nicht schlecht*
swobodnie	*frei*	bardzo źle	*sehr schlecht*

Jaki język pan zna?	*Welche Sprache können Sie?*
Znam biegle niemiecki.	*Ich kann fließend Deutsch.*
Jaki język pani rozumie?	*Welche Sprache verstehen Sie?*
Rozumiem trochę polski/po polsku.	*Ich verstehe ein wenig Polnisch.*
Jakim językiem *(Instr.)* pan mówi?	*Welche Sprache sprechen Sie?*
Mówię nieźle po angielsku.	*Ich spreche nicht schlecht Englisch.*

6. Die Verben „uczyć" und „uczyć się"

Die Verben **uczyć** *lehren, unterrichten* und **uczyć się** *lernen* gehören zur II. Konjugationsklasse und verlangen das Objekt im Genitiv.

Jakiego języka uczy się Paweł?	*Welche Sprache lernt Paweł?*
Paweł uczy się niemieckiego.	*Paweł lernt Deutsch.*
Jakiego języka uczy Paweł?	*Welche Sprache unterrichtet Paweł?*
Paweł uczy (języka) polskiego.	*Paweł unterrichtet Polnisch.*

Im gesprochenen Polnisch kann język weggelassen werden.

Nach uczyć und uczyć się kann auch der Infinitiv stehen.

Paweł uczy się mówić/pisać po niemiecku.	*Paweł lernt Deutsch sprechen/schreiben.*

6C Grammatik

1. Die Konjugation der Verben „rozumieć", „umieć", „wiedzieć"

Die Verben **rozumieć** *verstehen*, **umieć** *können, wissen* und **wiedzieć** *wissen* gehören zur III. Konjugationsklasse. Diese Verben haben jedoch – im Unterschied zu den bisher behandelten Verben dieser Klasse – im Stammauslaut statt -a- ein **-e-**.

(ja)	rozumi**em**	umi**em**	wi**em**
(ty)	rozumi**esz**	umi**esz**	wi**esz**
on, ona, ono	rozumi**e**	umi**e**	wi**e**
(my)	rozumi**emy**	umi**emy**	wi**emy**
(wy)	rozumi**ecie**	umi**ecie**	wi**ecie**
oni, one	rozumi**eją**	umi**eją**	wi**edzą**

2. Die Steigerung der Adverbien

Positiv: Sofern die Adverbien von Adjektiven gebildet werden, haben Sie die Endung **-e** bzw. **-o**. Das Suffix -e verursacht einen Wechsel der auslautenden Konsonanten. Sie unterliegen einer Erweichung, die in der Schrift durch den Buchstaben i gekennzeichnet ist. Auch andere Konsonanten können dabei folgenden Veränderungen unterliegen:

Adjektiv	wczesny	dobry	zły	późny	długi	krótki	szybki
Adverb	wcze**śnie**	dob**rze**	źle	późn**o**	dług**o**	krótk**o**	szybk**o**

Komparativ: Der Komparativ wird durch Anfügen des Suffixes **-ej** an den Positiv gebildet. Das Anfügen dieses Suffixes verursacht den Konsonantenwechsel, z. B. **g→ż, t→c, s→ż**. Weitere Veränderungen werden bei der Steigerung der Adjektive behandelt. Adverbien auf -ko, -eko und -oko verlieren diese Endungen im Komparativ.

Superlativ: Der Superlativ wird vom Komparativ durch Voranstellung des Präfixes **naj-** gebildet.

Adverb	*Komparativ*	*Superlativ*
wcześnie	wcześniej	najwcześniej
późno	później	najpóźniej
długo	dłużej	najdłużej
krótko	krócej	najkrócej
szybko	szybciej	najszybciej

Die Adverbien **dobrze** und **źle** werden unregelmäßig gesteigert.

dobrze	lepiej	najlepiej
źle	gorzej	najgorzej

Nach Adverbien fragt man mit der Fragepartikel **jak?** *wie?,* z. B.:

Jak Paweł mówi po angielsku? Paweł mówi swobodnie po angielsku.

3. Die Wortstellung

Die Wortstellung ist im Polnischen freier als im Deutschen. Im Unterschied zum Deutschen ist folgendes zu beachten:

a) Im polnischen Aussagesatz ist die Wortfolge:

Subjekt – Prädikat – Objekt

Dieselbe Wortstellung gilt auch für Fragesätze und Nebensätze.

b) Während das Subjekt im Deutschen stehen muß, braucht es im Polnischen nicht immer ausdrücklich genannt zu werden. Das pronominale Subjekt muß im polnischen Satz nicht erscheinen, wenn es aus dem Kontext heraus eindeutig ist. Dies gilt auch für das Pronomen „es". Ausdrücke wie *Es ist 8 Uhr, es regnet* heißen im Polnischen lediglich Jest ósma, pada.

c) Das Adverb steht im polnischen Satz direkt nach dem Verb. Es kann auch vor dem Verb stehen, z. B. Paweł szybko je obiad. *Paweł ißt schnell das Mittagessen.* Dies hat keinen Einfluß auf die Bedeutung der Aussage.

d) Wenn das Prädikat mehrgliedrig ist, dann stehen seine Teile hintereinander in der Reihenfolge: finites Verb – Infinitiv. Adverbien und Partikeln werden dann zwischen finites Verb und Infinitiv gestellt, z. B.:

Paweł **umie mówić** po włosku.	*Paweł kann Italienisch sprechen.*
Paweł **umie** także swobodnie **mówić** po hiszpańsku.	*Paweł kann auch frei Spanisch sprechen.*

4. Die Modalverben „musieć", „móc" und „chcieć"

Das Verb **musieć** *müssen* gehört zur II. Konjugationsklasse. Das Verb **chcieć** *wollen* gehört zur I. Konjugationsklasse. Ebenfalls zur I. Konjugationsklasse gehört das Modalverb **móc**, das im Deutschen zwei Entsprechungen hat:

dürfen	– Czy mogę dłużej spać?	*Darf ich nicht länger schlafen?*
können	– On może także napisać list.	*Er kann auch einen Brief schreiben.*

(ja)	musz**ę**	mog**ę**	chc**ę**
(ty)	mus**isz**	moż**esz**	chc**esz**
on, ona, ono	mus**i**	moż**e**	chc**e**
(my)	mus**imy**	moż**emy**	chc**emy**
(wy)	mus**icie**	moż**ecie**	chc**ecie**
oni, one	musz**ą**	mog**ą**	chc**ą**

Im Unterschied zum Deutschen steht der vom Modalverb verlangte Infinitiv direkt nach der finiten Form, und nicht am Satzende.

Dziś wieczorem musi się uczyć angielskiego. *Heute abend muß er Englisch lernen.*

5. Das Adjektiv „powinien"

Der Form nach ist **powinien** *er soll* ein Adjektiv, das zusammen mit dem Infinitiv das Prädikat bilden kann. Es hat Personalformen mit entsprechenden Endungen – abhängig vom Geschlecht des Subjekts – wie ein Verb.

	Maskulinum		*Femininum*		*Neutrum*	
	powinienem		powinnam			*ich soll*
	powinieneś		powinnaś			*du sollst*
(on)	powinien	(ona)	powinna	(ono)	powinno	*er, sie, es soll*
	powinniśmy		powinnyśmy			*wir sollen*
	powinniście		powinnyście			*ihr sollt*
(oni)	powinni	(one)	powinny			*sie sollen*

6. Das Pronomen „sobie"

Das Pronomen **sobie** kann (abhängig von seiner Funktion im Satz) verschiedene Bedeutungen haben:

a) als freies Reflexivpronomen im Dativ:

Musi kupić sobie coś na kolację.

b) als reziprokes Pronomen:

Podają sobie ręce (Pl.). *Sie geben einander die Hand* (Sg.).

c) als expressives Wort, welches der Aussage einen vertraulichen/umgangssprachlichen Charakter verleiht:

Paweł może sobie dłużej pospać we wtorek.

7. Reale Konditionalsätze mit den Konjunktionen „jeżeli" und „jeśli"

Reale Konditionalsätze (Bedingungssätze) werden durch die Konjunktionen **jeżeli** und **jeśli** *wenn/falls* eingeleitet. Grundsätzlich können (wie im Deutschen) sowohl der Hauptsatz als auch der Nebensatz voranstehen:

Paweł może dłużej pospać, jeśli później zaczyna pracę. — *Paweł kann länger schlafen, wenn er seine Arbeit später beginnt.*

Jeżeli jest to poniedziałek, Paweł uczy się niemieckiego. — *Wenn es Montag ist, lernt Paweł Deutsch.*

Jeśli przyjadą goście, zamówimy przewodnika. — *Wenn die Gäste kommen, bestellen wir einen Reiseführer.*

8. Kausalsätze mit der Konjunktion „ponieważ"

Kausalsätze (Nebensätze des Grundes) werden mit der Konjunktion **ponieważ** *weil, da, denn* eingeleitet. Im Gegensatz zu anderen Nebensätzen kann der Kausalsatz aus stilistischen Gründen im Satzgefüge nur nachgestellt werden. Nach dem Kausalsatz fragt man mit dem Fragepronomen **dlaczego?** *warum?*

Dlaczego Paweł uczy się dzisiaj angielskiego? — *Warum lernt Paweł heute Englisch?*

Paweł uczy się dzisiaj angielskiego, ponieważ jutro ma kurs. — *Paweł lernt heute Englisch, weil er morgen den Sprachkurs hat.*

6D Übungen

1. *Która godzina? – Wieviel Uhr ist es?*

a) 

c) 

e) 

b) 

d) 

2. *Setzen Sie die richtigen Formen von* uczyć *bzw.* uczyć się *ein:*

a) Paweł Śniegocki ... w liceum. b) Paweł nie mówi dobrze po niemiecku. On ... jeszcze języka niemieckiego. c) Paweł jest nauczycielem. On ... języka polskiego. d) Czy Paweł ... też włoskiego? Nie, on mówi już dobrze po włosku.

3. *Ergänzen Sie* sobie *oder* się*:*

a) W niedzielę mogę ... dłużej pospać. b) Rano myję ... i golę. c) Paweł cieszy ..., że jest niedziela. d) Muszę kupić ... coś na kolację.

4. *Setzen Sie das Modalverb* musieć *in der passenden Form ein:*

a) We wtorek wstaję później, ale jutro ... wstać trochę wcześniej. b) A ty? Czy ty też ... jutro tak wcześnie wstać? c) Pan Śniegocki ... jeszcze napisać list do Niemiec. d) Proszę pana, czy ... pan już iść? e) My nie ... iść dzisiaj do pracy, ponieważ jest niedziela. f) Proszę państwa, a czy państwo ... dziś iść do pracy?

5. *Setzen Sie das richtige Modalverb* chcieć, móc, musieć *in der passenden Form ein:*

a) Paweł ... kupić coś na kolację. b) We wtorek Paweł ... dłużej pospać. c) Jutro (my) ... wcześnie wstać. d) Czy pani ... napisać list? e) (Ja) ... uczyć się polskiego. f) Oni ... wcześnie wstać.

6. *Setzen Sie die richtigen Formen von* powinien *in die Lücken ein:*

a) (Ja) ... jeszcze napisać list. b) Co Katarzyna ... jeszcze kupić? c) Czy ty myślisz, że ty ... to kupić? d) Czy on nie ... teraz trochę poleżeć? e) Państwo nie ... dziś iść do pracy.

7. *Setzen Sie die Adverbien* dobrze, długo, wcześnie *in ihren Steigerungsformen ein:*

a) Jutro jest wtorek, więc mogę trochę ... pospać. b) ... mogę sobie poleżeć w niedzielę. c) Paweł mówi swobodnie po włosku, ... zna angielski, zaś ... mówi po francusku. d) Paweł wstaje ... w poniedziałek, środę i czwartek. e) We wtorek i piątek muszę wstać trochę ...

8. *Bilden Sie Fragen zu den unterstrichenen Satzteilen:*

a) W poniedziałek Paweł musi wcześnie wstawać. b) Pracę w biurze Paweł zaczyna godzinę później. c) Po obiedzie Paweł idzie do miasta, ponieważ musi kupić coś na kolację. d) Paweł rozumie nieźle język rosyjski. e) Za piętnaście siódma Paweł je kolację.

9. *Tragen Sie richtig ein:*
przedpołudnie, przed południem, południe, po południu, wieczór, wieczorem

a) Teraz jest ... Paweł je kolację. b) Paweł pracuje w szkole ... c) Teraz jest ... Paweł je obiad. d) ... Paweł idzie do miasta. e) Teraz jest ... Paweł je drugie śniadanie. f) Kurs angielskiego Paweł zaczyna ...

10. *Was paßt zusammen?*

Paweł uczy się niemieckiego,	ponieważ jutro musi wcześnie wstać.
Paweł musi wcześnie wstać,	ponieważ chce kupić coś na kolację.
Paweł może dłużej pospać,	jeżeli później zaczyna pracę.
Paweł idzie do miasta,	ponieważ idzie do szkoły.
O północy Paweł już śpi,	jeśli jest to piątek lub wtorek.

11. *Wie sind Ihre Sprachkenntnisse? Kreuzen Sie die richtige Antwort in der Tabelle an:*

mówię	doskonale	nieźle	trochę	bardzo dobrze	dobrze	słabo	rozumiem
po polsku							polski
po niemiecku							niemiecki
po rosyjsku							rosyjski
po włosku							włoski
po hiszpańsku							hiszpański
po angielsku							angielski
po francusku							francuski
po japońsku							japoński

Antworten Sie jetzt auf folgende Fragen. Benutzen Sie dabei die von Ihnen gerade ausgefüllte Tabelle:

1. Jak mówi pan/i ... (z. B. po angielsku)? Po angielsku mówię ... (z. B. dobrze).
2. Jak rozumie pan/i ... (z. B. francuski)? Francuski rozumiem ... (z.B. nieźle).

12. *Übersetzen Sie ins Polnische:*

a) Ich kann nicht Russisch sprechen. b) Ich verstehe aber etwas Polnisch. c) Weißt du, daß Paweł heute in die Stadt geht? d) Ich weiß, daß Sie Italienisch und Französisch können.

13. *Lesen Sie den Text noch einmal und tragen Sie den Tagesablauf von Paweł Śniegocki in die Tabelle ein:*

Kiedy? O której godzinie?	Co Paweł robi?
a)	
b)	
c)	
...	

14. *Schildern Sie Ihren Tagesablauf:*

7^{00} Jest 7 godzina. O siódmej wstaję.
7^{15} ... ...
7^{30} ... ...
8^{05} ... ...
12^{00} ... ...
17^{35} ... ...
19^{55} ... ...
20^{45} ... ...

15. *Antworten Sie auf die Fragen:*

a) O której godzinie Pan/i wstaje? b) Gdzie Pan/i pracuje? c) Ile godzin Pan/i pracuje? d) O której je Pan/i obiad? e) Co Pan/i robi w poniedziałek po południu? f) A co robi Pan/i w piątek wieczorem? g) Jak Pan/i mówi po polsku? h) Czy Pan/i zna lepiej angielski? i) Jaki język zna Pan/i najlepiej? j) Czy o północy Pan/i już śpi?

Richten Sie jetzt ähnliche Fragen an Ihre Gesprächspartner in der Gruppe.

7A

7A Text

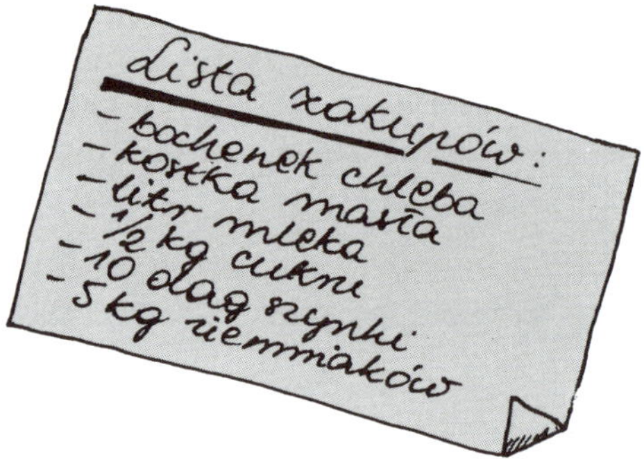

Zakupy

S. = Sprzedawca
K. = Katarzyna
P. = Paweł

Katarzyna spodziewa się jutro gości, a tu lodówka pusta. Trzeba wobec tego zrobić zakupy. Katarzyna robi właśnie listę zakupów i za chwilkę pojedzie do miasta uzupełnić zapasy.
Najpierw jedzie do supersamu. Tu kupuje bochenek chleba, 4 bułki, 20 deka żółtego sera, litr mleka, kostkę masła, pół kilograma cukru i kilogram mąki, 4 butelki wody mineralnej, 2 butelki wina i lody.
Teraz Katarzyna jest u rzeźnika. Przysłuchajmy się rozmowie ze sprzedawcą:

S.: Dzień dobry. Co dla pani?
K.: Proszę kawałek dobrego mięsa?
S.: Wieprzowinę czy wołowinę?
K.: Proszę wołowinę i szynkę.
S.: Ile ma być szynki?
K.: Proszę 30 deka szynki, i pół kilo kiełbasy.
S.: Czy to wszystko?
K.: Tak. Ile płacę?
S.: 85 tysięcy.
K.: Proszę.
S.: Proszę resztę.
K.: Dziękuję. Do widzenia.

A teraz szybko do cukierni:

K.: Dzień dobry. Proszę tort orzechowy i 22 ciastka ... Nie, chyba wystarczy 16 ciastek.
S.: Czy coś jeszcze?
K.: Czy są pączki?
S.: Niestety już nie ma pączków.

K.: A ile kosztują te ciastka?
S.: Duże są po sześć tysięcy, a małe po cztery tysiące.
K.: Proszę wobec tego 24 małe, albo może proszę mi dać 30 małych.
S.: Czy coś jeszcze podać?
K.: Nie, dziękuję. To wszystko.
S.: Ma pani drobne? Nie mam reszty.
K.: Chwileczkę.

Na koniec Katarzyna pójdzie jeszcze do hali targowej po warzywa i owoce. Tam kupi jabłka, ziemniaki i pomidory.

Paweł wybiera się jutro do Katarzyny. Właśnie jest w sklepie i kupuje prezent:

S.: Dzień dobry, czego pan sobie życzy?
P.: Proszę jakiś album na zdjęcia. Nie, nie ten tylko tamten.
S.: Proszę bardzo.
P.: Ile kosztuje ten album?
S.: Jest bardzo tani. 40 tysięcy.
P.: A innych nie ma?
S.: Są, ale drogie.
P.: A w jakiej cenie jest ten?
S.: 70 tysięcy.
P.: Nie. To za drogo. O, ma pani tu także kwiaty.
S.: Mam róże, goździki, tulipany ...
P.: Proszę wobec tego pięć czerwonych róż.

zakupy, -pów *m/Pl.*	*Einkäufe*
spodziewać się *ipf.* + *Gen.*, spodziewam się, spodziewasz się	*erwarten; hoffen auf*
lodówka, -ki *f*	*Kühlschrank*
pusty, -a, -e	*leer*
wobec tego	*daraufhin, dann, also*
zrobić *pf.*, robić *ipf.*, (z)robię, (z)robisz	*machen*
chwilka, -ki *f*	*Augenblick*
za chwilkę	*gleich*
uzupełnić *pf.*, uzupełnię, uzupełnisz	*ergänzen*
zapasy, -sów *m/Pl.*	*Vorräte*
jechać *ipf.*, jadę, jedziesz	*fahren*
supersam, -mu *m*	*Supermarkt*
kupować *ipf.*, kupuję, kupujesz	*kaufen*
bochenek, bochenka *m*	*Laib*
chleb, -ba *m*	*Brot*
bułka, -ki *f*	*Brötchen*
żółty, -a, -e	*gelb*
ser, -a *m*	*Quark; Käse*
żółty ser	*Käse*
litr, -ra *m*	*Liter*
mleko, -ka *n*	*Milch*
kostka, -ki *f*	hier: *Stück*
masło, -ła *n*	*Butter*
pół	*halb*
kilogram, -ma *m*	*Kilogramm*
cukier, cukru *m*	*Zucker*
mąka, -ki *f*	*Mehl*
butelka, -ki *f*	*Flasche*
woda, -dy *f*	*Wasser*

woda mineralna	*Mineralwasser*
wino, -na *n*	*Wein*
lody, -dów *m/Pl.*	*Eis*
rzeźnik, -ka *m*	*Fleischer*
przysłuchać się *pf.*, przysłucham się, przysłuchasz się	*sich anhören*
przysłuchajmy się	*hören wir uns an*
rozmowa, -wy *f*	*Gespräch*
sprzedawca, -cy *m*	*Verkäufer*
kawałek, kawałka *m*	*Stück*
mięso, -sa *n*	*Fleisch*
wieprzowina, -ny *f*	*Schweinefleisch*
wołowina, -ny *f*	*Rindfleisch*
szynka, -ki *f*	*Schinken*
ile ma być szynki?	*wieviel Schinken soll es sein?*
kiełbasa, -sy *f*	*Wurst*
wszystko *Adv.*	*alles*
płacić *ipf.*, płacę, płacisz	*zahlen*
tysiąc, -ca *m*	*tausend*
reszta, -ty *f*	*Rest, Wechselgeld*
dziękować *ipf.* za + *Akk.*, dziękuję, dziękujesz	*danken für*
szybko *Adv.*	*schnell*
cukiernia, -ni *f*	*Konditorei*
tort, -tu *m*	*Torte*
tort orzechowy	*Nußtorte*
ciastko, -ka *n*	*Kuchen*
czy coś jeszcze?	*sonst noch etwas?*
czy są ...?	*gibt es ...?*
pączek, pączka *m*	*Berliner Pfannkuchen*
kosztować *ipf.*, kosztuję, kosztujesz	*kosten*

te *Pl.*	*diese*
podać *pf.*, podam, podasz	*geben*
drobne, -nych *Pl.*	*Kleingeld*
koniec, końca *m*	*Ende*
na koniec	*schließlich*
hala, -li *f*	*Halle*
hala targowa	*Markthalle*
po owoce *Akk.*	*Obst kaufen*
warzywa, warzyw *n/Pl.*	*Gemüse*
jabłko, -ka *n*	*Apfel*
ziemniak, -ka *m*	*Kartoffel*
pomidor, -ra *m*	*Tomate*
wybierać się *ipf.*, wybieram się, wybierasz się	hier: *gehen*
sklep, -pu *m*	*Geschäft*
prezent, -tu *m*	*Geschenk*
życzyć *ipf.*, życzę, życzysz	*wünschen*
jakiś, jakaś, jakieś	*irgendein, irgendeine, irgendein*
zdjęcie, -cia *n*	*Aufnahme, Foto*
tylko	*nur*
tamten, tamta, tamto	*jener, jene, jenes*
tani, -nia, -nie	*preiswert*
inny, -a, -e	*andere(r)*
drogi, -a, -ie	*teuer*
cena, -ny *f*	*Preis*
w jakiej cenie ...?	*wieviel kostet ...?*
za drogo	*zu teuer*
kwiat, -ta *m*	*Blume*
róża, -ży *f*	*Rose*
goździk, -ka *m*	*Nelke*
tulipan, -na *m*	*Tulpe*

7B Landeskundę – Sprachgebrauch

1. Der Ausdruck „nie ma“

Die konjugierten Formen von być, nämlich **jest** und **są** in der Bedeutung *es gibt*, werden mit **nie ma** *es gibt nicht* verneint. Das Substantiv und Adjektiv stehen dann im Genitiv.

Czy są ciastka?	*Gibt es Kuchen?*
Niestety już nie ma ciastek.	*Leider gibt es keinen Kuchen mehr.*

2. Mengenangaben

5 kg	ziemniaków	5 kilo(gramów)	ziemniaków
2 kg	mąki	2 kilo(gramy)	mąki
1 kg	chleba	1 kilo(gram)	chleba
1/2 kg	kiełbasy	pół kilo(grama)	kiełbasy
1/4 kg	masła	ćwierć kilo(grama)	masła
20 dag	sera	20 deka(gramów)	sera
100 g	czekolady	100 gramów	czekolady
5 l	wody	5 litrów	wody
1 l	mleka	1 litr	mleka
1/2 l	wina	pół litra	wina

bochenek chleba	*ein Laib Brot*
kostka masła	*ein Stück Butter*
butelka mleka	*eine Flasche Milch*
porcja lodów	*eine Portion Eis*
tabliczka czekolady	*eine Tafel Schokolade*
kawałek mięsa	*ein Stück Fleisch*
paczka papierosów	*eine Schachtel Zigaretten*

Merke: Nach Mengenangaben steht das Substantiv im Genitiv Singular oder Plural.

3. Die Grundzahlen von 100 bis 1 000 000

100	sto	1 000	tysiąc
200	dwieście	2 000	dwa tysiące
300	trzysta	4 000	cztery tysiące
400	czterysta	5 000	pięć tysięcy
500	pięćset	10 000	dziesięć tysięcy
600	sześćset	51 000	pięćdziesiąt jeden tysięcy
700	siedemset	52 000	pięćdziesiąt dwa tysiące
800	osiemset	55 000	pięćdziesiąt pięć tysięcy
900	dziewięćset	100 000	sto tysięcy
		1 000 000	(jeden) milion

Merke: Bei siedemset, osiemset und dziewięćset wird die drittletzte Silbe betont. Die zusammengesetzten Zahlen werden getrennt geschrieben. Bei zusammengesetzten Zahlen richtet sich das abhängige Wort nach der zuletzt stehenden Zahl, z. B.:
trzydzieści **trzy złote**, trzydzieści **pięć złotych**.

4. Singular und Plural des Prädikats bei Zahlenangaben

Das Prädikat in Verbindung mit den Grundzahlen 2–4, 22–24, 32–34 usw. steht in der 3. Pers. Pl. Nach diesen Zahlen steht zugleich das abhängige Substantiv im Nom. Pl. Bei allen anderen Zahlenangaben steht das Prädikat in der 3. Pers. Sg. und das abhängige Substantiv im Gen. Pl., z. B.:

Tu są 2 złote.	*Hier sind 2 Zloty.*
Tu jest 5 złotych.	*Hier sind 5 Zloty.*
Tu jest 21 złotych.	*Hier sind 21 Zloty.*
Tu są 24 złote.	*Hier sind 24 Zloty.*

Merke: Das Wort **pieniądze** *Geld* kommt nur im Plural vor.
Tu są pieniądze. *Hier ist das Geld.*

7C Grammatik

1. Der imperfektive und perfektive Aspekt

Im Unterschied zum Deutschen kennt das Polnische nur drei Zeitformen: Präsens, Präteritum und Futur. Eine wichtige Rolle spielen im Polnischen der perfektive (vollendete) und der imperfektive (unvollendete) Aspekt der Verben.

Bildungsweise	*imperfektiv*	*perfektiv*
durch ein Präfix:	jechać	pojechać
durch Veränderung im Wortstamm:	zamawiać	zamówić
durch ein anderes Verb:	brać	wziąć *nehmen*

Perfektive Verben bezeichnen eine Handlung in ihrer Gesamtheit, d. h. Beginn, Durchführung und/oder Resultat. Imperfektive Verben bezeichnen dagegen nur die Handlung als solche, d. h. das Durchführen/Andauern einer Handlung (ohne Hervorhebung von Beginn oder Resultat).

On chce **napisać** list. *Er will den Brief schreiben.*

(Ausdruck der Absicht, den Brief zu beginnen und ihn zu Ende zu schreiben.)

On chce **pisać** list. *Er will den Brief schreiben.*

(Nennen der beabsichtigten Tätigkeit, ohne diese in Bezug auf Anfang und Ende genauer zu bestimmen.)

Imperfektive und perfektive Verben bilden jeweils Verbpaare mit gleicher Grundbedeutung, aber unterschiedlichem Aspekt. Sie können, müssen aber nicht derselben Konjugationsklasse angehören. Die Präsensformen der perfektiven Verben haben die Bedeutung des Futurs. Das Präsens der imperfektiven Verben gibt den Verlauf einer Handlung in der Gegenwart ohne zeitliche Einschränkung wieder.

imperfektiv (Präsens)		*perfektiv (Futur)*	
piszę	*ich schreibe*	napiszę	*ich werde geschrieben haben*
jadę	*ich fahre*	pojadę	*ich werde gefahren sein*
zamawiam	*ich bestelle*	zamówię	*ich werde bestellt haben*
kupuję	*ich kaufe*	kupię	*ich werde gekauft haben*

Merke: Die imperfektiven und perfektiven Verben werden in den Vokabellisten entsprechend mit *ipf.* und *pf.* gekennzeichnet.

2. Modalverben mit perfektiven und imperfektiven Verben

Alle **Modalverben**, das modale Adverb **trzeba** und das Adjektiv **powinien** können in Verbindung mit dem Infinitiv der perfektiven und imperfektiven Verben gebraucht werden. Perfektive Verben treten bei der bejahenden Form und imperfektive Verben bei der verneinten Form auf. In der verneinten Form wird das Akkusativobjekt zum Genitivobjekt.

perfektiv Akkusativ	*imperfektiv Genitiv*
On powinien **zamówić** hotel.	On **nie** powinien **zamawiać** hotelu.
Trzeba **napisać** list.	**Nie** trzeba **pisać** listu.
Muszę **kupić** bilet.	**Nie** muszę **kupować** biletu.

3. Personale und nichtpersonale Substantive

Polnische Substantive werden in personale (solche, die Personen bezeichnen) und nichtpersonale Substantive (solche, die verschiedene Lebewesen, Gegenstände und Erscheinungen bezeichnen) eingeteilt. Diese Einteilung ist vor allem für männliche Substantive wichtig, denn männliche personale und nichtpersonale Substantive haben unterschiedliche Endungen im Akkusativ Plural.

4. Der Nominativ Plural des Substantivs

Männliche personale Substantive bilden den Nominativ Plural nach folgenden Regeln:

a) Substantive mit weichen, verhärteten Konsonanten und -l im Stammauslaut enden im Nom. Pl. auf **-e**.
b) Substantive mit harten Konsonanten im Stammauslaut (ausgenommen k, g, r) enden im Nom. Pl. auf **-i**.
c) Substantive mit k, g, r im Stammauslaut enden auf **-y**. Es findet dabei ein Konsonantenwechsel statt: **k→c, g→dz, r→rz**.
d) Substantive, die Titel, Verwandtschaftsgrade und manchmal auch die Nationalität bezeichnen, enden im Nom. Pl. auf **-owie**.
e) unregelmäßige Pluralbildung:

Nom. Sg.	*Nom. Pl.*
nauczyciel	nauczyciel**e**
chłop *(Bauer)*	chłop**i**
aktor	akto**rzy**
reżyser	reżyse**rzy**
minister	ministr**owie**
ojciec	ojc**owie**
Arab	Arab**owie**
człowiek *(Mensch)*	ludzie *(Menschen)*

Die **nichtpersonalen männlichen**, alle **weiblichen** und **sächlichen Substantive** bilden den Nominativ Plural nach folgenden Regeln:

a) Männliche nichtpersonale Substantive und weibliche Substantive auf -a, die k oder g im Stammauslaut haben, enden im Nom. Pl. auf **-i**.
b) Männliche nichtpersonale Substantive und weibliche Substantive auf -a mit harten Konsonanten (ausgenommen k, g) im Stammauslaut haben im Nom./Akk. Pl. die Endung **-y**.
c) Männliche nichtpersonale Substantive mit weichen oder verhärteten Konsonanten im Stammauslaut und weibliche Substantive auf -a/-i haben die Endung **-e**.
d) Sächliche Substantive enden auf **-a**.

Nom. Sg.	*Nom. Pl.*
kawałek	kawałk**i**
butelka	butelk**i**
chleb	chleb**y**
ser	ser**y**
kiełbasa	kiełbas**y**
owoc	owoc**e**
róża	róż**e**
pani	pani**e**
wino	win**a**

5. Der Nominativ Plural des Adjektivs

Im Plural unterscheidet man bei den Adjektiven zwischen Personal- und Sachform. Die Personalform wird bei Adjektiven verwendet, die sich auf männliche Personen beziehen. Diese Adjektive enden im Nominativ Plural auf **-y** (bei Adjektiven mit c, dz, cz, r, k+i, g+i im Stammauslaut) bzw. **-i** (bei allen anderen Adjektiven). Die Sachform wird bei allen anderen Adjektiven verwendet und endet im Nom. Pl. auf **-e**.

	Personalform		*Sachform*					
	m		*m*		*f*		*n*	
Nom. Sg.	nowy	tęgi	nowy	tęgi	nowa	tęga	nowe	tęgie
Nom. Pl.	now**i**	tędz**y**			now**e**	tęg**ie**		

6. Der Genitiv Plural des Substantivs

Der Genitiv Plural wird nach folgenden Regeln gebildet:

a) Männliche Substantive mit hartem Konsonanten im Auslaut und sächliche Substantive auf -um haben die Endung **-ów**.
b) Männliche Substantive mit verhärteten, weichen Konsonanten, mit -j und -l im Auslaut enden überwiegend auf **-i, -y** oder **-ów**.
c) Weibliche Substantive auf -a mit hartem oder weichem Konsonanten im Stammauslaut, weibliche Substantive auf -i und sächliche Substantive auf -o, -e haben im Gen. Pl. **keine Endung**. Bei Substantiven mit zwei oder mehreren Konsonanten im Stammauslaut wird zwischen diese Konsonanten ein **-e-** eingeschoben.
d) Weibliche Substantive auf einen weichen Konsonanten und auf -l haben ein **-i**.

Nom. Sg.	*Gen. Pl.*
ser	ser**ów**
muzeum	muze**ów**
nauczyciel	nauczyciel**i**
gość	gośc**i**
tramwaj	tramwaj**ów**/ tramwaj**i**
kiełbasa	kiełbas
pani	pań
wino	win
bułka	bułek
pamięć	pamięc**i**
sól	sol**i**

7. Der Genitiv Plural des Adjektivs

Sowohl die Personal- als auch die Sachform des Adjektivs haben im Genitiv Plural die Endung **-ych** (hartstämmige Adjektive) bzw. **-ich** (weichstämmige Adjektive).

	hartstämmig		*weichstämmig*	
Nom. Sg.	nowy, -a, -e	ładny, -a, -e	tęgi, -a, -ie	tani, -ia, -ie
Gen. Pl.	nowy**ch**	ładny**ch**	tęg**ich**	tan**ich**

8. Der Akkusativ Plural

Der Akkusativ der männlichen personalen Substantive und der Personalform des Adjektivs ist gleich dem Genitiv Plural.

7D Übungen

1. *Drücken Sie die untenstehenden Angaben in Worten aus:*

   a) 1 kg jabłek b) 5 l mleka c) 2 kg mąki d) 1 l wody e) 5 kg ziemniaków f) ¼ l wina g) ½ kg żółtego sera h) 3 l wody i) 30 dag szynki j) ¼ kg kiełbasy k) ½ l mleka m) 100 g czekolady.

2. *Tragen Sie die gesuchten Wörter senkrecht ein. Die Lösung finden Sie in den waagerecht eingerahmten Feldern:*

   a) Katarzyna kupuje w cukierni tort ...
   b) W hali targowej kupisz owoce i ...
   c) 100 g to jest 10 ...
   d) Sklep, tu zrobisz zakupy.
   e) Kupisz w cukierni.
   f) Kupisz to u rzeźnika.

a) b) c) d) e) f)

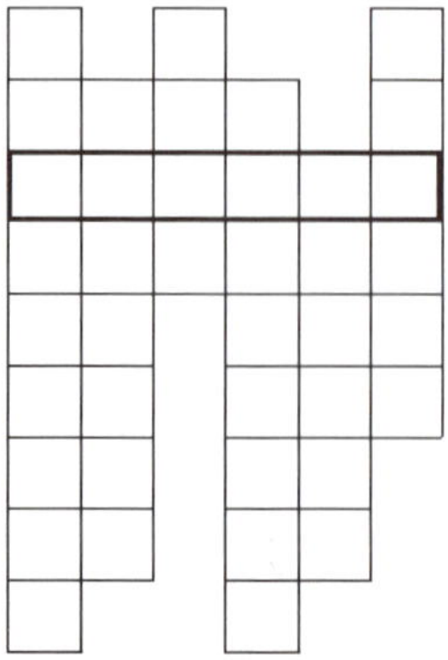

3. *Sagen Sie, welche Verben imperfektive und welche perfektive Bedeutung haben?*

   a) Jadę teraz do supersamu. b) Stamtąd pójdę do rzeźnika. c) Potem idę do cukierni. d) Czy zgadza się pan ze mną? e) Niestety trzeba się z tym zgodzić. f) Trzeba zamówić kwiaty dla Katarzyny. g) Jutro przyjdą goście.

4. *Antworten Sie verneinend auf die Fragen:*

Beispiel: Czy Paweł musi zrobić listę zakupów?
Nie, Paweł nie musi robić listy zakupów.

a) Czy Katarzyna musi kupić żółty ser? b) Czy powinieneś uzupełnić zapasy? c) Czy trzeba kupić drogi prezent? d) Czy musisz zamówić tort orzechowy? e) Czy trzeba zrobić listę zakupów?

5. *Notieren Sie die perfektiven Entsprechungen zu den angegebenen imperfektiven Verben:*

a) robić	...	f) pisać	...
b) uzupełniać	...	g) jechać	...
c) kupować	...	h) zaczynać	...
d) przygotowywać	...	i) brać	...
e) zamawiać	...	j) iść	...

6. *Fragen und antworten Sie nach folgendem Muster:*

kupić ziemniaki: Czy trzeba kupić ziemniaki?
Nie, nie trzeba kupować ziemniaków.

a) kupić bułki i chleb b) zamówić kwiaty c) uzupełnić zapasy d) zrobić zakupy e) kupić pączki f) pojechać do sklepu g) zamówić ciastka.

7. *Übersetzen Sie ins Polnische. Gebrauchen Sie dabei das Modaladverb* trzeba*:*

a) Es muß noch Wein gekauft werden. b) Es muß kein Wein gekauft werden. c) Man muß noch zum Fleischer gehen. d) Man muß noch einen Brief nach Deutschland schreiben. e) Man muß keine Einkäufe machen.

8. *Ergänzen Sie zuerst die Fragen und beantworten Sie sie dann:*

Beispiel: Butelka wina kosztuje 60 000 zł.
Ile kosztują 2 butelki wina?
2 butelki wina kosztują 120 000 zł.

a) Bochenek chleba kosztuje 5400 zł. (5) b) Tabliczka czekolady kosztuje 11 000 zł. (3) c) 1 litr mleka kosztuje 3900 zł. (2) d) 30 dag szynki kosztuje 48 000 zł. (60) e) 1 kg ziemniaków kosztuje 2800 zł. (3) f) Paczka papierosów kosztuje 24 000 zł. (9) g) Kostka masła kosztuje 11 000 zł. (4) h) Kilogram jabłek kosztuje 9000 zł. (½ kg) i) ¼ kg kiełbasy kosztuje 27 000 zł. (1 kg) j) Litr wody mineralnej kosztuje 4000 zł. (½ l)

9. *Vergleichen Sie die nebenstehenden Bilder miteinander. Welche Artikel fehlen im unteren Bild?*

10. *Katarzyna überprüft noch einmal ihre Vorräte in der Küche:*

Beispiel: cukier – Czy jest cukier? Niestety nie ma cukru.

a) woda mineralna b) mąka c) wino d) ziemniaki e) żółty ser f) lody g) kiełbasa h) chleb i) masło j) papierosy k) pomidory l) ciastka.

11. *Schreiben Sie in Worten:*

a) 257 865 b)55 312 c) 2057 d) 364 917 e) 760 889 f) 34 078 g) 67 245 h) 7891 i) 114 001 j) 333 333 k) 86 360 l) 1 234 567

12. *Sie machen gerade eine Einkaufsliste. Die Kursteilnehmer helfen Ihnen dabei, indem Sie Ihnen die Namen einiger Artikel zuflüstern. Sie sagen, was Sie kaufen müssen und was nicht:*

Beispiel: ziemniaki – Tak, muszę kupić ziemniaki.
mąka – Nie, nie muszę kupować mąki.

13. *Fragen Sie Ihre Nachbarn in der Gruppe nach dem Preis verschiedener Lebensmittel. Die schon einmal genannten Artikel dürfen nicht wiederholt werden:*

Beispiel: Ile kosztuje bochenek chleba?
W jakiej cenie jest bochenek chleba?

14. *Spielen Sie in Ihrer Polnischgruppe eine Szene im Lebensmittelgeschäft:*

Beispiel: Co dla pana/pani? Proszę kostkę masła.
Czy coś jeszcze podać? Dziękuję, to wszystko.

8A

8A Text

Imieniny

K. = Katarzyna L. = Listonosz
P. = Paweł M. = Małgorzata

Katarzyna wydaje dzisiaj przyjęcie imieninowe. Właśnie kolejny gość puka do drzwi:

K.: Witam pana, panie Pawle!

P.: Dobry wieczór. Pani Katarzyno, z okazji imienin życzę pani wszystkiego najlepszego.

K.: Dziękuję bardzo. O, jakie piękne kwiaty. Proszę, może pan wejdzie. Przedstawię panu gości. To jest pani Ursula Hoberg. Ona jest Niemką.

P.: Przepraszam, jak Pani Hoberg ma na imię?

K.: Ursula. A ten pan ma na imię Pierre, a na nazwisko Dubois i jest Francuzem.

P.: Widzę u pani samo międzynarodowe towarzystwo.

K.: Panie Pawle, niech pan nie przesadza. Przecież większość gości to Polacy, moi starzy znajomi. Oczywiście nie ma jeszcze wszystkich. Ten pan to Henryk Wierzbicki, tamta pani to Bożena Czyż. Natomiast ta pani i tamten pan to Iwona i Jerzy Karwaccy. Iwonko, Jurku pozwólcie, że wam przedstawię: Pan Paweł Śniegocki, a to państwo Karwaccy.

P.: Miło mi państwa poznać.

(dzwonek do drzwi . . .)

K.: Przepraszam, ktoś dzwoni do drzwi. To listonosz z telegramem.

L.: Dzień dobry. Mam dla pani telegram imieninowy z Niemiec.

K.: To od Helgi i Petera Braunów. Składają mi życzenia imieninowe. Przykro mi tylko, że nie mogą przyjechać. O, jest i Małgosia.

M.: Cześć Kasiu! Jak się masz? Droga solenizantko! W dniu imienin życzę ci wszystkiego dobrego, spełnienia wszelkich marzeń, dużo słońca i radości, samych pogodnych dni ...

K.: Małgosiu wystarczy. Dziękuję ci bardzo. Wiem, że mi dobrze życzysz. Powiedzcie lepiej, co wam podać. Panie Pawle może coś do picia? Może podać panu coś mocniejszego? Małgosiu, a tobie co mogę zaproponować? Podać ci coś do jedzenia?

M.: Chętnie, muszę ci powiedzieć, że zawsze wszystko mi u ciebie smakuje.

Zbliża się północ. Niektórzy goście żegnają się z Katarzyną i idą do domu.

P.: Niestety muszę się już pożegnać. Dziękuję za miły wieczór. Dobranoc.

K.: Szkoda, że już jest tak późno. Do zobaczenia jutro w biurze. I ty Małgosiu także już musisz iść?

M.: Niestety jest już późno. Do jutra Kasiu.

K.: Cześć! Trzymaj się!

imieniny, -nin *Pl.*	*Namenstag*
wydawać *ipf.*, wydaję, wydajesz	hier: *geben*
przyjęcie, -cia *n*	*Empfang*
przyjęcie imieninowe	*Namenstagsparty*
kolejny, -a, -e	*nächste(r)*
pukać *ipf.*, pukam, pukasz	*klopfen*
drzwi, drzwi *Pl.*	*Tür*
witać *ipf.*, witam, witasz	*(be)grüßen*
okazja, -zji *f*	*Anlaß*
z okazji	*aus Anlaß*
wszystkiego najlepszego	*herzlichen Glückwunsch*
może	*vielleicht*
wejść *pf.*, wejdę, wejdziesz	*hereinkommen*
Niemka, -ki *f*	*Deutsche*
imię, imienia *n*	*Vorname*
ma na imię	*er heißt mit Vornamen*
Francuz, -za *m*	*Franzose*
sam, -a, -o *Pron.*	hier: *bloß, nur*
międzynarodowy, -a, -e	*international*
towarzystwo, -wa *n*	*Gesellschaft*
niech *Partikel*	*möge(n), soll(en), will (wollen)*
przesadzać *ipf.*, przesadzam, przesadzasz	*übertreiben*
większość, -ci *f*	*Mehrheit*
stary, -a, -e	*alt*
znajomi *Pl.*	*Bekannte*
wszyscy *Pl.*, wszystkich	*alle*
natomiast	*dagegen, hingegen*
pozwolić *pf.*, pozwolę, pozwolisz	*erlauben, gestatten, (zu)lassen*
poznać *pf.*, poznam, poznasz	*kennenlernen*
ktoś	*jemand*

dzwonić *ipf.*, dzwonię, dzwonisz	*klingeln*
listonosz, -sza *m*	*Briefträger*
życzenia, -czeń *Pl.*	*Glückwünsche*
składać życzenia	*Glückwünsche aussprechen*
telegram, -mu *m*	*Telegramm*
przykro *Adv.*	*peinlich*
przykro mi	*es tut mir leid*
cześć!	*grüß dich!; tschüs!*
jak się masz?	*wie geht es dir?*
solenizantka, -ki *f*	*jemand, der seinen Namenstag feiert*
w dniu imienin	*zum Namenstag*
spełnienie, -nia *n*	*Erfüllung*
wszelki, -a, -ie	*jede(r); all*
marzenie, -nia *n*	*Traum, Wunsch*
dużo	*viel*
radość, -ci *f*	*Freude*
słońce, -ca *n*	*Sonne*
pogodny, -a, -e	*heiter; fröhlich*
wystarczy	*es genügt*
powiedzieć *pf.*, powiem, powiesz	*sagen*
powiedzcie lepiej	*sagt lieber* (2. Pers. Pl.)
wam	*euch*
coś do picia	*etwas zum Trinken*
mocny, -a, -e	*stark*
coś mocniejszego	*etwas Stärkeres*
tobie	*dir*
zaproponować *pf.*, zaproponuję, zaproponujesz	hier: *anbieten*
coś do jedzenia	*etwas zum Essen*
chętnie *Adv.*	*gern*
smakować *ipf.*	*schmecken*
zbliżać się *ipf.*, zbliżam się, zbliżasz się	*sich nähern*
zbliża się północ	*es ist gleich Mitternacht*
niektórzy *Pl.*	*manche, einige*
żegnać się *ipf.*, żegnam się, żegnasz się	*sich verabschieden*
wychodzić *ipf.*, wychodzę, wychodzisz	*hinausgehen; herauskommen*
pożegnać się *pf.*, pożegnam się, pożegnasz się	*sich verabschieden*
dobranoc	*gute Nacht*
do zobaczenia	*auf Wiedersehen*
do jutra	*bis morgen*
trzymać się *ipf.*, trzymam się, trzymasz się	*sich festhalten*
trzymaj się!	hier: *mach's gut!*

8B Landeskunde – Sprachgebrauch

1. Fragen nach dem Vornamen

Wenn man nach dem Vornamen fragt, verwendet man den Ausdruck **mieć na imię** in Verbindung mit dem Nominativ:

Jak ma na imię ten pan? *Wie heißt dieser Herr mit Vornamen?*	Ten pan ma na imię Roman.
Jak ona ma na imię?	Ona ma na imię Ewa.
Jak masz na imię?	Mam na imię Renata.

Iwonko, Jurku, Kasiu, Małgosiu sind Koseformen (im Vokativ) von Iwona, Jerzy, Katarzyna, Małgorzata.

2. Der Namenstag

Festlicher als den Geburtstag feiern die Polen den Namenstag. Aus diesem Anlaß kann man folgendes wünschen:

Drogi Janku, z okazji Twoich Imienin składam Ci najserdeczniejsze życzenia, szczęścia, zdrowia i wszelkiej pomyślności.
Lieber Janek, zu Deinem Namenstag herzliche Glückwünsche, viel Gesundheit und alles Gute.

Kochana Zosiu, w dniu (Twoich) Imienin życzę Ci wszystkiego najlepszego/dobrego, spełnienia wszelkich marzeń ...
Liebe Zosia, zu Deinem Namenstag wünsche ich Dir alles Gute, und daß alle Deine Träume in Erfüllung gehen ...

Manchmal wird auch folgendes Lied gesungen:

Sto lat,
sto lat
niech żyje,
żyje nam.

STO LAT

3. Begrüßung

Beachten Sie die typischen polnischen Begrüßungsformeln:

Dzień dobry (pani/panu/państwu)	*Guten Tag/Guten Morgen (meine Dame, mein Herr, meine Herrschaften)*
Dobry wieczór (pani/panu/państwu)	*Guten Abend*
Witam! (panią/pana/państwa)	*Ich grüße Sie! Herzlich willkommen!*
Cześć!	kollegial, etwa: *Tag! Grüß dich! Servus!*
Co słychać?	*Wie geht's?*
Wszystko w porządku.	*Alles in Ordnung.*

Jak się masz?	*Wie geht es dir?*
Doskonale. A ty?	*Ausgezeichnet. Und dir?*
Jak się pan/i ma?	*Wie geht es Ihnen?*
Dobrze. A pan/i?	*Gut. Und Ihnen?*

4. Verabschiedung

Im Polnischen werden folgende Ausdrücke beim Abschied gebraucht:

Do widzenia.	*Auf Wiedersehen.*
Do zobaczenia.	*Auf Wiedersehen.*
Na razie.	*Bis bald.*
Do jutra.	*Bis morgen.*
Dobranoc.	*Gute Nacht.*
Cześć!	kollegial: *Tschüs!*
Pa!	familiär: *Tschüs!*
Trzymaj się!	kollegial, etwa: *Mach's gut!*
Powodzenia!	*Viel Glück!*
Szczęśliwej podróży!	*Gute Reise!*

5. Wendungen mit dem Infinitiv

Fragesätze mit der Fragepartikel **co** *was* und **czy** *ob* + Infinitiv werden zum Ausdruck der Notwendigkeit oder des Sollens gebraucht.

Co podać do jedzenia?	*Was soll ich (Ihnen) zum Essen bringen?*
(Czy) podać coś do jedzenia?	*Soll ich (Ihnen) etwas zum Essen bringen?*

Może *vielleicht* zusammen mit dem Infinitiv perfektiver Verben wird in einer höflichen Bitte oder einem Vorschlag gebraucht.

Może podać coś do jedzenia? *Darf ich (Ihnen) etwas zum Essen bringen?*

6. Nationalitäten

Singular		*Plural*	
Maskulinum	*Femininum*	*Männer (+ Frauen)*	*Frauen allein*
Amerykanin	Amerykanka	Amerykanie	Amerykanki
Anglik	Angielka	Anglicy	Angielki
Austriak	Austriaczka	Austriacy	Austriaczki
Francuz	Francuzka	Francuzi	Francuzki
Niemiec	Niemka	Niemcy	Niemki
Polak	Polka	Polacy	Polki
Szwajcar	Szwajcarka	Szwajcarzy	Szwajcarki

7. Das Pronomen „sam"

Das Pronomen **sam, sama, samo** hat drei Bedeutungen:

a) *selbst*	– Sam/Sama to zrobię.	*Ich mache das selbst.*
b) *allein*	– On jest sam/Ona jest sama.	*Er/Sie ist allein.*
c) *bloß, nur*	– Jest u pani samo międzynarodowe towarzystwo.	*Bei Ihnen gibt es nur eine internationale Gesellschaft.*

Es wird wie ein Adjektiv dekliniert (Gen. samego bzw. samej usw.).

8C Grammatik

1. Der Dativ Singular des Substantivs

Für die Bildung des Dativs Singular der Substantive gelten folgende Regeln:

a) Männliche konsonantisch auslautende Substantive haben im Dat. Sg. die Endung **-owi**, mit wenigen Ausnahmen, die auf **-u** enden.
b) Männliche Substantive auf -a und weibliche Substantive auf -a mit einem harten Konsonanten im Stammauslaut haben im Dat. Sg. die Endung **-e**, wobei die harten Konsonanten palatalisiert (erweicht) werden. Bei manchen Substantiven findet ein Konsonantenwechsel statt, z. B. **ch → sz, k → c, g → dz**. Sie haben dieselbe Endung wie im Lok. Sg.
c) Weibliche Substantive auf -a und -i mit einem weichen Konsonanten im Stammauslaut haben im Dat. Sg. die Endung **-i**, und Substantive mit einem verhärteten Konsonanten im Stammauslaut enden im Dat. Sg. auf **-y**. Sie haben dieselbe Endung wie im Lok. Sg.
d) Sächliche Substantive enden im Dat. Sg. auf **-u**.

Nom. Sg.	*Dat. Sg.*
gość	gości**owi**
pan	pan**u**
kobieta	kobie**cie**
żona	żo**nie**
kolega	kole**dze**
mąka	mą**ce**
pani	pan**i**
pamięć	pamięc**i**
róża	róż**y**
dziecko	dzieck**u**

2. Der Dativ Singular des Adjektivs

Männliche und sächliche Adjektive haben im Dat. Sg. die Endung **-emu**. Weibliche Adjektive haben die Endung **-ej**.

	Maskulinum		*Femininum*		*Neutrum*	
Nom.	miły	niski	miła	tania	miłe	tanie
Dat.	mił**emu**	niski**emu**	mił**ej**	tani**ej**	mił**emu**	tani**emu**

3. Prädikative Adverbien mit dem Dativ

Die prädikativen Adverbien **miło** *nett,* **przyjemnie** *angenehm,* **wesoło** *lustig,* **dobrze** *gut,* **smutno** *traurig,* **przykro** *peinlich,* **źle** *schlecht* in Verbindung mit Hilfsverb być dienen zur Bezeichnung des emotionalen Zustandes einer Person. Die Substantive oder Personalpronomen, die die Person bezeichnen, stehen dann im Dativ:

Jest mi miło. bzw. Miło mi.	*Es ist mir angenehm.*
Jest mi przykro. bzw. Przykro mi.	*Es tut mir leid.*
Katarzynie jest smutno.	*Katarzyna ist traurig.*
Panu Wójcickiemu jest przyjemnie.	*Herr Wójcicki freut sich.*

4. Der Vokativ Singular des Substantivs

Wenn man sich an Personen wendet, gebraucht man im Polnischen in der Regel den Vokativ. In der Umgangssprache kann jedoch auch der Nominativ gesetzt werden. Das betrifft vor allem die Vornamen. Wird aber in der Anrede ein Vorname zusammen mit pan, pani gebraucht, so steht er im Vokativ, z. B.: **panie Pawle, pani Anno** (vertrauliche Form). Bei Familiennamen wird in der Anrede ausschließlich der Nom. Sg. verwendet, z. B.: pani Zamorska, panie Zamorski, pani Holzner, panie Holzner.

Für die Bildung des Vokativs Singular gelten folgende Regeln:

a) Männliche Substantive, die auf einen Konsonanten auslauten, haben im Vok. Sg. dieselbe Endung wie im Lok. Sg., d. h. **-e**/**-u**. Zu den wenigen Ausnahmen gehört z. B. Lok. panu, Vok. panie.

b) Bei den sächlichen Substantiven entspricht der Vok. Sg. dem Nom. Sg. Sie haben also die Endungen **-o**/**-e**.

Nom. Sg.	*Vok. Sg.*
gość	goś**ciu**
aktor	akto**rze**
dziecko	dzieck**o**

c) Männliche und weibliche Substantive auf -a haben im Vok. die Endung **-o**.
d) Weibliche Substantive, die auf -i oder einen weichen Konsonanten enden, haben im Vok. Sg. die Endung **-i**. Diejenigen Substantive, die auf einen verhärteten Konsonanten auslauten, haben die Endung **-y**.
e) Die Verkleinerungsformen auf -a, die im Auslaut einen weichen oder verhärteten Konsonanten haben, enden im Vok. Sg. auf **-u**.

Nom. Sg.	*Vok. Sg.*
kolega	koleg**o**
kobieta	kobiet**o**
pani	pan**i**
pamięć	pamię**ci**
noc	noc**y**
babcia	babci**u**
Ania	Ani**u**

5. Der Vokativ Singular des Adjektivs

Die Adjektive haben im Vokativ Singular dieselben Endungen wie im Nom. Sg., z. B.: mił**y** gościu, drog**a** babciu, dobr**e** dziecko.

6. Sächliche Substantive auf „-ę“

Substantive mit der Endung -ę sind sächlich. Es gibt zwei Gruppen von Substantiven auf -ę, die unterschiedlich dekliniert werden:

	I	II
Nom.	imię	niemowlę *(Säugling)*
Gen.	imien**ia**	niemowlę**cia**
Dat.	imien**iu**	niemowlę**ciu**
Akk.	imię	niemowlę
Instr.	imien**iem**	niemowlę**ciem**
Lok.	imien**iu**	niemowlę**ciu**
Vok.	imię	niemowlę
Nom. Pl.	imion**a**	niemowlę**ta**

Wie imię werden auch ramię *Arm,* siemię *Samen* u. a. dekliniert. Wie niemowlę werden dagegen cielę *Kalb,* pisklę *Küken* u. v. a. dekliniert. Die Substantive der zweiten Gruppe bezeichnen junge Lebewesen. Charakteristisch für diese Gruppe ist im Singular das Bildungselement **-ci-** und im Plural **-t-**.

7. Die Deklination des Personalpronomens

Die Personalpronomina werden wie folgt dekliniert:

Nom.	ja	ty	on	ono	ona
Gen.	mnie/mię	ciebie/cię	jego, niego/go		jej/niej
Dat.	mnie/mi	tobie/ci	jemu, niemu/mu		jej/niej
Akk.	mnie/mię	ciebie/cię	jego, niego/go	je/nie	ją/nią
Instr.	mną	tobą	nim		nią
Lok.	mnie	tobie	nim		niej
Vok.	ja	ty	–		–
			Personalform		*Sachform*
Nom.	my	wy	oni		one
Gen.	nas	was	ich/nich		
Dat.	nam	wam	im/nim		
Akk.	nas	was	ich/nich		je/nie
Instr.	nami	wami	nimi		
Lok.	nas	was	nich		
Vok.	my	wy	–		

Manche Personalpronomina besitzen zwei Formen. Im Genitiv, Dativ und Akkusativ Singular treten neben den zweisilbigen die einsilbigen Personalpronomina (durch Schrägstrich abgetrennt) auf. Im Satz werden die einsilbigen Pronomina **mi, ci, mu** nicht betont und bilden mit dem vorausgehenden oder nachfolgenden Wort eine Akzenteinheit.

Die zweisilbigen Personalpronomina werden nur in Verbindung mit einer Präposition, am Satzanfang, bei Gegenüberstellung nach a, natomiast *dagegen,* und bei Hervorhebung nach przecież, także, również, też gebraucht, z. B.:

Wszystko mi **u ciebie** smakuje.	*Mir schmeckt alles bei dir.*
Ciebie nic nie interesuje.	*Dich interessiert nichts.*
A jemu co mogę podać do picia.	*Und was kann ich ihm zum Trinken bringen.*

Die Formen mit anlautendem **n-** in der 3. Pers. Sg. und Pl. werden gebraucht, wenn sie mit einer Präposition zusammen vorkommen, z. B.:

Tu jest **dla niego** telegram.	*Hier ist ein Telegramm für ihn.*
Muszę **do nich** napisać.	*Ich muß an sie schreiben.*

Merke: Die Personalpronomina der 3. Pers. Sg. und Pl. haben keinen Vokativ.

8D Übungen

1. *Ergänzen Sie die Sätze mit* wszelkie, wszyscy *und* wszystko*:*

   a) Czy Katarzyna ... kupiła? b) O 5.00 godzinie ... było gotowe *(fertig)*. c) ... goście składają solenizantce serdeczne życzenia. d) Na przyjęciu u Katarzyny ... jest bardzo dobre. e) Gościom ... smakuje. f) ... żegnają się z Katarzyną i idą do domu. g) ... marzenia muszą się spełnić.

2. *Ergänzen Sie die untenstehenden Sätze mit dem Pronomen* sam *in der entsprechenden Form:*

   a) Katarzyna wszystko kupuje ... b) Na przyjęciu jest ... międzynarodowe towarzystwo. c) Życzę pani ... pogodnych dni. d) Podać ci coś do picia? Dziękuję, ... sobie przygotuję. e) Goście idą do domu i Katarzyna jest teraz ... f) W mojej szkole są ... chłopcy. g) W tym biurze pracują ... panie.

3. *Welche Nationalität haben die folgenden Personen?*

   a) Juliette jest ... b) Rita jest ... c) Andrzej jest ... d) Hans jest ... e) Danuta jest ... f) Charles jest ... g) Mary jest ... h) Jack jest ...

4. *Unterstreichen Sie die richtige Form:*

   a) Dziękuję tobie/ci bardzo za miły prezent. b) Tobie/Ci mogę wszystko powiedzieć. c) U niej/jej na przyjęciu jest zawsze dużo gości. d) Paweł składa niej/jej serdeczne życzenia. e) Muszę do nich/ich napisać. f) Chcę nich/ich zaprosić na przyjęcie imieninowe. g) Jest mnie/mi przykro. h) Tu jest dla niej/jej telegram.

5. *Bilden Sie den Vokativ:*

   Beispiel: Pani Aniu, proszę wejść! (Pani Ania)

   a) ..., co mogę ci podać? (Anna)
   b) ..., życzę panu wszystkiego dobrego. (Pan Paweł)
   c) ..., telegram do pana. (Pan Zamorski)
   d) ..., życzymy ci dużo radości. (droga babcia)
   e) ..., niech pan nie przesadza. (Pan Andrzej)
   f) ..., życzę ci wszelkiej pomyślności. (droga mama)
   g) ..., nie kupuj mi prezentu. (Małgosia)
   h) ..., przedstawię ci pana Brauna. (ciocia Zosia)
   i) Witam panią, ...! (Pani Czyż)

6. *Beantworten Sie die Fragen:*

Beispiel: Komu dziękuje Anna za życzenia? (pani Zamorska)
Anna dziękuje pani Zamorskiej za życzenia.

a) Komu daje Katarzyna coś do picia? (nowy gość) b) Komu przedstawia pani Kowalska swoją koleżankę? (przystojny mężczyzna) c) Komu życzy Paweł wszystkiego najlepszego? (miła koleżanka) d) Komu mówi Henryk „dobranoc“? (droga solenizantka) e) Komu jest przykro, że nie ma gości z Niemiec? (Katarzyna Żórawska) f) Komu podać coś do jedzenia? (ja i pan Zieliński) g) Komu dziękuje Katarzyna za telegram? (nowy listonosz) h) Komu mogę podać coś mocniejszego? (on i jego ciocia).

7. *Ergänzen Sie den folgenden Dialog:*

A: Dzień . . ., Małgosiu!
B: Witam, . . . słychać?
A: Dziękuję, . . . w porządku. A ty jak . . .?
B: . . ., doskonale.

8. *Wie stellen sich die Gäste vor?*

Beispiel: Paweł . . .
Mam na imię Paweł. Jestem Polakiem.

a) Pierre . . .
b) Paul . . .
c) Monique . . .
d) Petra . . .
e) Janka . . .
f) Marek . . .
g) George . . .
h) Alois . . .
i) Susan . . .

9. *Katarzyna hat ein Telegramm bekommen. Sie hat aber Schwierigkeiten, es zu verstehen, denn im Telegramm fehlen einige Buchstaben. Ergänzen Sie bitte den Text:*

10. *Übersetzen Sie ins Polnische. Gebrauchen Sie dabei die Wendungen mit dem Infinitiv ohne Modalverb:*

a) Darf ich dir etwas zum Trinken bringen? b) Darf ich Ihnen, Herr Zamorski, etwas Stärkeres anbieten? c) Was soll ich Ihnen zum Essen bringen? d) Sagt mir bitte, was ich euch bringen kann.

11. *Sie feiern Ihren Namenstag. Ein neuer Gast kommt. Stellen Sie ihn der ganzen Gruppe vor und bieten Sie ihm etwas an.*

12. *Ein Gast aus Polen ist zu Ihnen zu Besuch gekommen. Sie begrüßen ihn, bitten ihn herein und fragen nach seinem Befinden.*

13. *Sie sind zu einer Namenstagsparty eingeladen worden:*

a) Sie begrüßen den Gastgeber
b) gratulieren ihm zu seinem Namenstag
c) begrüßen die anderen Gäste *(verschiedene Begrüßungsformeln)*
d) stellen sich den Ihnen nicht bekannten Gästen vor
e) bedanken sich für den netten Abend
f) und verabschieden sich von den anderen Gästen *(gebrauchen Sie dabei verschiedene Abschiedsformeln)*.

9A

9A Text

List

Warszawa, dnia

Drodzy Państwo,

bardzo dziękuję za telegram i życzenia imieninowe. Szkoda, że nie byli Państwo u mnie wczoraj na przyjęciu. Było wiele interesujących i sympatycznych osób. Było naprawdę wspaniale. Dobrze, że dzisiaj jest wolny dzień, więc zaraz będzie wielkie sprzątanie.

Cieszę się, że niedługo będę gościć Państwa w Warszawie. Z pewnością są Państwo ciekawi, co będziemy robić. Myślę, że będziemy się dobrze bawić. Pójdziemy między innymi do opery na balet, do muzeum na wystawę, do teatru na pantomimę, do filharmonii na koncert... Ja sama byłam przedwczoraj na pięknym koncercie. Będzie także jeszcze kilka innych niespodzianek.

W ostatnim liście pytają Państwo o moją rodzinę. Jutro wyślę Państwu także parę zdjęć. Ja sama jestem jeszcze niezamężna. Nie mam zresztą zamiaru wychodzić szybko za mąż, ale podoba mi się mój nowy kolega z pracy. Był u mnie wczoraj na imieninach. Ma na imię Paweł.

Jutro wyślę Państwu także podręcznik do polskiego. Dowiedzą się Państwo z niego sporo ciekawych rzeczy. W czasie Państwa pobytu w Warszawie będziemy trochę mówić po polsku. Oczywiście postaram się Państwu w tym pomóc.

Teraz już będę kończyć, ponieważ czeka mnie jeszcze dużo roboty.

Pozdrawiam serdecznie i czekam na list

Katarzyna Żórawska

P.S. Proszę mi napisać, czy to mieszkanie w Krakowie jest nadal aktualne. Ile miesięcy będą Państwo mieszkać w Krakowie? Moja koleżanka będzie tymczasem szukać czegoś odpowiedniego. Pojutrze do niej napiszę.

drogi, -a, -ie	*teuer;* hier: *lieber*
szkoda *Adv.*	*schade*
byli *Prät.*	*sie waren*
wczoraj	*gestern*
było *Prät.*	*es war*
wspaniale *Adv.*	*herrlich, prächtig*
będzie *Fut.*	*wird sein*
sprzątanie, -nia *n*	*Aufräumen*
niedługo *Adv.*	*nicht lange, kurz*
gościć *ipf.*, goszczę, gościsz	*bewirten*
pewność, -ci *f*	*Sicherheit, Gewißheit*
z pewnością	*sicherlich, gewiß*
ciekawy, -a, -e	*neugierig; interessant*
robić *ipf.*, robię, robisz	*machen*
bawić się *ipf.*, bawię się, bawisz się	*sich amüsieren*
między *Instr.*	*zwischen*
między innymi	*unter anderem*
balet, -tu *m*	*Ballett*
muzeum, - *n*	*Museum*
na + *Akk./Lok.*	*auf, in, an*
wystawa, -wy *f*	*Ausstellung*
pantomima, -my *f*	*Pantomime*
filharmonia, -nii *f*	*Philharmonie*
koncert, -tu *m*	*Konzert*
przedwczoraj	*vorgestern*
kilka	*einige*
niespodzianka, -ki *f*	*Überraschung*
ostatni, -nia, -nie	*letzte(r)*
pytać *ipf.* o + *Akk.*, pytam, pytasz	*fragen nach*
wysłać *pf.*, wyślę, wyślesz	*(ab)schicken*
parę + *Gen.*	*ein paar, einige*

niezamężna	Frau: *unverheiratet*
zresztą	*übrigens*
zamiar, -ru *m*	*Absicht*
mieć zamiar	*im Begriff sein*
wychodzić za mąż	Frau: *heiraten*
podobać się *ipf.*	*gefallen*
kolega, -gi *m*	*(Arbeits-)Kollege*
podręcznik, -ka *m*	*Lehrbuch*
dowiedzieć się *pf.*, dowiem się, dowiesz się	*erfahren; sich erkundigen*
sporo	*ziemlich viel*
rzecz, -czy *f*	*Sache*
w czasie	*in der Zeit, während*
trochę *Adv.*	*etwas*
postarać się *pf.*, postaram się, postarasz się	*sich bemühen*
pomóc *pf.* w + *Lok.*, pomogę, pomożesz	*helfen bei; weiterhelfen*
kończyć *ipf.*, kończę, kończysz	*enden, schließen*
czekać *ipf.* + *Akk.*	hier: *bevorstehen*
pozdrawiać *ipf.*, pozdrawiam, pozdrawiasz	*grüßen*
serdecznie *Adv.*	*herzlich*
nadal *Adv.*	*weiter(hin)*
aktualny, -a, -e	*aktuell*
miesiąc, -ca *m*	*Monat*
tymczasem	*inzwischen*
szukać *ipf.* + *Gen.*, szukam, szukasz	*suchen*
odpowiedni, -nia, -nie	*passend, geeignet*
coś odpowiedniego	*etwas Passendes*
pojutrze	*übermorgen*

9B Landeskunde – Sprachgebrauch

1. Briefeschreiben

Untenstehend finden Sie einige Beispiele für Anrede-, Gruß- und Schlußformeln in Privatbriefen:

Drodzy Państwo, (Im Polnischen wird an dieser Stelle kein Familienname geschrieben.)
Liebe Familie Nowak,

Przesyłamy serdeczne pozdrowienia ...
Mit herzlichen Grüßen ...

Drogi Przyjacielu,
Lieber Freund,

Zawsze ten sam ...
In alter Verbundenheit ...

Droga Pani Ewo/Nowak, (entweder mit dem Vor- oder dem Nachnamen)
Liebe Frau Nowak,

Przesyłam serdeczne pozdrowienia ...
Mit herzlichen Grüßen ...

Kochana Ewo, Kochany Adamie
Liebe Eva, lieber Adam,

Moc serdecznych pozdrowień od ...
Viele liebe Grüße von ...

Kochani,
Ihr Lieben,

Ściskamy Was i pozdrawiamy ...
Seid gegrüßt und umarmt von Euren ...

2. Die Präpositionen der Richtung und des Ortes

Die Richtung bezeichnet man u. a. mit den Präpositionen **do** + **Gen.**, wobei der Ort ein Raum ist, und **na** + **Akk.**, wobei der Ort eine Veranstaltung ist. Bei der Bezeichnung des Ortes stehen die entsprechenden Präpositionen **w** (Ort = Raum) und **na** (Ort = Veranstaltung) mit dem **Lokativ**.

Achten Sie auf die verschiedenen Kasus, mit denen die Präposition na *auf, an, in* steht:

Dokąd/Gdzie idziesz?	*Wohin gehst du?*
Idę do filharmonii na koncert.	*Ich gehe in die Philharmonie ins Konzert.*
Gdzie byłeś?	*Wo warst du?*
Byłem w filharmonii na koncercie.	*Ich war in der Philharmonie im Konzert.*

3. Wortschatz

Das deutsche Verb „heiraten" wird im Polnischen unterschiedlich ausgedrückt:

wychodzić za mąż za *Akk.*	(einen Mann)	*heiraten*
żenić się z *Instr.*	(eine Frau)	*heiraten*
pobierać się	(einander)	*heiraten*

Anna wychodzi za mąż za Henryka. *Anna heiratet Henryk.*
Henryk żeni się z Anną. *Henryk heiratet Anna.*
Oni się pobierają. *Sie heiraten.*

Das Wort **muzeum** *Museum* ist ein Fremdwort und wird im Singular nicht dekliniert.

To jest muzeum. *Das ist ein Museum.*
Idziemy do muzeum. *Wir gehen ins Museum.*

9C Grammatik

1. Das Verb „być" im Präteritum und Futur

Im Präteritum Singular gibt es männliche, weibliche und sächliche Verbformen. Im Präteritum Plural wird dagegen zwischen Personal- und Sachform unterschieden. Die Vergangenheitsform von być wird vom Infinitivstamm **by-** gebildet, an den entsprechende Konjugationsformen und Personalendungen angefügt werden, z. B.: **by-ł-e-m, by-ł-a-m**. Im Futur sind dagegen die Verbformen von być für alle Geschlechter gleich.
Das Verb być wird im Präteritum und im Futur wie folgt konjugiert:

	Präteritum			*Futur*
	m	*f*	*n*	
(ja)	by**łem**	by**łam**		będ**ę**
(ty)	by**łeś**	by**łaś**		będzi**esz**
(on)	by**ł**			będzi**e**
(ona)		by**ła**		będzi**e**
(ono)			by**ło**	będzi**e**

Präteritum				Futur
Personalform			Sachform	
(my)	by**liśmy**		by**łyśmy**	będzie**my**
(wy)	by**liście**		by**łyście**	będzie**cie**
(oni)	by**li**			będ**ą**
(one)			by**ły**	będ**ą**

Im Gegensatz zum Deutschen unterscheidet man im Polnischen nicht zwischen den drei Zeitformen der Vergangenheit. Die Formen *er war, er ist gewesen, er war gewesen* werden im Polnischen mit der Form **on był** ausgedrückt.
Mit Hilfe der Futurformen von być wird das zusammengesetzte Futur von imperfektiven Verben gebildet.

2. Einfaches und zusammengesetztes Futur

Abhängig vom Verbalaspekt wird im Polnischen zukünftiges Geschehen durch zwei Futurformen wiedergegeben:

a) einfaches Futur von perfektiven Verben (Präsens der perfektiven Verben in der Bedeutung der vollendeten Zukunft, s. 7C 1.), z. B.:

Napiszę ten list. *Ich werde diesen Brief geschrieben haben.*

b) zusammengesetztes Futur von imperfektiven Verben (in der Bedeutung der unvollendeten Zukunft). Es besteht aus dem Futur des Verbs być und dem Infinitiv des imperfektiven Verbs, z. B.:

Będę pisać ten list. *Ich werde diesen Brief schreiben.*

Am Beispiel der Verben **pisać** und **napisać** werden die Personalformen des einfachen und des zusammengesetzten Futurs angegeben:

zusammengesetztes Futur			*einfaches Futur*
(ja)	będę	pisać	napiszę
(ty)	będziesz	pisać	napiszesz
on, ona, ono	będzie	pisać	napisze
(my)	będziemy	pisać	napiszemy
(wy)	będziecie	pisać	napiszecie
oni, one	będą	pisać	napiszą

3. Unbestimmte Zahlwörter

Zum Ausdruck ungefährer Zahl- und Mengenangaben dienen die unbestimmten Zahlwörter **wiele** *viele,* **kilka** *einige,* **parę** *ein paar,* **ile** *wieviel.*

	Personalform (m)				*Personalform (f, n) + Sachform*			
Nom.	il**u**?	wiel**u**	kilk**u**	par**u**	il**e**?	wiel**e**	kilk**a**	par**ę**
Gen.	il**u**?	wiel**u**	kilk**u**	par**u**	il**u**?	wiel**u**	kilk**u**	par**u**
Akk.	il**u**?	wiel**u**	kilk**u**	par**u**	il**e**?	wiel**e**	kilk**a**	par**ę**

In Verbindung mit unbestimmten Zahlwörtern steht das Substantiv immer im Gen. Pl. und das Verb in der 3. Pers. Sg., im Präteritum außerdem in der neutralen Form:

Kilku panów jest jeszcze w biurze. — *Einige Männer sind noch im Büro.*
Wiele osób było dzisiaj u mnie w biurze. — *Viele Leute waren heute bei mir im Büro.*
Będzie jeszcze parę innych niespodzianek. — *Es wird noch ein paar andere Überraschungen geben.*

4. Mengenadverbien

In Verbindung mit den Adverbien **mało** *wenig,* **dużo** *viel* und **sporo** *ziemlich viel* stehen die Substantive im Gen. Sg. oder Pl. und das Verb in der 3. Pers. Sg., im Präteritum außerdem in der neutralen Form.

Mam teraz mało czasu. — *Ich habe jetzt wenig Zeit.*
Dzisiaj jest u mnie dużo gości. — *Heute sind bei mir viele Gäste.*
Wczoraj było tu sporo ludzi. — *Gestern gab es hier ziemlich viele Leute.*

9D Übungen

1. *Welches Wort paßt nicht?*

a) poczta, znaczek, telegram, zdjęcie, list
b) pantomima, teatr, kino, koncert, sprzątanie, balet
c) miesiąc, dzień, tydzień, rok, niespodzianka, noc
d) jutro, wczoraj, pojutrze, wesoły, przedwczoraj
e) pobierać się, podobać się, żenić się, wychodzić za mąż

2. *Welcher Satz paßt in welche Rubrik? Achten Sie auf die unterstrichenen Satzteile:*

a) Idę do kina. b) Wczoraj byłem w filharmonii. c) Czy chodzisz często do opery? d) Jutro idę na operę Moniuszki. e) Czy pójdziesz pojutrze na koncert? f) Pójdę chyba na wystawę do muzeum? g) Przedwczoraj byłam na pantomimie.

dokąd?	gdzie?	na co?	na czym?

3. *Tragen Sie die richtige Wortform in die Lücke ein:*

a) Czy lubisz chodzić do ... (kino)? b) Czy byłeś już na ... (film) „Lalka"? c) Jutro idę na ... (pantomima). d) Przedwczoraj byliśmy w ... (teatr). e) Nie chodzimy zbyt często na ... (balet).

4. *Übersetzen Sie ins Polnische:*

a) Ich habe wenig Zeit. b) Er hat viel Geld. c) Er hat viele Bekannte. d) Im Brief gab es ein paar Fragen. e) Einige Frauen und Männer helfen uns gewiß. f) Auf der Party gibt es ein paar Überraschungen. g) Alle Gäste haben viel Freude. h) Hier sind ein paar Blumen für dich. i) Ich will viele Sachen kaufen. j) Ich esse ziemlich viel Schokolade.

5. *Bilden Sie Nebensätze aus den in Klammern angegebenen Wörtern:*

a) Dobrze, (do, na, jutro, że, pójdziemy, Katarzyny, imieniny). b) Szkoda, (nie, państwo, u, na, że, mogą, być, mnie, imieninach). c) Myślę, (wszyscy, dobrze, się, że, goście, bawią). d) Ciekawi jesteśmy, (pójdziemy, do, czy, pojutrze, muzeum). e) Proszę mi napisać, (to, jest, czy, mieszkanie, aktualne, nadal).

6. *Antworten Sie auf die Fragen:*

a) Gdzie jest kalendarz? b) Jaki dzień tygodnia jest dzisiaj? c) Jaki dzień był wczoraj? d) Jaki dzień będzie jutro? e) Jaki dzień będzie pojutrze? f) Jaki dzień był przedwczoraj? g) Gdzie był pan/była pani przedwczoraj? h) Kiedy będzie pan/pani w filharmonii? i) Kiedy był pan/była pani w kinie?

7. *Setzen Sie die entsprechende Präposition in die Lücke ein:*

a) Już od pół godziny czekam tu ... pana. b) Czy może mi pan pomóc ... sprzątaniu mieszkania? c) Pytają państwo ... moje plany. d) Możemy pójść ... wystawę. e) ... wystawie już byłem, więc chyba pójdę ... kina.

8. *Wählen Sie aus den Sätzen diejenigen, die Ihrem Familienstand entsprechen:*

a) Jestem niezamężna. b) Jestem kawalerem. c) Jestem mężatką. d) Jestem żonaty. e) Nie mam zamiaru szybko wychodzić za mąż. f) Nie mam zamiaru szybko się żenić. g) Mam jedno dziecko. h) Jeszcze nie mam dzieci. i) Mam dużo dzieci.

9. *Interviewen Sie Ihren Nachbarn. Die aufgelisteten Fragen helfen Ihnen dabei. Erzählen Sie nach dem Interview, was Sie erfahren haben:*

a) Jak się nazywasz? b) Jak masz na imię? c) Ile masz lat? d) Gdzie mieszkasz? e) Jak ma na imię twoja żona/twój mąż? f) Jaki jest numer twojego telefonu? g) Jakimi mówisz językami? h) Co teraz robisz?

10. *Ihr Freund kann kein Polnisch. Er schreibt an seine Bekannten in Polen. Können Sie ihm dabei helfen? Übersetzen Sie den Inhalt des Briefes ins Polnische:*

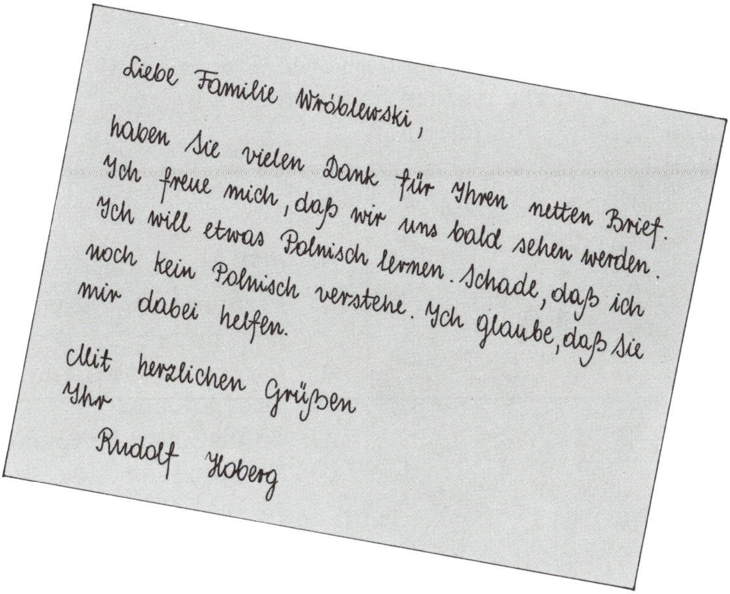

Liebe Familie Wróblewski,

haben Sie vielen Dank für Ihren netten Brief. Ich freue mich, daß wir uns bald sehen werden. Ich will etwas Polnisch lernen. Schade, daß ich noch kein Polnisch verstehe. Ich glaube, daß Sie mir dabei helfen.

Mit herzlichen Grüßen

Ihr

Rudolf Hoberg

11. *Schreiben Sie einen Brief an Ihre Bekannten in Polen, in dem Sie sie zu sich einladen und ein Aufenthaltsprogramm vorschlagen.*

10A

10A Text

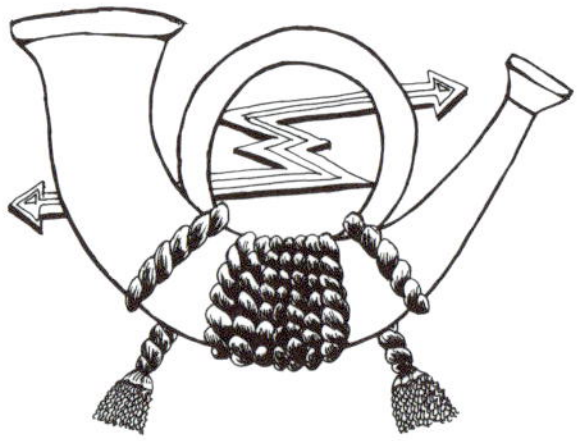

W mieście

Na poczcie

A: Proszę jeden znaczek na list zwykły do Niemiec i jeden na list lotniczy do Kanady. Chciałabym też nadać list polecony.

B: Proszę bardzo. Czy coś jeszcze?

A: Tak, proszę dwa znaczki po 3500 zł i jeden za 6000 zł. Muszę zaadresować kopertę. Czy są koperty?

B: Tak są zwykłe po 250 zł i lotnicze po 350 zł.

A: Proszę wobec tego jedną kopertę, albo może proszę mi dać dwie zwykłe. Proszę jeszcze trzy kartki pocztowe. Nie, nie te. Może raczej tamte.

B: Proszę bardzo. Proszę sobie wybrać. Płaci pani 19 300 zł.

A: Chwileczkę. Muszę jeszcze nadać telegram.

B: Proszę wypełnić ten formularz.

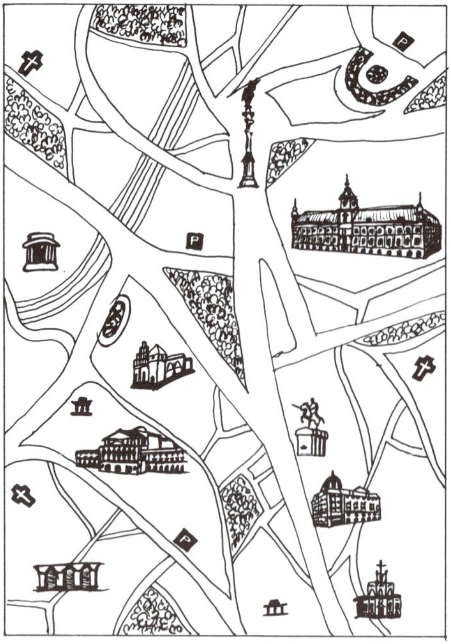

Na ulicy

C: Przepraszam, czy może pani nam pomóc?

A: Ależ oczywiście, słucham pana.

C: Jaka to ulica?

A: To jest ulica Kościuszki.

C: Przepraszam, proszę trochę wolniej. Nie mówimy dobrze po polsku. A jak nazywa się tamta ulica?

A: Jasna.

C: A gdzie jest ulica Miodowa?

A: To niedaleko stąd. Proszę iść prosto i na drugim skrzyżowaniu skręcić w lewo, a potem w pierwszą w prawo.

C: Czy tam jest dworzec?
A: O nie. To nie w tym kierunku.
C: Więc jak można dojść do dworca?
A: Dworzec jest dość daleko.
C: W takim razie, czym można dojechać do dworca?
A: Autobusem 135 lub każdym tramwajem.
C: A gdzie jest przystanek?
A: To całkiem blisko. Tam za rogiem jest przystanek tramwajowy i autobusowy, a nieco dalej jest postój taksówek. O tam, gdzie stoi tych pięciu panów.
C: Dziękuję bardzo. Pojedziemy chyba taksówką. Nie mamy biletów.
A: Naprzeciwko jest kiosk. Tam mogą panowie kupić bilety.

W kiosku

A: Proszę cztery bilety tramwajowe. Albo może sześć biletów. Dwa dla tych panów.
D: Proszę bardzo. Czy coś jeszcze podać?
A: Tak, proszę dać mi jeszcze pięć widokówek. Nie, nie z tych, raczej pięć z tamtych. Czy mogę sobie wybrać?
D: Ależ oczywiście.
A: A tu? Co tu pani ma? Mogę obejrzeć tę książkę? Nie, nie tę tylko tamtą.
D: To jest „Legenda o smoku wawelskim".
A: Och, to świetnie. Tej książki właśnie potrzebuję. To dla moich znajomych w Niemczech. Jutro wyślę im małą paczkę.
D: Czy to wszystko?
A: Proszę jeszcze dzisiejszą gazetę. Ile płacę?
D: 45 500 złotych.

10A

miasto, -ta *n*	*Stadt*
w mieście	*in der Stadt*
poczta, -ty *f*	*Post*
na poczcie	*auf der Post*
znaczek, znaczka *m*	*Briefmarke*
list zwykły	*einfacher Brief*
list lotniczy	*Luftpostbrief*
chciałabym *f*	*ich möchte*
chciałbym *m*	*ich möchte*
nadać *pf.*, nadam, nadasz	*aufgeben*
list polecony	*Einschreibebrief*
po *Präp.* + *Akk.*	hier: *für, zu*
za *Präp.* + *Akk.*	hier: *für, zu*
zaadresować *pf.*, zaadresuję, zaadresujesz	*adressieren*
koperta, -ty *f*	*Briefumschlag*
dać *pf.*, dam, dasz	*geben*
kartka, -ki *f*	*Karte*
pocztowy, -a, -e	*Post(karte)*
tamte *Pl.*	*jene*
wybrać *pf.*, wybiorę, wybierzesz	*(aus)wählen*
wypełnić *pf.*, wypełnię, wypełnisz	*ausfüllen*
formularz, -rza *m*	*Formular*
ależ oczywiście	*aber selbstverständlich*
trochę wolniej	*etwas langsamer*
niedaleko stąd	*nicht weit von hier*
prosto *Adv.*	*geradeaus*
skrzyżowanie, -nia *n*	*(Straßen-)Kreuzung*
skręcić *pf.*, skręcę, skręcisz	*abbiegen*
w lewo/prawo	*(nach) links/rechts*
dworzec, dworca *m*	*Bahnhof*
kierunek, kierunku *m*	*Richtung*
w tym kierunku	*in dieser Richtung*
dojść *pf.*, dojdę, dojdziesz	*kommen*
można *Adv.*	*man kann*
jak można dojść...?	*wie komme ich ...?*
dość *Adv.*	*ziemlich*
daleko *Adv.*	*weit*
w takim razie	*in diesem Fall; dann*
dojechać *pf.*, dojadę, dojedziesz	*kommen*
autobus, -su *m*	*Autobus*
każdy, -a, -e	*jeder, jede, jedes*
tramwaj, -ju *m*	*Straßenbahn*
przystanek, przystanku *m*	*Haltestelle*
tramwajowy, -a, -e	*Straßenbahn...*
autobusowy, -a, -e	*Autobus...*
całkiem *Adv.*	*ganz, völlig*
blisko *Adv.*	*nah*
róg, rogu *m*	*Ecke*
za rogiem	*um die Ecke*
nieco *Adv.*	*etwas, ein wenig*
postój, postoju *m*	*(Taxi-)Stand*
taksówka, -ki *f*	*Taxi*
bilet, -tu *m*	*Fahrkarte*
naprzeciw(ko) *Präp.* + *Gen.*	*gegenüber*
kiosk, -ku *m*	*Kiosk*
widokówka, -ki *f*	*Ansichtskarte*
obejrzeć *pf.*, obejrzę, obejrzysz	*sich ansehen*
książka, -ki *f*	*Buch*
legenda, -dy *f*	*Legende*
smok *m* wawelski	*Waweldrache*
potrzebować *ipf.* + *Gen.*, potrzebuję, potrzebujesz	*brauchen*
paczka, -ki *f*	*Paket*
dzisiejszy, -a, -e	*heutig*
gazeta, -ty *f*	*Zeitung*

10B Landeskunde – Sprachgebrauch

1. Telegramme und Glückwunschkarten

W rocznicę ślubu najlepsze życzenia.

Wesołych Świąt Wielkanocnych.

W dniu imienin serdeczne życzenia zdrowia, szczęścia i pomyślności.

NAJLEPSZE ŻYCZENIA IMIENINOWE.

Najlepsze życzenia urodzinowe.

Szczęśliwego Nowego Roku.

Wesołych Świąt Bożego Narodzenia.

Najlepsze życzenia imieninowe/urodzinowe. *Die besten Namenstags-/Geburtstagswünsche.*
W dniu imienin serdeczne życzenia zdrowia, szczęścia i pomyślności. *Zum Namenstag herzliche Glückwünsche und viel Gesundheit.*
W rocznicę ślubu najlepsze życzenia. *Die besten Glückwünsche zum Hochzeitstag.*
Wesołych Świąt Bożego Narodzenia/Świąt Wielkanocnych. *Ein frohes Weihnachts-/Osterfest.*
Szczęśliwego Nowego Roku. *Ein glückliches neues Jahr.*

2. Adresse

Der Briefumschlag wird wie folgt adressiert:

Imię i nazwisko *Vor- und Nachname*
ulica *Straße*
kod *Postleitzahl*

Statt Pan/Pani/Państwo schreibt man auch auf den Briefumschlag:

Sz. Pan/Sz. Pani/Sz. Państwo	Sz. = szanowny, -a, szanowni	*geehrt*
W. Pan/W. Pani/W. Państwo	W. = wielmożny, -a, wielmożni	*verehrt*

3. Die Preisangabe

Die Präpositionen **za** *für* und **po** *für, zu* dienen u. a. zur Angabe des Preises.

za *(bei Einzelstücken):*

Proszę jeden znaczek za 60 groszy	*Bitte eine Briefmarke zu 60 Groschen.*
Proszę jedną kartkę za 80 groszy.	*Bitte eine Karte für 80 Groschen.*

po *(bei mehreren Stücken einer Sorte):*

Proszę dwa znaczki po 1,10 zł.	*Bitte zwei Briefmarken für 1,10 zł.*
Proszę trzy bilety po 1,20 zł.	*Bitte drei Fahrkarten für 1,20 zł.*

4. Chciałbym/chciałabym

In der höflichen Frage oder Bitte gebraucht man oft die Konjunktivform von chcieć *wollen.* Der Konjunktiv hat im Polnischen weibliche, männliche und sächliche Formen (s. L 20).

Chciałabym nadać telegram.	*Ich möchte ein Telegramm aufgeben.*
Chciałbym kupić tę książkę.	*Ich möchte dieses Buch kaufen.*

10C Grammatik

1. Die Deklination des Demonstrativpronomens

Die Demonstrativpronomina **ten, ta, to** *dieser, diese, dieses* und **tamten, tamta, tamto** *jener, jene, jenes* werden wie folgt dekliniert:

	Singular			*Plural*	
	Mask.	*Neutr.*	*Fem.*	*Personalform*	*Sachform*
Nom.	ten	to	ta	ci	te
Gen.	tego		tej	tych	
Dat.	temu		tej	tym	
Akk.	ten/tego	to	tę	tych	te
Instr.	tym		tą	tymi	
Lok.	tym		tej	tych	

Der Akk. Sg. Maskulinum hat zwei Formen: ten für unbelebte und tego für belebte Substantive. Im Akk. Sg. Femininum kann neben der Form tę auch die umgangssprachlich oft gebrauchte Form **tą** auftreten. Es gibt keinen Vokativ.
Nach demselben Muster werden tamten, tamta, tamto dekliniert. Der Akk. Sg. von tamta heißt jedoch tamtą.

2. Zahlwörter

Das Zahlwort **jeden** richtet sich nach Genus, Numerus und Kasus nach dem Substantiv, bei dem es steht.

jeden znaczek
jedno słowo
jedna kartka

Nach den auf jeden ausgehenden zusammengesetzten Zahlen steht das Substantiv im Gen. Pl., wobei hier nicht mehr nach Genera unterschieden wird.

Tu jest dwadzieścia jeden znaczków.	*Hier sind 21 Briefmarken.*
Tu jest trzydzieści jeden kartek.	*Hier sind 31 Karten.*

Beim Zahlwort **dwa** werden nur zwei Formen unterschieden: die männlich-sächliche und die weibliche Form.

dwa znaczki
dwa słowa
dwie kartki

Bei mit „zwei" zusammengesetzten Zahlen wird im Polnischen nach dem Genus des Substantivs unterschieden:

Tu są dwadzieścia dwa znaczki.	*Hier sind 22 Briefmarken.*
Tu są dwadzieścia dwie kartki.	*Hier sind 22 Karten.*

Die übrigen einfachen und zusammengesetzten Zahlwörter werden nicht nach Geschlecht unterschieden.

Nach den Zahlen 2, 3, 4 (das gilt auch für zusammengesetzte Zahlen) steht das Substantiv im Nom. Pl.:

Proszę dwie kartki, trzy znaczki, dwadzieścia dwie koperty i trzydzieści cztery bilety.	*Bitte 2 Ansichtskarten, 3 Briefmarken, 22 Briefumschläge und 34 Fahrkarten.*

Von 5 an steht es im Gen. Pl.:

Proszę pięć kartek, sześć znaczków, dwadzieścia siedem kopert i trzydzieści osiem biletów.	*Bitte 5 Ansichtskarten, 6 Briefmarken, 27 Briefumschläge und 38 Fahrkarten.*

3. Die Personalformen der Grundzahlen

In Verbindung mit männlichen personalen Substantiven wird der Nom. bzw. Akk. der Grundzahlen von 2 an durch den Gen. Pl. ersetzt. Das Substantiv steht dann auch im Gen. Pl., und das Verb in der 3. Pers. Sg. – im Präteritum in der neutralen Form.

jeden	jedenastu
dwóch	dwudziestu
trzech	trzydziestu
czterech	czterdziestu
pięciu	pięćdziesięciu
sześciu	sześćdziesięciu
siedmiu	siedemdziesięciu
ośmiu	osiemdziesięciu
dziewięciu	dziewięćdziesięciu
dziesięciu	stu

Jeden pan jest/był u mnie w biurze.	*Ein Mann ist/war bei mir im Büro.*
Dwóch mechaników jest/było w naszej grupie.	*Zwei Mechaniker sind/waren in unserer Gruppe.*

Neben diesen Formen werden für die Grundzahlen 2–4 noch die Formen **dwaj, trzej, czterej** in Verbindung mit männlichen personalen Substantiven gleichwertig gebraucht. Das Substantiv steht dann im Nom. Pl., und das Verb in der 3. Pers. Pl.

Dwaj panowie są/byli u mnie w biurze.
Trzej panowie są/byli w naszej grupie.
Czterej panowie są/byli na przyjęciu.

4. Die Deklination der Grundzahlen von 1 bis 4

Jeden, jedna, jedno wird wie ein Adjektiv dekliniert. Die Grundzahlen 2–4 werden wie folgt dekliniert:

	Mask./Neutr.	*Fem.*		
Nom.	dwa	dwie	trzy	cztery
Gen.	dwóch		trzech	czterech
Dat.	dwom		trzem	czterem
Akk.	dwa	dwie	trzy	cztery
Instr.	dwoma	dwiema	trzema	czterema
Lok.	dwóch		trzech	czterech

5. Das Prädikatsadverb „można"

Zur Bezeichnung einer Möglichkeit gebraucht man das Prädikatsadverb **można** *man kann*. Można steht sowohl bei perfektiven als auch imperfektiven Verben (vgl. 7C1).

Czym można dojechać/jechać do dworca?	*Womit kann man zum Bahnhof fahren?*
Jak można dojść/iść do dworca?	*Wie kann man zum Bahnhof gehen?*

6. Der Instrumental zur Bezeichnung des Verkehrsmittels

Die Verben **dojechać, pojechać, jechać** erfordern den Instrumental des Substantivs, welches ein Verkehrsmittel bezeichnet.

Czym można dojechać do dworca?	*Womit kann man zum Bahnhof fahren?*
Do dworca można dojechać autobusem.	*Zum Bahnhof kann man mit dem Autobus fahren.*
Pojedziemy chyba taksówką.	*Wir fahren vielleicht mit dem Taxi.*

10D Übungen

1. *Tragen Sie* jeden, jedna, jedno, dwa, dwie *in die Lücken ein:*

   a) Ile kosztuje ... znaczek lotniczy do Niemiec? b) Proszę ... znaczki na list zwykły do Francji. c) Ile kosztuje ... kartka pocztowa? d) Muszę jeszcze kupić ... widokówki ze Starym Miastem. e) Ile kosztują ... bilety tramwajowe? f) Proszę ... gazety i ... bilet autobusowy. g) Ile kosztuje ... słowo w telegramie imieninowym? h) Za rogiem są ... przystanki, ... autobusowy i ... tramwajowy.

2. *Schreiben Sie die Substantive im Plural unter die angegebenen Zahlwörter:*

	trzy	pięć	dwadzieścia jeden	dwadzieścia cztery
bilet gazeta słowo znaczek koperta książka telegram				

3. *Schreiben Sie die in Klammern angegebenen Grundzahlen in Worten und setzen Sie die Verben in die richtige Form:*

   a) (2) ... panów (być) ... na przystanku tramwajowym. b) (2) ... panowie (być) ... na przystanku autobusowym. c) (3) ... mężczyźni (stać) ... na postoju taksówek. d) (3) ... mężczyzn (stać) ... przed kioskiem. e) (4) ... przewodnicy (czekać) ... na turystów. f) (4) ... przewodników (czekać) ... na grupę z Niemiec. g) (5) ... kolegów (pracować) ... w moim biurze.

4. *Übersetzen Sie ins Polnische. Gebrauchen Sie das Prädikatsadverb* można:

   a) Wie komme ich zum Bahnhof? b) Womit komme ich zum Marktplatz? c) Zur Post kommen Sie mit dem Bus 135. d) Zum Hotel kommen Sie zu Fuß. e) Zum Bahnhof können Sie mit dem Taxi kommen.

5. *Ergänzen Sie in passender Form die in Klammern angegebenen Demonstrativpronomina:*

   a) Czy (ten) ... autobusem można dojechać do dworca? b) Proszę (ta) ... książkę o smoku wawelskim. c) Czy (tamta) ... ulicą dojdę do biura podróży? d) Czy muszę wypełnić (ten) ... formularz? e) Proszę zapytać (ci) ... trzech panów. f) Proszę cztery kartki, ale nie z (te) ... tylko z (tamte) ... g) Do dworca trzeba iść w (tamten) ... kierunek. h) Niestety, nie mamy (te) ... książek.

6. *Bilden Sie Sätze aus den angegebenen Wörtern:*

a) trzy, tramwajowe, proszę, bilety b) znaczków, po, złotych, chciałbym, pięć, tysiąc c) telegram, chciałabym, imieninowy, nadać d) znaczki, list, do, proszę, dwa, na, lotniczy, Kanady e) dworca, jak, do, dojść, można? f) rogiem, jest, tam, autobusowy, za, przystanek g) nazywa, jak, ulica, się, tamta? h) mogę, czy, trzy, wybrać, kartki, sobie? i) książkę, mogę, tę, obejrzeć? j) iść, i, na, prosto, trzecim, w lewo, proszę, skrzyżowaniu, skręcić.

7. *Setzen Sie die Adverbien* całkiem, chyba, dość, nieco, raczej *in die Lücken ein:*

a) Pan chciałby iść do dworca, ale to jest jednak *(jedoch)* ... daleko. b) Proszę ... wziąć taksówkę. c) Postój taksówek jest ... blisko, tu za rogiem. d) ... dalej jest też przystanek autobusowy. e) Dziękuję pani, mam nawet *(sogar)* bilet, więc ... pojadę do dworca autobusem.

8. *Ergänzen Sie das Gespräch:*

A: ...?
B: Do dworca? Chwileczkę. Proszę iść prosto i na trzecim skrzyżowaniu skręcić w prawo.
A: ...?
B: Tak, oczywiście. Można tam też dojechać autobusem.
A: ...?
B: Autobus 137 jedzie do dworca.
A: ...?
B: Niestety, tramwajem nie można tam dojechać, ale może wziąć pan taksówkę.
A: ...?
B: Postój jest tam za rogiem.

9. *Sie möchten am Kiosk fünf Ansichtskarten kaufen. Wie können Sie das ausdrücken? Vier mögliche Äußerungen finden Sie im Lektionstext.*

10. *Spielen Sie mit Ihrem Nachbarn aus der Gruppe die Szene auf der Post. Wie sagen Sie am Schalter, was Sie brauchen?*

a) 2 znaczki po 1000 zł. b) 1 znaczek za 1500 zł c) 1 kartkę pocztową d) 2 widokówki e) nadać telegram f) nadać paczkę do Niemiec.

11. *Schauen Sie auf den Stadtplan. Sie stehen jetzt am Bahnhof (D). Fragen Sie Ihren Gesprächspartner nach dem Weg:*

a) *zum Kiosk (K)*
b) *zum Hotel (H)*
c) *zur Straßenbahnhaltestelle (T)*
d) *zur Bushaltestelle (A)*
e) *zum Taxistand (TX)*
f) *zum Postamt (P)*
g) *zum Reisebüro (R)*

Ihr Gesprächspartner erklärt Ihnen den Weg auf dem Stadtplan.

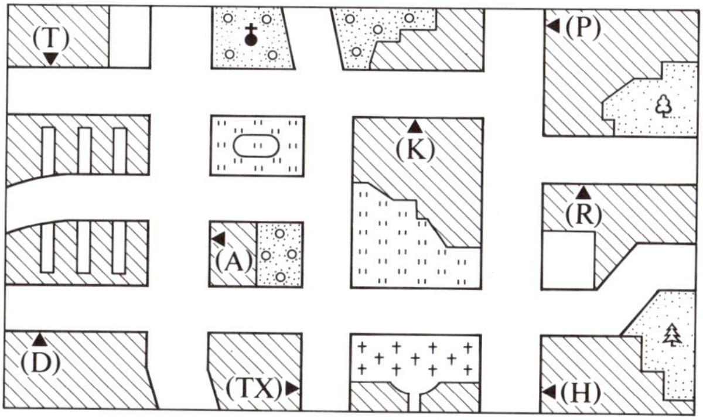

12. *Sie sind mit dem Zug in Krakau angekommen. Nun stehen Sie auf der Straße. Sie möchten ins Hotel Cracovia, aber Sie kennen den Weg nicht. Sie haben keine Fahrkarten, Sie wissen auch nicht, wo sich der Taxistand befindet. Sie wenden sich an einen Passanten. Was sagen Sie?*

11A

11A Text

Legenda o smoku wawelskim

Dawno, dawno temu żył król Krak. Mieszkał on wraz ze swoją piękną córką w zamku, który stał nad Wisłą, na wzgórzu zwanym Wawelem. Poddani króla Kraka byli bardzo pracowici i szczęśliwi. Pewnego razu ich spokój zakłócił straszny smok, który zamieszkał w jednej z wielu jaskiń pod wzgórzem wawelskim.

Potwór ten miał wielką paszczę, z której buchała jadowita para. Smok nie bał się nikogo i niczego. Kiedy smok pojawiał się nad Wisłą, wszyscy drżeli ze strachu i bali się wychodzić ze swoich domów.

Król Krak zwrócił się do swoich poddanych: „Który z was, moi poddani, zabije smoka, ten dostanie w nagrodę moją piękną córkę, królewnę, za żonę." Nikomu nie udało się jednak zabić smoka.

W państwie Kraka panował nadal niepokój i strach. Aż pewnego dnia przyszedł do króla młody szewczyk Dratewka i powiedział: „Mój drogi królu, wiem jak zabić potwora, ale potrzeba mi do tego kilku skór owczych i dużo siarki." Król ucieszył się bardzo i kazał dać szewczykowi wszystko, czego potrzebował. Szewczyk szybko zabrał się do roboty. Gdy zeszył skóry, wypełnił je siarką. Gdy skończył pracę, zrzucił swoją „smakowitą owcę" prosto pod smoczą jamę.

Straszny potwór tylko na to czekał.

Szybko połknął „smakowitą owcę“. A gdy to uczynił, wielki ogień wybuchł w jego brzuchu. Smok chciał go szybko ugasić i pił wodę z Wisły tak długo, aż pękł. Wszyscy ucieszyli się, że potwora już nie ma, a król Krak powiedział do dzielnego szewczyka: „Oto straszny smok nie żyje. Moja córka może zostać twoją żoną, oczywiście jeśli cię pokocha.“
Wkrótce odbyło się na Wawelu wspaniałe wesele. Po niedobrym smoku została tylko ta legenda i jaskinia, która do dziś nosi nazwę Smocza Jama.

dawno *Adv.*	*einst*
dawno, dawno temu	*vor vielen Jahren*
żyć *ipf.*, żyję, żyjesz	*leben*
król, -la *m*	*König*
wraz z(e) + *Instr.*	*zusammen mit*
wzgórze, -rza *n*	*Hügel, Anhöhe*
zwany, -a, -e	*genannt*
poddany, -nego *m*	*Untertan*
pracowity, -a, -e	*arbeitsam*
szczęśliwy, -a, -e	*glücklich*
pewnego razu	*einmal*
spokój, spokoju *m*	*Ruhe*
zakłócić *pf.*, zakłócę, zakłócisz	*stören*
straszny, -a, -e	*schrecklich*
zamieszkać *pf.*, zamieszkam, zamieszkasz	*sich niederlassen*
jaskinia, -ni *f*	*Höhle*
w jednej z wielu jaskiń	*in einer der vielen Höhlen*
pod *Präp.* + *Instr.*	*unter*
potwór, potwora *m*	*Ungeheuer*
paszcza, -czy *f*	*Rachen, Maul*
buchać *ipf.*	hier: *schlagen*
jadowity, -a, -e	*giftig*
para, -ry *f*	*Dampf*
bać się *ipf.*, boję się, boisz się	*Angst haben*
nikt, nikogo	*niemand*
miał	*(er) hatte*
pojawiać się *ipf.*, pojawiam się, pojawiasz się	*erscheinen*
drżeć *ipf.*, drżę, drżysz	*zittern*
strach, -chu *m*	*Angst*
drżeć ze strachu	*vor Angst zittern*
swój, swoja, swoje	*sein, ihr, mein* usw. *eigen*
zwrócić się *pf.* do + *Gen.*, zwrócę się, zwrócisz się	*sich wenden an*
zabić *pf.*, zabiję, zabijesz	*töten*
dostać *pf.*, dostanę, dostaniesz	*bekommen*
królewna, -ny *f*	*Königstochter*
za żonę	*zur Frau*
nikomu	*niemandem*
udać się *pf.*	*gelingen*
panować *ipf.*, panuję, panujesz	*herrschen*
niepokój, niepokoju *m*	*Unruhe*
aż	*bis*
pewnego dnia	*eines Tages*
szewczyk, -ka *m*	*Schusterjunge*
potrzeba mi = potrzebuję + *Gen.*	*ich brauche*
skóra, -ry *f* owcza	*Schafpelz*
siarka, -ki *f*	*Schwefel*
ucieszyć się *pf.*, ucieszę się, ucieszysz się	*sich freuen; erfreut sein*
kazać *pf.*, każę, każesz	*befehlen*
czego potrzebował	*was er brauchte*
zabrać się *pf.* do roboty	*sich an die Arbeit machen*
zeszyć *pf.*, zeszyję, zeszyjesz	*zusammennähen*
wypełnic *pf.*, wypełnię, wypełnisz	*(auf)füllen*
zrzucić *pf.*, zrzucę, zrzucisz	*hinunterwerfen*
smakowity, -a, -e	*schmackhaft*
owca, -cy *f*	*Schaf*
smocza jama, smoczej jamy *f*	*Drachenhöhle*

połknąć *pf.*, połknę, połkniesz	*(ver)schlucken*	pęknąć *pf.*, pęknę, pękniesz	*(zer)platzen*
gdy	*als, wenn, nachdem*	dzielny, -a, -e	*tapfer*
uczynić *pf.*, uczynię, uczynisz	*tun, machen*	zostać *pf.*, zostanę, zostaniesz	hier: *werden*
ogień, ognia *m*	*Feuer*	pokochać *pf.*, pokocham, pokochasz	*liebgewinnen*
wybuchnąć *pf.*	*ausbrechen*	odbyć się *pf.*	*stattfinden*
brzuch, -cha *m*	*Bauch*	wspaniały, -a, -e	*prachtvoll*
ugasić *pf.*, ugaszę, ugasisz	*(aus)löschen*	wesele, -la *n*	*Hochzeit*
pić *ipf.*, piję, pijesz	*trinken*	nosić nazwę	*heißen*

11B Landeskunde – Sprachgebrauch

1. Getrennt- und Zusammenschreibung von „nie"

Die Negation **nie** *nicht* wird mit manchen Wortarten zusammen und von manchen getrennt geschrieben.

Getrennt schreibt man **nie**:

- vor Verben
- vor Wörtern in der Bedeutung eines Verbs
- vor Partikeln

nie udać się, nie żyć nie trzeba, nie można nie tylko

Zusammen schreibt man **nie**:

- mit Substantiven
- mit Adjektiven

niepokój, nieszczęście niedobry, nieszczęśliwy

2. Satzgliedstellung

Im allgemeinen gilt im polnischen Satz die Wortfolge **Subjekt–Prädikat–Objekt**, die nicht nur in Aussagesätzen, sondern auch in Fragesätzen und in Nebensätzen aller Art bindend ist.

Król mieszkał w zamku, który stał nad Wisłą.	*Der König wohnte im Schloß, das an der Weichsel stand.*
Gdy szewczyk zeszył skórę, wypełnił ją siarką.	*Nachdem der Schusterjunge das Schaffell zusammengenäht hatte, füllte er es mit Schwefel.*
(Czy) smok zje owcę?	*Wird der Drache das Schaf fressen?*

Im Polnischen steht das Adverb meistens vor dem Verb, z. B.:

Szewczyk szybko zabrał się do roboty. *Der Schusterjunge machte sich schnell an die Arbeit.*

11C Grammatik

1. Präteritum – 3. Person Singular und Plural

Im Polnischen gibt es nur eine Form zur Bezeichnung der Vergangenheit. Auch im Präteritum werden die Aspekte unterschieden, d. h. ob die Handlung zeitlich unbegrenzt und wiederholt stattfindet (unvollendet/imperfektiv) oder ob die Handlung zeitlich begrenzt und einmalig passiert (vollendet/perfektiv), z. B.:

unvollendet: Marek pisał wczoraj listy. *Marek schrieb gestern Briefe.*
vollendet: Marek napisał wczoraj trzy listy. *Marek hat gestern drei Briefe geschrieben.*

Im Präteritum wird das Verb nach Person, Numerus und Genus konjugiert. Im Präteritalstamm kommt an die Stelle von -ć ein **-ł**. Im Singular gibt es drei Genera, im Plural nur die Personalform und die Sachform.

Nach den Infinitivendungen werden die polnischen Verben im Präteritum in vier Gruppen eingeteilt:

a) Verben mit dem Infinitiv auf **-ać, -ić, -yć, -uć** haben denselben Infinitiv- und Präteritalstamm, z. B.: stać, pić, żyć, żuć *kauen.*
b) Bei Verben mit der Infinitivendung **-eć** erfolgt ein Wechsel von e zu **a** in allen drei Genera, z. B. drżeć, mieć.
c) Verben mit der Infinitivendung **-ąć** haben im Präteritum statt ą **ę**. Manche Verben aus dieser Gruppe verlieren jedoch nach einem Konsonanten **-ną-** im Präteritum, z. B. pęknąć.
d) Verben mit dem Infinitiv auf **-c, -ść, -źć** bilden im Präteritum Sonderformen, z. B.: biec *laufen,* iść, wieźć *fahren, transportieren.*

Infinitiv	*Präteritum 3. Pers. Sg.*			*Präteritum 3. Pers. Pl.*	
	Mask.	*Fem.*	*Neutr.*	*Personalform*	*Sachform*
stać	stał	stała	stało	stali	stały
pić	pił	piła	piło	pili	piły
żyć	żył	żyła	żyło	żyli	żyły
żuć	żuł	żuła	żuło	żuli	żuły

Infinitiv	*Präteritum 3. Pers. Sg.*			*Präteritum 3. Pers. Pl.*	
	Mask.	*Fem.*	*Neutr.*	*Personalform*	*Sachform*
drżeć	drżał	drżała	drżało	drżeli	drżały
mieć	miał	miała	miało	mieli	miały
zginąć	zginął	zginęła	zginęło	zginęli	zginęły
pęknąć	pękł	pękła	pękło	pękli	pękły
biec	biegł	biegła	biegło	biegli	biegły
iść	szedł	szła	szło	szli	szły
wieźć	wiózł	wiozła	wiozło	wieźli	wiozły

2. Nebensätze der Zeit mit den Konjunktionen „kiedy", „gdy" und „aż"

Zum Ausdruck der Gleichzeitigkeit und der Vorzeitigkeit dienen im Polnischen die beiden Konjunktionen **kiedy** und **gdy** *wenn*. Sie sind austauschbar. Die Gleichzeitigkeit in Temporalsätzen wird mit Hilfe der imperfektiven Verben ausgedrückt:

Kiedy/gdy jestem w domu, czytam książki.	*Wenn ich zu Hause bin, lese ich Bücher.*
Kiedy smok pojawiał się nad Wisłą, wszyscy drżeli ze strachu.	*Immer wenn der Drache an der Weichsel erschien, zitterten alle vor Angst.*

Die Vorzeitigkeit wird dagegen mit Hilfe der perfektiven Verben ausgedrückt:

Gdy zjemy obiad, pójdziemy do zoo.	*Nachdem wir zu Mittag gegessen haben, gehen wir in den Zoo.*

Zum Ausdruck der Nachzeitigkeit dient u. a. die Konjunktion **aż** *bis*. Das Verb steht im Hauptsatz im imperfektiven Aspekt und im Nebensatz im perfektiven Aspekt, z. B.:

Smok pił tak długo, aż pękł.	*Der Drache trank so lange, bis er platzte.*

3. Das Pronomen „który, która, które"

Die Pronomina **który, która, które** *welcher, welche, welches* können als Fragepronomina oder Relativpronomina auftreten.

Fragepronomen:

Który z was zabije smoka?	*Wer von euch tötet den Drachen?*

Relativpronomen:

Król mieszkał w zamku, który stał na wzgórzu.	*Der König wohnte im Schloß, das auf dem Hügel stand.*

Sie werden wie folgt dekliniert:

	Singular			*Plural*
	Maskulinum belebt/unbelebt	*Femininum*	*Neutrum*	*Personalform/Sachform*
Nom.	który	któr**a**	któr**e**	któr**zy**/któr**e**
Gen.	któr**ego**	któr**ej**	któr**ego**	któr**ych**
Dat.	któr**emu**	któr**ej**	któr**emu**	któr**ym**
Akk.	któr**ego**/który	któr**ą**	któr**e**	któr**ych**/któr**e**
Instr.	któr**ym**	któr**ą**	któr**ym**	któr**ymi**
Lok.	któr**ym**	któr**ej**	któr**ym**	któr**ych**

4. Relativsatz

Die Relativpronomina leiten Relativsätze ein. Der Kasus des Relativpronomens richtet sich nach seiner Funktion im Nebensatz, Genus und Numerus werden dagegen durch das Bezugswort im Hauptsatz bestimmt.

Szewczyk dostał owczą skórę, którą wypełnił siarką. — *Der Schusterjunge bekam das Schaffell, das er mit Schwefel füllte.*
Król mieszkał w zamku, pod którym była smocza jama. — *Der König wohnte im Schloß, unter dem die Drachenhöhle war.*

5. Die Deklination von „nikt" und „nic"

Die Indefinitpronomina **nikt** *niemand* und **nic** *nichts* werden wie die Fragepronomina kto? co? dekliniert.

Nom.	nic	nikt
Gen.	nicz**ego**	nik**ogo**
Dat.	nicz**emu**	nik**omu**
Akk.	nic	nik**ogo**
Instr.	nicz**ym**	nik**im**
Lok.	nicz**ym**	nik**im**

Im Polnischen wird im Gegensatz zum Deutschen doppelt verneint.

Smok **nie** bał się **nikogo** i **niczego**. — *Der Drache fürchtete niemanden und nichts.*
Nikomu nie udało się zabić smoka. — *Niemandem ist es gelungen, den Drachen zu töten.*

6. Das reflexive Possessivpronomen „swój"

Das reflexive Possessivpronomen **swój** *(mein, dein, sein* usw. *eigen)* wird immer dann gebraucht, wenn das Subjekt des Satzes als Besitzer gekennzeichnet werden soll. Das Pronomen swój ersetzt auch die Possessivpronomina der 1., 2. und der 3. Pers., wenn sich das Possessivpronomen auf das Subjekt des Satzes bezieht.

Czytam moją książkę. *Ich lese mein Buch.*
Czytam swoją książkę. *Ich lese mein eigenes Buch.*

Das reflexive Possessivpronomen wird wie folgt dekliniert:

	Singular			*Plural*
	Maskulinum belebt/unbelebt	*Femininum*	*Neutrum*	*Personalform/Sachform*
Nom.	swój	swoj**a**	swoj**e**	swo**i**/swoj**e**
Gen.	swoj**ego**	swoj**ej**	swoj**ego**	swo**ich**
Dat.	swoj**emu**	swoj**ej**	swoj**emu**	swo**im**
Akk.	swoj**ego**/swój	swoj**ą**	swoj**e**	swo**ich**/swoj**e**
Instr.	swo**im**	swoj**ą**	swo**im**	swo**imi**
Lok.	swo**im**	swoj**ej**	swo**im**	swo**ich**

Ebenso wie das Pronomen swój werden die Pronomina **mój** und **twój** dekliniert (s. a. L 15).

11D Übungen

1. *Ergänzen Sie das Relativpronomen in der richtigen Form:*

   a) Król, ... mieszkał w zamku na wzgórzu, nazywał się Krak. b) Straszny smok zamieszkał w jednej z jaskiń, ... znajdowała się pod wzgórzem wawelskim. c) Potwór ten miał wielką paszczę, z ... buchała jadowita para. d) Kto zabije smoka, ten dostanie za żonę królewnę, ... jest bardzo piękna. e) Szewczyk Dratewka zrzucił owcę do jaskini, w ... mieszkał smok. f) Po smoku została tylko jaskinia, ... do dziś nosi nazwę Smocza Jama. g) Na Wawelu odbyło się wspaniałe wesele, na ... było wiele gości.

2. *Setzen Sie das Possessivpronomen in entsprechender Form ein:*

a) Król mieszkał wraz ze ... córką w zamku, a ... poddani pod zamkiem. b) Poddani króla bali się wychodzić ze ... domów, ponieważ smok porywał *(entführte)* ... córki. c) Król powiedział: „Kto zabije smoka, ten dostanie ... córkę za żonę.“ d) Szewczyk Dratewka opowiedział królowi ... plan. e) Król powiedział do szewczyka: „... córka może zostać ... żoną“. f) Król oddał szewczykowi ... córkę za żonę.

3. *Tragen Sie die gesuchten Wörter waagerecht ein. Die Lösung finden Sie in den senkrecht eingerahmten Feldern:*

a) Smok pił ... z Wisły.
b) Smocza ...
c) Jak nazywał się szewczyk?
d) Jaka była paszcza smoka?
e) Kto miał na imię Krak?

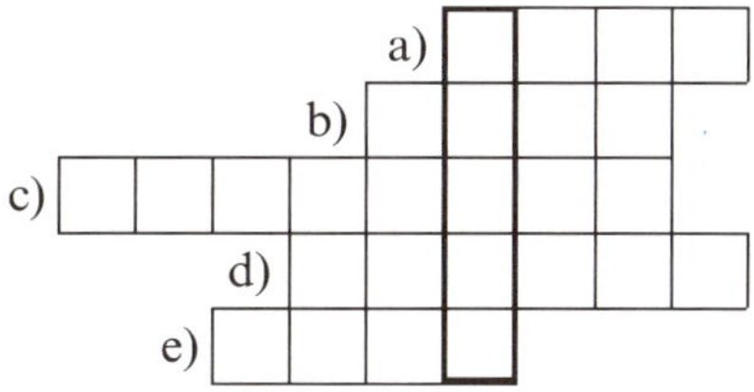

4. *Was paßt zusammen?*

a) Jak nazywał się król, który mieszkał na Wawelu?
b) Co zakłóciło spokój króla i jego poddanych?
c) Gdzie była jaskinia smoka?
d) Kogo bał się smok?
e) Komu udało się zabić smoka?
f) Co zrobił Dratewka?
g) Jak długo smok pił wodę z Wisły?
h) Kto dostał królewnę za żonę?

Smok nie bał się nikogo i niczego.
Jaskinia była pod wzgórzem wawelskim.
Szewczyk zeszył skóry i wypełnił je siarką.
Smok pił wodę tak długo, aż pękł.
Straszny smok, który mieszkał w jaskini.
Krak.
Dratewce udało się zabić smoka.
Szewczyk dostał królewnę za żonę.

5. *Beantworten Sie die Fragen verneinend. Gebrauchen Sie dabei die Pronomina* nikt *und* nic *in der richtigen Form:*

Beispiel: Kto zabił smoka? Nikt nie zabił smoka.
Co chciał ugasić smok? Smok nie chciał ugasić niczego.

a) Komu udało się zabić smoka? b) Kto mieszkał na Wawelu? c) Na co czekał smok? d) Czego bał się smok? e) Kto chciał ugasić ogień? f) Co zostało po smoku? g) Kogo bał się smok? h) Czego potrzebował szewczyk? i) Co pił smok? j) Kto przyszedł do króla? k) Kogo pokochała królewna? l) Z kim mieszkał król na Wawelu? m) Z czego ucieszył się król?

6. *Ordnen Sie die Verbformen nach ihren Endungen:*

Singular			Plural	
Maskulinum	Femininum	Neutrum	Personalform	Sachform
a)			b)	

a) Smok mieszkał w jaskini. b) Poddani króla byli szczęśliwi. c) Królewna była piękna. d) Kobiety bały się wychodzić ze swoich domów. e) Wszystkie kobiety i mężczyźni drżeli ze strachu. f) Król kazał dać szewczykowi owczą skórę. g) Królewna została żoną szewczyka. h) Zwierzę *(Tier)* to miało wielką paszczę. i) Smok tylko na to czekał. j) Skóra wyglądała jak wielka smakowita owca. k) Wszyscy ucieszyli się bardzo. l) Wszystkie smoki były potworami.

7. *Ergänzen Sie die Sätze durch folgende Verben im Präteritum:*

czekać, być, mieszkać, pokochać, zostać, odbyć, chcieć

a) Krak ... w zamku na wzgórzu. b) Poddani króla ... pracowici i szczęśliwi. c) Córka Kraka ... bardzo piękna. d) Szewczyk ... zabić smoka. e) Potwór ... na smakowitą owcę. f) Królewna ... szewczyka Dratewkę. g) Na Wawelu ... się wspaniałe wesele. h) Po smoku ... tylko legenda.

8. *Setzen Sie die Sätze ins Präteritum:*

a) W zamku na Wawelu mieszka król Krak. b) Ma on piekną córkę. c) Jego córka bardzo boi się smoka, który żyje w jaskini pod Wawelem. d) Nikt nie wie, jak zabić smoka. e) Pewnego dnia przychodzi do króla szewczyk Dratewka. f) Chce on zabić smoka? g) Jego plan jest dobry i smok szybko połyka smakowitą owcę. h) Szewczyk dostaje królewnę za żonę. i) Królewna zostaje żoną szewczyka. j) Na Wawelu odbywa się wspaniałe wesele.

9. *Verbinden Sie die Sätze mit den Konjunktionen* aż, kiedy *oder* gdy*:*

a) Jestem zmęczony. Idę na spacer do parku. b) Pójdę na pocztę. Napiszę list do znajomych. c) Potrzebuję czegoś do czytania. Idę do kiosku. d) Pytał tak długo. Dowiedział się wszystkiego. e) Szewczyk czekał na wzgórzu. Smok zjadł owcę. f) Wszyscy ucieszyli się. Smok pękł.

10. *Schreiben Sie die Negation* nie *im nachstehenden Text ohne Klammern. Wird zusammen oder getrennt geschrieben?*

a) (Nie)tak dawno temu żył król, któremu (nie)udało się zabić (nie)dobrego smoka. b) (Nie)dobry smok mieszkał (nie)daleko zamku. c) (Nie)pokój panował w państwie Kraka. d) Szewczyk (nie)bał się (nie)dobrego smoka. e) (Nie)trzeba było długo czekać i smok już (nie)żył.

11. *Übernehmen Sie die Rolle des Schusterjungen Dratewka. Gehen Sie zu König Krak, stellen Sie sich vor, erzählen Sie ihm Ihren Plan und sagen Sie, was Sie alles dazu brauchen.*

12. *Nun übernehmen Sie die Rolle des Königs. Sie danken dem Schusterjungen für seine Tat. Dann stellen Sie ihm Ihre Tochter vor, fragen den Schusterjungen, wie ihm Ihre Tochter gefällt und schließlich versprechen Sie ihm, daß er Ihre Tochter zur Frau bekommt, wenn er noch drei andere Drachen tötet.*

12A

12A Text

Mieszkanie do wynajęcia

M. Z. = Monika Zielińska
W. = Właścicielka mieszkania

M. Z.: Dzień dobry. Ja w sprawie ogłoszenia. Pomagam moim znajomym z Niemiec szukać czegoś odpowiedniego na pół roku. Czy mogę obejrzeć mieszkanie?

W.: Ależ proszę bardzo. Proszę do środka. Tu na lewo jest kuchnia i jadalnia, a na prawo pokój dzienny i pokój do pracy. Tam dalej jest łazienka i dwie sypialnie. Razem 88 m².

M. Z.: A ile wynosi czynsz? Czy wynajmuje pani mieszkanie z meblami i czy goście mogą zajmować wszystkie pokoje?

W.: Oczywiście. Wszystko oddaję gościom do dyspozycji. Mogą się wprowadzić do wszystkich siedmiu pomieszczeń. Czynsz miesięczny jest niewielki, ale płatny za pół roku z góry. Do tego dochodzą jeszcze opłaty za telefon, światło, gaz i garaż.

M. Z.: Dziękuję pani bardzo. Muszę jeszcze porozmawiać z koleżanką, która dzisiaj do mnie przyjeżdża. To właśnie dla jej znajomych ma być to mieszkanie.

OGŁOSZENIA

LOKALE

- Poszukuję komfortowego trzypokojowego mieszkania z telefonem i garażem na okres 1 roku, tel. 48-52-77.
- Szukam umeblowanego M-4, chętnie z garażem, tel. 55-62-01.
- Kawalerka do wynajęcia, Słowackiego 9a/2.
- Garsoniera dla pani, ul. Kampinoska 22.
- Wynajmę pół bliźniaka firmom zagranicznym, tel. 22-38-49.
- Mieszkanie willowe, 94 m kw, garaż, telefon, do wynajęcia od zaraz, tel. 43-48-97.
- Wynajmę ładne mieszkanie 5-pokojowe w centrum miasta. Zgłoszenia: Tel. 31-56-88 po godz. 16.
- Do wynajęcia pokój z kuchnią, łazienką. Płatne za rok z góry. Tel. 22-48-77 w godz. 9-17.
- Wynajmę obcokrajowcom willę z dwoma garażami na pół roku. Wiadomość: tel. 45-67-80.

do wynajęcia	*zu vermieten*
właścicielka, -ki *f*	*Eigentümerin*
ogłoszenie, -nia *n*	*Anzeige*
ja w sprawie ogłoszenia	*ich komme wegen Ihrer Anzeige*
pomagać *ipf.*, pomagam, pomagasz	*helfen*
rok, -ku *m*	*Jahr*
na pół roku	*für ein halbes Jahr*
proszę do środka!	*bitte, kommen Sie herein!*
na lewo	*links*
na prawo	*rechts*
kuchnia, -ni *f*	*Küche*
jadalnia, -ni *f*	*Eßzimmer*
pokój, pokoju *m*	*Zimmer*
pokój dzienny	*Wohnzimmer*
pokój do pracy	*Arbeitszimmer*
tam dalej	*dort (drüben)*
łazienka, -ki *f*	*Badezimmer*
sypialnia, -ni *f*	*Schlafzimmer*
wynosić *ipf.*	hier: *betragen*
czynsz, -szu *m*	*Miete*
ile wynosi czynsz?	*wie hoch ist die Miete?*
wynajmować *ipf.*, wynajmuję, wynajmujesz	*vermieten*
meble, -li *Pl.*	*Möbel*
zajmować *ipf.*, zajmuję, zajmujesz	hier: *benutzen*
oddawać *ipf.*, oddaję, oddajesz	*abgeben*
obcokrajowiec, obcokrajowca *m*	*Ausländer*
wiadomość, -ci *f*	*Nachricht, Auskunft*
dyspozycja, -cji *f*	*Verfügung*
oddawać do dyspozycji	*zur Verfügung stellen*
wprowadzić się *pf.*, wprowadzę się, wprowadzisz się	*einziehen*
pomieszczenie, -nia	*Raum*
czynsz miesięczny	*Monatsmiete*
niewielki, -a, -ie	*ziemlich klein*
płatny za rok z góry	*für ein Jahr im voraus zu bezahlen*
do tego dochodzą jeszcze ...	*dazu kommen noch ...*
opłata, -ty *f*	*Gebühr*
telefon, -nu *m*	*Telefon*
światło, -ła *n*	*Strom*
gaz, -zu *m*	*Gas*
garaż, -żu *m*	*Garage*
porozmawiać *pf.*, porozmawiam, porozmawiasz	hier: *besprechen*
lokal, -lu *m*	hier: *Wohnung*
poszukiwać *ipf.* + *Gen.*, poszukuję, poszukujesz	*suchen*
trzypokojowy, -a, -e	*Dreizimmer...*
okres, -su *m*	*Zeit(dauer)*
na okres 1 roku	*für ein Jahr*
umeblowany, -a, -e	*möbliert*
M-4	*eine Wohnung, die aus 4 Räumen besteht*
kawalerka, -ki *f*	*Junggesellenwohnung*
garsoniera, -ry *f*	*Junggesellenwohnung*
ul. = ulica, -cy *f*	*Straße*
wynająć *pf.*, wynajmę, wynajmiesz	*vermieten*
bliźniak, -ka *m*	hier: *Doppelhaus*
willowy, -a, -e	*Villen...*
od zaraz	*ab sofort*
centrum, centrum *n*	*Zentrum*
zgłoszenie, -nia *n*	*Anmeldung*
po godz. 16	*nach 16 Uhr*

12B Landeskunde – Sprachgebrauch

1. Rund um die Wohnung

Na parterze/na dole *unten* są:

1. wejście *Eingang*
2. przedsionek *Windfang*
3. hall *Diele*
4. pokój dzienny *Wohnzimmer*
5. kuchnia *Küche*
6. W.C., toaleta *WC, Toilette*
7. taras *Terrasse*
8. jadalnia *Eßzimmer*
9. garaż *Garage*

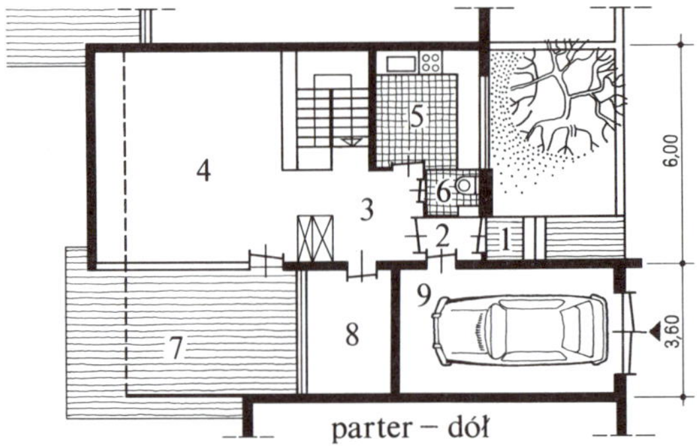

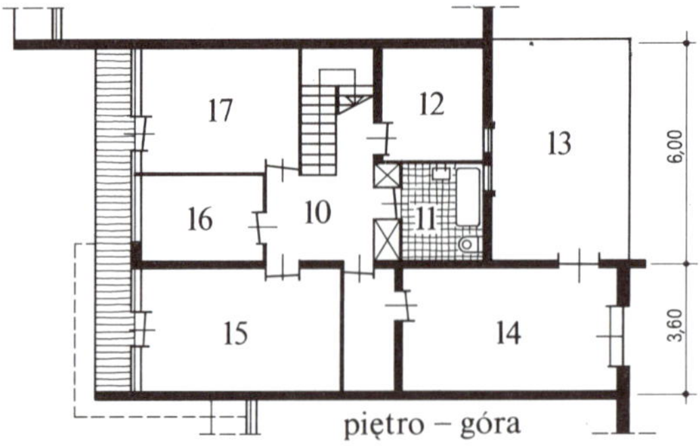

Na piętrze/na górze *oben* są:

10. hall *Diele*
11. łazienka *Bad(ezimmer)*
12. pokój gościnny *Gästezimmer*
13. balkon *Balkon*
14. sypialnia rodziców *Elternschlafzimmer*
15. sypialnia dzieci *Kinderzimmer*
16. sypialnia dziadków *Schlafzimmer Großeltern*
17. pokój do pracy *Arbeitszimmer*

Jakie masz mieszkanie?	*Was für eine Wohnung hast du?*
Mam mieszkanie jednopokojowe.	*Ich habe eine Einzimmerwohnung.*
dwupokojowe.	*Zweizimmerwohnung.*
trzypokojowe.	*Dreizimmerwohnung.*
czteropokojowe.	*Vierzimmerwohnung.*
pięciopokojowe.	*Fünfzimmerwohnung.*

Mam garsonierę/kawalerkę.	*Ich habe eine Junggesellenwohnung.*
apartament.	*ein Appartement.*
szeregówkę.	*ein Reihenhaus.*
bliźniak.	*ein Doppelhaus.*
willę.	*eine Villa.*
dom jednorodzinny.	*ein Einfamilienhaus.*

2. Abkürzungen

tel.	– telefon
M-2	– mieszkanie jednopokojowe *eine Wohnung, die aus zwei Räumen besteht, aus einer Küche und einem Zimmer*
m^2 *oder* m. kw.	– metr kwadratowy *Quadratmeter*
godz.	– godzina *Uhr*
ul.	– ulica *Straße*

12C Grammatik

1. Der Dativ Plural des Substantivs

Alle Substantive haben im Dativ Plural die Endung **-om**.

Nom. Sg.	obcokrajowiec	mebel	pani	mieszkanie
Dat. Pl.	obcokrajowc**om**	mebl**om**	pani**om**	mieszkani**om**

2. Der Dativ Plural des Adjektivs

Die hartstämmigen Adjektive (mit einem harten Konsonanten im Stammauslaut (ausgenommen k, g) enden im Dativ Plural auf **-ym**, und die weichstämmigen Adjektive (mit einem weichen Konsonanten und mit k, g im Stammauslaut) haben die Endung **-im**.

	hartstämmige Adjektive	*weichstämmige Adjektive*
Nom. Sg.	nowy nowa nowe	tani tania tanie
Dat. Pl.	now**ym**	tan**im**

3. Der Instrumental Plural des Substantivs

Im Instrumental Plural enden die Substantive grundsätzlich auf **-ami**. Es gibt eine kleine Gruppe von Substantiven mit einem weichen bzw. verhärteten Konsonanten im Stammauslaut, die die Endung **-mi** haben.

Nom. Sg.	pan	meble	pani	gość	dziecko
Instr. Pl.	pan**ami**	mebl**ami**	pani**ami**	gość**mi**	dzieć**mi**

4. Der Instrumental Plural des Adjektivs

Die hartstämmigen Adjektive enden im Instrumental Plural auf **-ymi**, die weichstämmigen Adjektive auf **-imi**.

	hartstämmige Adjektive			*weichstämmige Adjektive*		
Nom. Sg.	nowy	nowa	nowe	tani	tania	tanie
Instr. Pl.		now**ymi**			tan**imi**	

5. Die Deklination der Grundzahlen von 5 bis 99

Die Grundzahlen 5–99 werden wie folgt dekliniert:

	5, 6, 9, 10	*7, 8*	*11–19*	*20–40*	*50–90*
Nom.	pięć	siedem	dwanaście	dwadzieścia	pięćdziesiąt
Gen.	pięciu	siedmiu	dwunastu	dwudziestu	pięćdziesięciu
Dat.	pięciu	siedmiu	dwunastu	dwudziestu	pięćdziesięciu
Akk.	pięć	siedem	dwanaście	dwadzieścia	pięćdziesiąt
Instr.	pięciu/ pięcioma	siedmiu/ siedmioma	dwunastu/ dwunastoma	dwudziestu/ dwudziestoma	pięćdziesięciu/ pięćdziesięcioma
Lok.	pięciu	siedmiu	dwunastu	dwudziestu	pięćdziesięciu

Bei zusammengesetzten Zahlen werden sowohl die Zehner als auch die Einer dekliniert, z. B.:

To jest dom z trzydziestoma sześcioma oknami.	*Das ist ein Haus mit sechsunddreißig Fenstern.*
Tu stoi dom z czterdziestoma ośmioma oknami.	*Hier steht ein Haus mit achtundvierzig Fenstern.*
Tam stoi dom z sześćdziesięcioma dziewięcioma oknami.	*Dort steht ein Haus mit neunundsechzig Fenstern.*

Neben den dargestellten Formen werden für die Grundzahlen, die bei männlichen personalen Substantiven im Akkusativ stehen, die Formen mit der Endung **-u** gebraucht, z. B.: pięćdziesięciu pięciu panów (s. 10C3).

12D Übungen

1. *Schreiben Sie die Grundzahlen in Worten und setzen Sie die Substantive und Adjektive in den richtigen Fall:*

   Beispiel: To jest mieszkanie z 2 (komfortowe sypialnie).
   To jest mieszkanie z dwiema komfortowymi sypialniami.

   a) Mam pokój z 6 (duże okna). b) Szukam dużego domu z 2 (ładne łazienki). c) Czyja *(wessen)* to jest willa z 7 (małe balkony). d) To mieszkanie chcę wynająć 4 (sympatyczni obcokrajowcy). e) Biuro wynajmie 24 (małe mieszkania) 24 (młode małżeństwa). f) Wynajmę 5 (ładne garsoniery) z 5 (duże garaże). g) Oddaję (moi goście) 5 (duże pokoje) do dyspozycji. h) Wynajmę (moi znajomi) mieszkanie z 6 (komfortowe pomieszczenia). i) Muszę jeszcze porozmawiać z (moi rodzice), czy mogę wynająć te pokoje 8 (dobrzy znajomi).

2. *Übersetzen Sie ins Polnische:*

   a) Ich will meine Wohnung an junge Frauen vermieten. b) Kann ich mir alle Räume in Ihrer Wohnung ansehen? c) Ich suche eine kleine Wohnung mit zwei Zimmern für ein halbes Jahr. d) Vermieten Sie, Herr Kowalski, die Wohnung mit diesen schönen Möbeln? e) Das ist ein neues Einfamilienhaus mit acht Zimmern und zwei Garagen. f) Ich stelle Ihnen und Ihren Kindern mein ganzes Haus zur Verfügung.

3. *Setzen Sie das Modalverb* musieć *oder* móc *in der richtigen Form ein:*

   a) To mieszkanie podoba mi się. Kiedy ... je obejrzeć? b) Czy ... mi pani powiedzieć, ile wynosi miesięczny czynsz za to mieszkanie? c) Chyba wynajmę to mieszkanie, ale ... jeszcze porozmawiać z mężem. d) Wyjeżdżamy na dwa lata za granicę *(ins Ausland)*, więc ... wynająć nasz dom. e) Czy ... państwo przyjść jutro wieczorem obejrzeć to mieszkanie?

4. *Richtig oder falsch?*

   a) Monika chce wynająć pokój dla siebie. b) Monika szuka mieszkania na pół roku. c) Właścicielka ma duże mieszkanie, ale chce wynająć tylko dwa pomieszczenia. d) Czynsz miesięczny jest płatny za pół roku z góry. e) Trzeba płacić też za telefon, światło, gaz i garaż. f) Monika wynajmuje to mieszkanie.

5. *Lesen Sie noch einmal die Anzeigen. Dann antworten Sie auf die Fragen:*

a) W którym mieszkaniu z ogłoszenia była Monika?
b) Które ogłoszenie dała Monika do gazety *(Zeitung)*?

6. *Was bedeuten die Abkürzungen?*

M-3, 94 m. kw., tel., ul., m^2, godz., M-1.

7. *Welches Wort paßt nicht zu den anderen drei?*

a) kuchnia, łazienka, sypialnia, garaż b) willa, garsoniera, szeregówka, bliźniak c) koleżanka, znajomy, przyjaciel, obcokrajowiec d) autobus, taksówka, tramwaj, samochód e) sklep, hala targowa, filharmonia, kiosk.

8. *Finden Sie Wendungen, die dasselbe bedeuten:*

a) Oddaję gościom do dyspozycji wszystkie pokoje.	mieszkanie
b) willa	mieszkanie dwupokojowe
c) kawalerka	gdzie jest dworzec?
d) lokal	dom jednorodzinny
e) M-3	goście mogą zajmować całe mieszkanie
f) jak mogę dojść do dworca?	garsoniera

9. *Sie sprechen mit dem Vermieter. Sie fragen ihn:*

a) ob Sie sich die Wohnung ansehen können b) wie groß die Wohnung ist c) wieviel Zimmer die Wohnung hat d) ob Sie in allen Räumen wohnen dürfen e) wie hoch die Miete ist f) wann Sie in die Wohnung einziehen können.

10. *Schreiben Sie eine Anzeige:*

Beispiel: Sie suchen eine Vierzimmerwohnung mit Telefon und Garage für ein Jahr.

13A Text

Urządzamy mieszkanie

M. = Monika
K. = Katarzyna
J. = Jurek

M.: Cześć Kasiu. Wejdź proszę! To miło, że przyjechałaś.
K.: Moniko, tak dawno cię nie widziałam. Masz ładny dom.
M.: Właśnie się urządzamy. Dostałam od mamy ciemnobrązową szafę, regały i piękny stylowy stół z krzesłami. Nie bardzo wiem, na jaki kolor pomalować ściany w pokoju dziennym.
K.: Ja bardzo lubię ciepłe kolory, na przykład żółty, pomarańczowy, czerwony ...
M.: Kasiu, coś ty powiedziała? Wyobraź sobie pokój z czerwonymi ścianami! Poza tym Jurek gustuje w zimnych kolorach, takich jak zielony, niebieski ...
K.: Pomaluj wobec tego wszystkie ściany na biało. Nie ma wtedy kłopotu z meblami, dywanami i firankami. Mogą być i jasne i ciemne.
M.: Dobrześ to wymyśliła, Kasiu. Chodź, pokażę ci mieszkanie. Tu na dole jest kuchnia, pokój dzienny, mała jadalnia i toaleta. Poniżej jest jeszcze piwnica i garaż. A teraz pozwól na górę! Popatrz, tu na górze jest łazienka i trzy sypialnie. Pomyśl tylko, możemy spać w trzech sypialniach, codziennie w innej.
M.: Zobacz, tu jest twój list, w którym pisałaś o swoich znajomych z Niemiec. W zeszłym tygodniu przeczytałam mnóstwo ogłoszeń w prasie i byłam chyba w dwudziestu dwóch domach i trzydziestu trzech mieszkaniach. Sama nawet dałam ogłoszenie do gazety. Nie, nie słuchaj. Żartowałam. Przyjrzałam się w sumie pięciu różnym mieszkaniom. Myślę, że znalazłam coś, co spodoba się twoim gościom.
J.: Moniko, lepiej powiedz, że znaleźliśmy mieszkanie.
M.: O, Jurek już jest z pracy. Jurku, Kasia wreszcie do nas przyjechała.
J.: Witaj Kasiu! Muszę ci powiedzieć, że ja też pomagałem szukać mieszkania. To ostatnie bardzo nam się podobało. Poszliśmy tam razem i wszystko dokładnie obejrzeliśmy.
M.: Posłuchaj Kasiu. Mam pomysł. Za miesiąc urządzimy nasze miesz-

kanie i nie musimy się jeszcze do niego wprowadzać. Tym bardziej, że Jurek wyjeżdża na pół roku na stypendium zagraniczne. Możemy więc w tym czasie wynająć nasz dom twoim znajomym.

K.: Aleś to świetnie wymyśliła! To znaczy, że nie musimy już szukać mieszkania?

urządzać (się) *ipf.*, urządzam (się), urządzasz (się)	*(sich) einrichten*
ciemnobrązowy, -a, -e	*dunkelbraun*
szafa, -fy *f*	*Schrank*
regał, -łu *m*	*Regal*
stylowy, -a, -e	*stilvoll*
stół, stołu *m*	*Tisch*
krzesło, -ła *n*	*Stuhl*
kolor, -ru *m*	*Farbe*
pomalować *pf.*, pomaluję, pomalujesz	*malen, streichen*
ściana, -ny *f*	*Wand*
ciepły, -a, -e	*warm*
pomarańczowy, -a, -e	*orange*
czerwony, -a, -e	*rot*
coś ty powiedziała?	*was hast du gesagt?*
wyobrazić sobie *pf.*, wyobrażę sobie, wyobrazisz sobie	*sich vorstellen*
poza tym	*außerdem, sonst*
gustować *ipf.*, gustuję, gustujesz	*Gefallen finden, lieben*
zimny, -a, -e	*kalt*
zielony, -a, -e	*grün*
niebieski, -a, -ie	*blau*
biały, -a, -e	*weiß*
kłopot, -tu *m*	*Mühe, Sorge*
dywan, -nu *m*	*Teppich*
firanka, -ki *f*	*Gardine*
jasny, -a, -e	*hell*
ciemny, -a, -e	*dunkel*
dobrześ wymyśliła	*das hast du gut ausgedacht*
wymyślić *pf.*, wymyślę, wymyślisz	*erfinden, ausdenken*
pokazać *pf.*, pokażę, pokażesz	*zeigen*
na dole	*unten*
na górze	*oben*
poniżej *Adv.*	*unterhalb*
piwnica, -cy *f*	*Keller*
pozwól na górę	*komm mit nach oben*
pomyśleć *pf.*, pomyślę, pomyślisz	*denken, nachdenken*
pomyśl tylko!	*stell dir mal vor!*
codziennie *Adv.*	*jeden Tag, täglich*
w zeszłym tygodniu	*letzte Woche*
przeczytać *pf.*, przeczytam, przeczytasz	*lesen*
prasa, -sy *f*	*Presse*
dać ogłoszenie do gazety	*eine Anzeige in die Zeitung setzen*
nie, nie słuchaj!	*nein, das stimmt nicht!*
przyjrzeć się *pf.*, przyjrzę się, przyjrzysz się	*sich ansehen*
żartować *ipf.*, żartuję, żartujesz	*scherzen, spaßen*
w sumie	*insgesamt*
różny, -a, -e	*verschieden*
znaleźć *pf.*, znajdę, znajdziesz	*finden*
spodobać się *pf.*, spodobam się, spodobasz się	*gefallen*
lepiej powiedz	*sag lieber!*
wreszcie *Adv.*	*endlich*
poszliśmy *Prät.*	*wir gingen*
dokładnie *Adv.*	*genau*
posłuchaj!	*hör mal zu!*
pomysł, -łu *m*	*Idee, Einfall*
wprowadzać się *ipf.*, wprowadzam się, wprowadzasz się	*einziehen*
tym bardziej	*um so mehr*
aleś to świetnie wymyśliła!	*wie gut du das ausgedacht hast!*

13B Landeskunde – Sprachgebrauch

1. Die Bestimmung des Ortes und der Richtung

gdzie? *wo?*	dokąd? *wohin?*
na piętrze na górze	na piętro na górę
na lewo ← ↑↓ → na prawo	na lewo ← ↑↓ → na prawo
na dole na parterze	na dół na parter

2. Farbtöne

Farbtöne werden gebildet mit **jasno-** *hell-* oder **ciemno-** *dunkel-*.

kolory jasne: jasnobrązowy, jasnoniebieski
kolory ciemne: ciemnobrązowy, ciemnoniebieski

13C Grammatik

1. Der Lokativ Plural des Substantivs

Im Lokativ Plural haben alle Substantive die Endung **-ach**.

Nom. Sg.	pan	dom	kobieta	mieszkanie
Lok. Pl.	pan**ach**	dom**ach**	kobiet**ach**	mieszkani**ach**

2. Der Lokativ Plural des Adjektivs

Die hartstämmigen Adjektive enden im Lokativ Plural auf **-ych**, die weichstämmigen Adjektive haben die Endung **-ich**.

	hartstämmige Adjektive	*weichstämmige Adjektive*
Nom. Sg.	nowy nowa nowe	tani tania tanie
Lok. Pl.	nowy**ch**	tan**ich**

3. Die Personalendungen des Präteritums

Die Personalformen des polnischen Verbs werden im Präteritum zusätzlich nach dem Geschlecht unterschieden. Dementsprechend werden an den Verbstamm folgende Endungen angefügt:

	Maskulinum	*Femininum*	*Neutrum*
(ja)	pomaga**łem**	pomaga**łam**	
(ty)	pomaga**łeś**	pomaga**łaś**	
(on)	pomaga**ł**		
(ona)		pomaga**ła**	
(ono)			pomaga**ło**
	Personalform	*Sachform*	
(my)	pomaga**liśmy**	pomaga**łyśmy**	
(wy)	pomaga**liście**	pomaga**łyście**	
(oni)	pomaga**li**		
(one)		pomaga**ły**	

Die Personalendungen können im Präteritum auch an Konjunktionen, Fragewörter, Adverbien und Pronomen angehängt werden, die am Anfang eines Haupt- bzw. Nebensatzes stehen. Diese Formen werden vor allem in der Umgangssprache gebraucht, z. B.:

Szkoda, że tego nie widziałeś.	Szkoda, że**ś** tego nie **widział**.	
Czy ty to zrobiłeś?	Czy**ś** ty to **zrobił**?	
My tego nie zrobiliśmy.	My**śmy** tego nie **zrobili**.	
I tyle go widziałem.	I tyl**em** go **widział**.	*Und ich habe ihn nicht mehr gesehen.*

4. Die Deklination der Grundzahlen von 100 bis 900

Die Grundzahlen 100–900 werden wie folgt dekliniert:

	100	*200*	*300–400*	*500–900*	*700–800*
Nom.	sto	dwieście	trzysta	pięćset	siedemset
Gen.	stu	dwustu	trzystu	pięciuset	siedmiuset
Dat.	stu	dwustu	trzystu	pięciuset	siedmiuset
Akk.	sto	dwieście	trzysta	pięćset	siedemset
Instr.	stu	dwustu	trzystu	pięciuset	siedmiuset
Lok.	stu	dwustu	trzystu	pięciuset	siedmiuset

5. Die Deklination von „tysiąc“ und „milion“

Die Grundzahlen **tysiąc** und **milion** werden wie Substantive dekliniert.

	1000	*10 000*		*1 000 000*
Nom.	tysiąc	dziesięć	tysięcy	milion
Gen.	tysiąca	dziesięciu	tysięcy	miliona
Dat.	tysiącowi	dziesięciu	tysiącom	milionowi
Akk.	tysiąc	dziesięć	tysięcy	milion
Instr.	tysiącem	dziesięcioma	tysiącami	milionem
Lok.	tysiącu	dziesięciu	tysiącach	milionie

Bei zusammengesetzten Zahlen werden entweder alle Zahlen dekliniert oder nur die zuletzt stehenden Zehner und Einer, z. B.:

Wysłałem listy do tysiąca dwustu sześćdziesięciu siedmiu osób.

oder — *Ich habe Briefe an 1267 Personen geschickt.*

Wysłałem listy do tysiąc dwieście sześćdziesięciu siedmiu osób.

Die Grundzahl **jeden** als Bestandteil einer zusammengesetzten Zahl bleibt undekliniert, z. B.:

Byłem w trzydziestu jeden domach. — *Ich war in einunddreißig Häusern.*

6. Der Imperativ

Beim Richten einer Bitte, einer Aufforderung, eines Befehls oder eines Verbots (in verneinten Sätzen) an Personen, die der Sprecher duzt, wird die Form der 2. Pers. Sg. Imperativ gebraucht, z. B.:

posłuchać – posłuchaj!	pozwolić – pozwól!	witać – witaj!
powiedzieć – powiedz!	zobaczyć – zobacz!	wejść – wejdź!
wyobrażać – wyobraź!	pomyśleć – pomyśl!	patrzeć – patrz!
pomalować – pomaluj!	pokazać – pokaż!	chodzić – chodź!

Die Bildungsweise der Imperativformen wird eingehend unter 20C1 erklärt.

13D Übungen

1. *Welche Substantive verbinden Sie mit welcher Farbe?*

Beispiel: Pomidor jest czerwony.

jabłko	czerwony, -a, -e
ser	żółty, -a, -e
wino	biały, -a, -e
cukier	zielony, -a, -e
pomarańcza	pomarańczowy, -a, -e
banan	

2. *Bilden Sie die Imperativformen im Singular:*

Beispiel: Muszę zobaczyć to ogłoszenie.
Proszę, zobacz!

a) Muszę ci coś powiedzieć. b) Mogę pokazać wam całe mieszkanie. c) Chcę pomalować ściany na czerwono. d) Czy mogę wejść? e) Czy mogę popatrzeć na to ogłoszenie? f) Najpierw muszę pomyśleć. g) Teraz chcę posłuchać muzyki.

3. *Schreiben Sie die Grundzahlen in Worten und setzen Sie die Substantive und Adjektive in den richtigen Fall:*

a) Byłam w 22 (drogie mieszkania), ale tylko 3 (eleganckie mieszkania) podobały mi się. b) Przyjrzałam się 5 (nowe domy), ale wszystkie były za drogie. c) W 321 (krótkie ogłoszenia) nie było niczego dla mnie. d) Na lewo jest regał z 239 (interesujące książki). e) Tu stoi dom ze 145 (duże okna).

4. *Welche Verbform paßt zu welchen Subjekten?*

a) Ja, Monika, ...	pomagały
b) Ja, Paweł, i mój kolega Piotr ...	pomagałyśmy
c) Basia, Zosia i Jacek ...	pomagał
d) Państwo Holznerowie ...	pomagali
e) Jurek, czy ty ...?	pomagałam
f) Ania, Kasia i Nina ...	pomagałeś
g) Pan Muhr ...	pomagaliśmy
h) Katarzyna i mój kolega Paweł ...	
i) Ja, Helena, i moja znajoma Olga ...	

5. *Formen Sie die Sätze so um, daß die Personalendungen mit den Verben zusammengeschrieben werden:*

Beispiel: Szkoda, żeś tego nie widział.
Szkoda, że tego nie widziałeś.

a) Aleś zrobiła mi niespodziankę *(Überraschung)*! b) Szkoda, żeś nie przyszedł do nas wczoraj. c) Myśmy byli u was wczoraj, ale nikogo nie było w domu. d) Czyś nie widział tego mieszkania? e) Szkoda, żeś nie przeczytała tego ogłoszenia. f) Myśmy dali trzy ogłoszenia do gazety. g) Powiedz lepiej, coś znalazła.

6. *Bilden Sie Sätze:*

a) Ja, nowy, z, 12, pokój, mieć, dom, duży b) Państwo Kowalczukowie, ładnie, swoje, mieszkanie, bardzo, chcieć, nowe, urządzić c) Na, być, dwie, sypialnie, gościnny, małe, góra, i, pokój d) Na, znajdować się, dzienny, dół, na, kuchnia, a, prawo, na, pokój, lewo e) Chcieć, na, wszystkie, obejrzeć, parter, pomieszczenia.

7. *Schauen Sie sich den Plan der Wohnung an und beschreiben Sie sie:*

Na parterze/na dole są:
1. wejście
2. przedsionek
3. hall
4. pokój dzienny
5. kuchnia
6. W.C., toaleta
7. taras
8. jadalnia
9. garaż

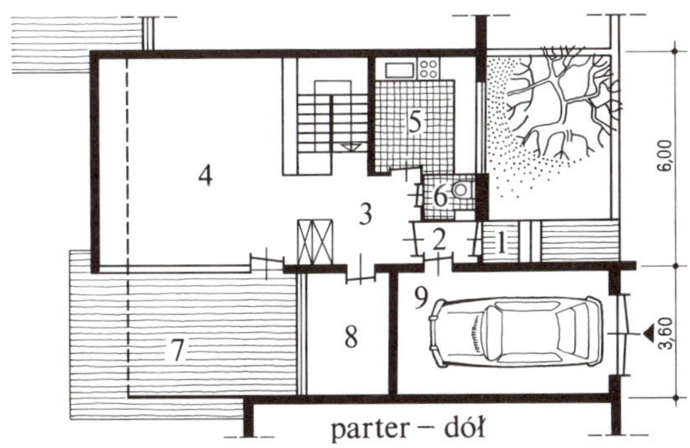

Na piętrze/na górze są:
10. hall
11. łazienka
12. pokój gościnny
13. balkon
14. sypialnia rodziców
15. sypialnia dzieci
16. sypialnia dziadków
17. pokój do pracy

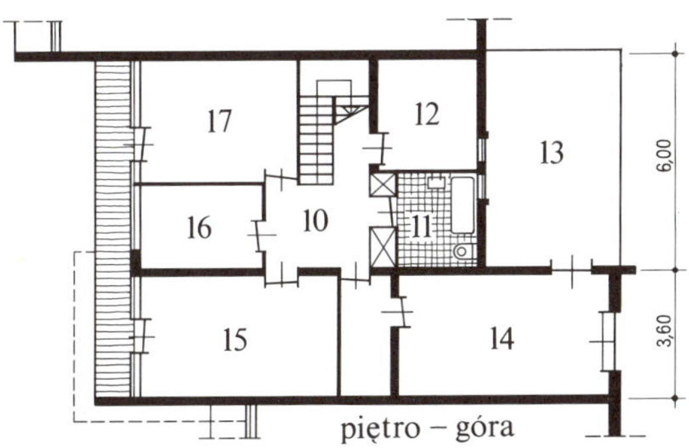

8. *Stellen Sie Ihrem Gesprächspartner Fragen zum Plan der Wohnung, den er gezeichnet hat. Gebrauchen Sie dabei die Wendungen* na dole/na parterze, na górze/na piętrze, na lewo/na prawo.

9. *Arbeiten Sie jetzt zu zweit. Während Sie Ihre Wohnung beschreiben, fertigt Ihr Gesprächspartner den Plan Ihrer Wohnung an. Nach Ihrer Beschreibung schauen Sie bitte nach, ob Ihr Partner alles richtig gezeichnet hat.*

10. *Zeigen Sie Ihrem Gast die Wohnung. Gebrauchen Sie dabei die Imperativformen* popatrz!, pozwól!, chodź! *usw.:*

Beispiel: Krysiu, popatrz na prawo. Tu jest kuchnia.
Teraz Krysiu pozwól na górę. Popatrz na lewo ...

11. *Sie kommen für zwei Jahre nach Polen, um bei einer deutsch-polnischen Firma zu arbeiten. Welche Wohnung würden Sie sich wünschen?*

12. *Berichten Sie darüber, wie Sie Ihre Wohnung einrichten würden.*

14A Text

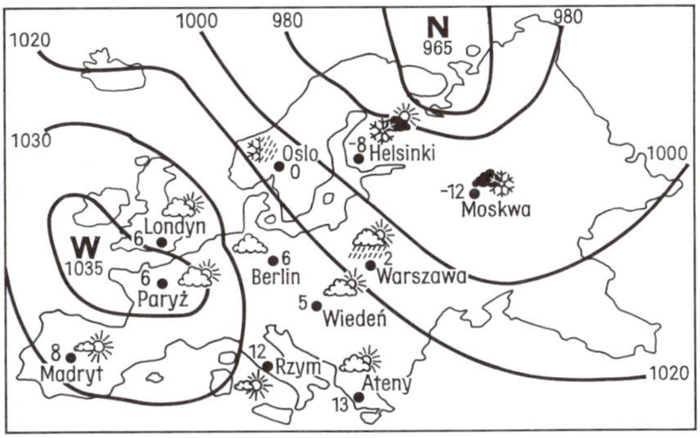

Czy będzie dzisiaj padało?

Wczoraj temperatura spadła poniżej 5 stopni Celsjusza. Najchłodniej było na północnym wschodzie, a najcieplej na południowym zachodzie. Warszawa była wczoraj jedną z najzimniejszych stolic europejskich. Najwyższe temperatury były w Atenach i Rzymie.

Po okresie chłodniejszych dni będziemy mieli nieco cieplejszą pogodę. Wyż znad Wielkiej Brytanii będzie przemieszczał się nad Polskę i powoli będzie wypierał niż znad północnej Norwegii.

Dzisiaj będzie do nas napływało cieplejsze powietrze z kierunków zachodnich. Temperatura maksymalna będzie wynosiła od 9 st. na północnym zachodzie do 7 st. na południowym wschodzie. Minimalna w nocy odpowiednio od 4 do 2 st. Ciśnienie wynosi obecnie 1005 hPa i będzie powoli rosło.

Na wschodzie będzie zachmurzenie na ogół duże z przelotnymi opadami deszczu. Po południu możliwe większe przejaśnienia. Na południu i w centrum zachmurzenie umiarkowane.

Możliwość przelotnych opadów i burz. Na północy zachmurzenie małe, bez opadów. Miejscami będzie świeciło słońce. Rano lokalne mgły. Wiatr umiarkowany, północno-zachodni. Pogoda będzie raczej sprzyjała wypoczynkowi, warto więc wybrać się w góry.

J. = Janek Z. = Zosia

J.: Zosiu, popatrz. Przedwczoraj padał jeszcze śnieg, a za chwilę będzie chyba padał deszcz.

Z.: Nieprawda, za chwilę będzie świeciło słońce.
J.: Skąd wiesz? Przecież jest mgła. Hm, w co tu się ubrać? Ile będzie dziś stopni? Zosiu, czy słyszałaś prognozę pogody na najbliższą niedzielę?
Z.: Tak. Pogoda będzie lepsza. Będzie mniejszy wiatr i cieplej niż wczoraj. Możesz spokojnie włożyć coś lżejszego, na przykład tę kurtkę i spodnie. Nie zapomnij też wziąć swetra. Jest cieplejszy od kurtki.
J.: Chyba jednak wezmę parasol. W górach będzie z całą pewnością padał deszcz.
Z.: A ja co mam na siebie włożyć?
J.: Weź coś cieplejszego. Będziemy dużo chodzili po górach.
Z.: Na drogę założę jednak sukienkę i płaszcz. Nie lubię zmiennej pogody. Trzeba się ciepło ubierać. Nie znoszę niskiego ciśnienia. Na wiosnę czuję się zawsze gorzej, jestem bardziej zmęczona. Najlepiej czuję się w lecie.
J.: Mnie zaś upał bardziej męczy. Najbardziej lubię zimę. Bardzo dobrze znoszę mróz. Czuję się wtedy wspaniale.
Z.: Dobrze już, dobrze. A czy zarezerwowałeś już hotel na jutro?
J.: Oj, będę musiał zaraz zadzwonić do hotelu.

padać *ipf.*	*regnen*
spaść *pf.*, spadnę, spadniesz	*sinken*
poniżej *Präp. + Gen.*	*unter*
stopień, stopnia *m*	*Grad*
chłodny, -a, -e	*kühl*
najchłodniej *Adv.*	*am kühlsten*
północny, -a, -e	*Nord..., nördlich*
wschód, wschodu *m*	*Osten*
na północnym wschodzie	*im Nordosten*
najcieplej *Adv.*	*am wärmsten*
południowy, -a, -e	*Süd..., südlich*
zachód, zachodu *m*	*Westen*
jedna z najzimniejszych	*eine der kältesten*
stolica, -cy *f*	*Hauptstadt*
europejski, -a, -ie	*europäisch*
najwyższy, -a, -e	*höchste(r)*
chłodniejszy, -a, -e	*kühler*
cieplejszy, -a, -e	*wärmer*
pogoda, -dy *f*	*Wetter*
wyż, -żu *m*	*Hoch(druck)*
znad *Präp. + Gen.*	hier: *von*
przemieszczać się *ipf.*	*sich verlagern*
nad *Präp. + Akk.*	*über*
wypierać *ipf.*	*verdrängen*
niż, -żu *m*	*Tief(druck)*
napływać *ipf.*	*(zu)strömen*
powietrze, -rza *n*	*Luft*
zachodni, -nia, -nie	*West..., westlich*
od ... do *Präp.*	*von ... bis*
st. = stopień	
odpowiednio *Adv.*	*entsprechend*
ciśnienie, -nia *n*	*(Luft-)Druck*
obecnie *Adv.*	*jetzt; gegenwärtig*
hPa = hektopascal	
rosnąć *ipf.*	hier: *steigen*
zachmurzenie, -nia *n*	*Bewölkung*
na ogół	*im allgemeinen*
przelotny, -a, -e	*vorübergehend*
opad, -du *m*	*Niederschlag*
deszcz, -czu *m*	*Regen*
możliwy, -a, -e	*möglich*
większy, -a, -e	*größer*
przejaśnienie *n*	*Aufheiterung*
południe, -nia *n*	*Süden*
umiarkowany, -a, -e	*gemäßigt*
możliwość, -ci *f*	*Möglichkeit*
burza, -rzy *f*	*Gewitter*
miejscami	*örtlich*

świecić *ipf.*	*scheinen*
lokalny, -a, -e	*örtlich, lokal*
mgła, -ły *f*	*Nebel*
wiatr, -ru *m*	*Wind*
sprzyjać *ipf.*	*günstig sein*
wypoczynek, wypoczynku *m*	*Erholung*
wybrać się w góry	*ins Gebirge fahren*
śnieg, -gu *m*	*Schnee*
za chwilę	*gleich*
nieprawda	*das ist nicht wahr*
skąd wiesz?	*woher weißt du das?*
ubrać się *pf.*, ubiorę się, ubierzesz się	*sich anziehen*
słyszeć *ipf.*, słyszę, słyszysz	*hören*
prognoza, -zy *f*	*Vorhersage*
najbliższy, -a, -e	*nächste(r)*
lepszy, -a, -e	*besser*
mniejszy, -a, -e	*kleiner*
niż	*als*
spokojnie *Adv.*	*ruhig*
włożyć *pf.*, włożę, włożysz	hier: *anziehen*
coś lżejszego	*etwas Leichteres*
kurtka, -ki *f*	*Windjacke*
spodnie, -ni *Pl.*	*Hose*
zapomnieć *pf.*, zapomnę, zapomnisz	*vergessen*
wziąć *pf.*, wezmę, weźmiesz	*(mit)nehmen*
parasol, -la *m*	*Regenschirm*
sweter, swetra *m*	*Pullover*
z całą pewnością	*ganz gewiß*
weź!	*nimm!*
droga, -gi *f*	*Weg*
na drogę	*für die Reise*
założyć *pf.*, założę, założysz	*anziehen; anlegen*
sukienka, -ki *f*	*Kleid*
płaszcz, -cza *m*	*Mantel*
zmienny, -a, -e	*veränderlich*
znosić *ipf.*, znoszę, znosisz	*vertragen*
niskie ciśnienie	*Tiefdruck*
czuć się *ipf.*, czuję się, czujesz się	*sich fühlen*
gorzej	*schlechter*
bardziej	*mehr*
zmęczony, -a, -e	*müde*
w lecie	*im Sommer*
upał, -łu *m*	*Hitze*
zima, -my *f*	*Winter*
mróz, mrozu *m*	*Frost*

14B Landeskunde – Sprachgebrauch

1. Länder- und Städtenamen

Das Geschlecht der Länder- und Städtenamen erkennt man wie bei allen Substantiven an ihrer Endung.

Niektóre państwa europejskie i ich stolice:

Austria, -rii *f*	Wiedeń, -dnia *m*	*Wien*	w Wiedniu
Niemcy, -miec *Pl.*	Berlin, -na *m*		w Berlinie
Wielka Brytania *f*	Londyn, -nu *m*	*London*	w Londynie
Hiszpania, -nii *f*	Madryt, -tu *m*	*Madrid*	w Madrycie
Francja, -cji *f*	Paryż, -ża *m*	*Paris*	w Paryżu
Włochy, Włoch *Pl.*	Rzym, -mu *m*	*Rom*	w Rzymie
Polska, -ki *f*	Warszawa, -wy *f*	*Warschau*	w Warszawie
Rosja, -sji *f*	Moskwa, -wy *f*	*Moskau*	w Moskwie

14B

Norwegia, -gii *f*	Oslo, - *n*		w Oslo
Finlandia, -dii *f*	Helsinki, -nek *Pl.*		w Helsinkach
Grecja, -cji *f*	Ateny, Aten *Pl.*	*Athen*	w Atenach

Niektóre miasta polskie:

Kraków, -owa *m*	*Krakau*	w Krakowie
Lublin, -na *m*		w Lublinie
Szczecin, -na *m*	*Stettin*	w Szczecinie
Gdańsk, -ka *m*	*Danzig*	w Gdańsku
Poznań, -nia *m*	*Posen*	w Poznaniu
Wrocław, -wia *m*	*Breslau*	we Wrocławiu
Białystok, Białegostoku *m*		w Białymstoku
Bydgoszcz, -czy *f*		w Bydgoszczy
Łódź, Łodzi *f*		w Łodzi
Krosno, -na *n*		w Krośnie
Katowice, -wic *Pl.*	*Kattowitz*	w Katowicach

Merke: Der Name Białystok besteht aus dem Adjektiv biały und dem Substantiv stok, die zwar zusammengeschrieben, jedoch einzeln gebeugt werden, z. B.: Gen. Białegostoku.

2. Himmelsrichtungen

północ

północny zachód — północny wschód

zachód — centrum — wschód

południowy zachód — południowy wschód

południe

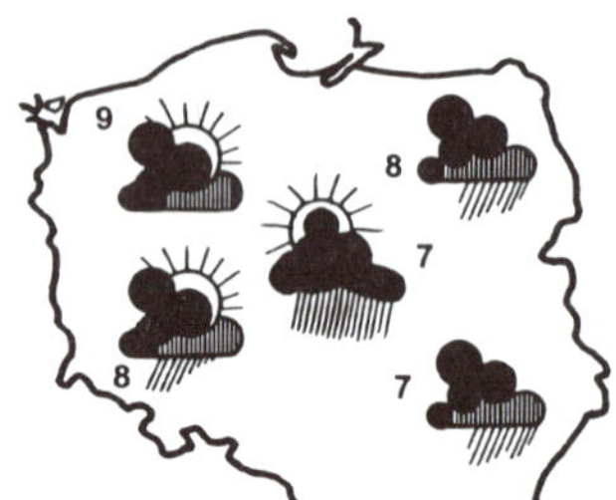

Merke: na północnym zachodzie — *im Nordwesten*
na północy — *im Norden*
na południowym wschodzie — *im Südosten*
na południu — *im Süden*

3. Wortschatz

Bitte verwechseln Sie nicht:

południe	*Süden*	na południu	*im Süden*
	Mittag	po południu	*am Nachmittag*
północ	*Norden*	na północy	*im Norden*
	Mitternacht	o północy	*um Mitternacht*

Merken Sie sich folgende Wendungen:

ubierać się	*sich anziehen*
W co (mam) się ubrać?	*Was soll ich anziehen?*
Co (mam) założyć?	*Was soll ich anziehen?*
Co (mam) na siebie włożyć?	*Was soll ich anziehen?*
Co ona/on ma na sobie?	*Was hat sie/er an?*
Co ona założyła na siebie?	*Was hat sie an(gezogen)?*
Co on włożył na siebie?	*Was hat er an(gezogen)?*

Pogoda	*Wetter*
pada deszcz	*es regnet*
pada śnieg	*es schneit*
pada grad	*es hagelt*
jest mżawka, mży	*es nieselt*

Pory roku	*Jahreszeiten*	Kiedy?	*Wann?*
wiosna	*Frühling*	na wiosnę, wiosną	*im Frühling*
lato	*Sommer*	w lecie, latem	*im Sommer*
jesień	*Herbst*	w jesieni, jesienią	*im Herbst*
zima	*Winter*	w zimie, zimą	*im Winter*

14C

14C Grammatik

1. Der Komparativ und der Superlativ der Adjektive

Der Komparativ der Adjektive wird mit Hilfe der Suffixe **-szy** und **-ejszy** gebildet.

Das Suffix **-szy** wird an den Stamm solcher Adjektive angefügt, die auf einen Konsonanten oder die Konsonantengruppe -st bzw. -rd auslautet.

słaby	sła**bszy**	
gęsty	gęst**szy**	*(dick)*
młody	młod**szy**	
twardy	tward**szy**	*(hart)*

Das Anfügen des Suffixes -szy verursacht den Konsonantenwechsel im Stamm: ł→l, g→ż, n→ń.

miły	mi**lszy**	
drogi	dro**ższy**	
tani	ta**ńszy**	

Manche Adjektive erfahren im Komparativ außerdem einen Stammvokalwechsel: ą→ę, o→e, a→e.

biały	bi**elszy**	
zielony	ziel**eńszy**	
gorący	gor**ętszy**	*(heiß)*

Adjektive, deren Stamm auf -k, -ok, -ek auslautet, verlieren im Komparativ -k-, -ok-, -ek-, wobei ein vor diesen Endungen stehendes s zu ż wird.

szybki	szy**bszy**	
głęboki	głę**bszy**	
daleki	da**lszy**	*(weit)*
wysoki	wy**ższy**	*(hoch)*

Das Suffix **-ejszy** wird dagegen an einen Stamm mit mehr als einem Konsonanten (ausgenommen die Konsonantengruppe -rd, -st) angehängt. Dabei wird der vorangehende Konsonant erweicht.

zimny	zim**niejszy**
ciepły	ciep**lejszy**
jasny	ja**śniejszy**
ciemny	ciem**niejszy**

Folgende Adjektive bilden einen unregelmäßigen Komparativ:

duży, wielki	większy
mały	mniejszy
dobry	lepszy
zły	gorszy
lekki	lżejszy

Adjektive, die von Partizipien (zmęczony, umiarkowany) und von Substantiven (lokalny) abgeleitet werden, und einige andere Adjektive (obcy, chory *krank*) bilden den sog. umschreibenden Komparativ. Zu diesem Zweck wird das Adverb **bardziej** vor das Adjektiv gestellt.

Na wiosnę jestem bardziej zmęczona. *Im Frühling bin ich müder.*

Das Adverb **bardziej** wird zum Vergleich auch vor die Verben gesetzt.

Mnie lato bardziej męczy. *Der Sommer macht mich müder.*

Der Superlativ des Adjektivs wird vom Komparativ mit Hilfe des Präfixes **naj-** gebildet.

Positiv	*Komparativ*	*Superlativ*
chłodny	chłodniejszy	**naj**chłodniejszy
ciepły	cieplejszy	**naj**cieplejszy
wysoki	wyższy	**naj**wyższy
dobry	lepszy	**naj**lepszy
bardzo *Adv.*	bardziej	**naj**bardziej

Merke: Die Adjektive im Komparativ und im Superlativ werden wie die Adjektive im Positiv dekliniert.

2. Der Vergleich

Beim Vergleich im Komparativ wird das deutsche „als" durch die Konjunktion **niż** + **Nominativ** oder die Präposition **od** + **Genitiv** wiedergegeben.

Lato jest cieplejsze od zimy/niż zima.	*Der Sommer ist wärmer als der Winter.*
Sweter jest cieplejszy od kurtki/niż kurtka.	*Der Pullover ist wärmer als die Windjacke.*

In der Konstruktion bardziej + Verb gebraucht man die Konjunktion **niż**.

Bardziej lubię mróz niż upał. *Ich habe Frost lieber als Hitze.*

Im Superlativ steht das Vergleichsobjekt mit der Präposition **z** + **Genitiv**.

Lato jest najpiękniejszą porą roku ze wszystkich pór.	*Der Sommer ist die schönste Jahreszeit von allen.*
Warszawa była wczoraj jedną z najzimniejszych stolic w Europie.	*Warschau war gestern eine der kältesten Hauptstädte in Europa.*

3. Das Futur imperfektiver Verben (Fortsetzung)

Imperfektive Verben können das zusammengesetzte Futur noch anders bilden. Anstelle des Infinitivs des imperfektiven Verbs wird die 3. Person Präteritum gesetzt.

			Singular			
	Maskulinum		*Femininum*		*Neutrum*	
(ja)	będę	pisał	będę	pisała		
(ty)	będziesz	pisał	będziesz	pisała		
(on)	będzie	pisał				
(ona)			będzie	pisała		
(ono)					będzie	pisało

		Plural		
	Personalform		*Sachform*	
(my)	będziemy	pisali	będziemy	pisały
(wy)	będziecie	pisali	będziecie	pisały
(oni)	będą	pisali		
(one)			będą	pisały

Beide Formen des zusammengesetzten Futurs sind gleichwertig und können ohne Bedeutungsunterschied gebraucht werden. Das Verb **mieć** und die Modalverben bilden das Futur jedoch ausschließlich mit der Vergangenheitsform.

Będziemy mieli piękną pogodę.	*Wir werden schönes Wetter haben.*
Będę musiała włożyć ciepły sweter.	*Ich werde einen warmen Pullover anziehen müssen.*
Będę mógł wybrać się w góry.	*Ich werde ins Gebirge fahren können.*

14D Übungen

1. *Entscheiden Sie, wo ein Adverb und wo ein Adjektiv einzutragen ist:*

a) Dziś jest ... Dziś jest ... dzień. (zimny/zimno) b) W niedzielę będzie ... padało. We wtorek też będzie ... zachmurzenie. (duże/dużo) c) Czy jutro będzie ...? ... powietrze napływa znad morza. (ciepłe/ciepło) d) Czy wczoraj było ...? Tak, wczoraj był ... dzień. (ładny/ładnie) e) Latem można się ... ubierać. Najlepiej czuję się, gdy jest ... mróz. (lekki/lekko) f) Czy dzisiaj będzie ...? Tak dzisiaj będzie ... wieczór. (chłodny/chłodno).

2. *Welche Adjektive passen zu den in der Tabelle aufgelisteten Substantiven? Tragen Sie die Adjektive mit entsprechenden Endungen in eine Tabelle ein:*

wiatr	temperatura	opady
mgła	zachmurzenie	pogoda
ciśnienie	powietrze	wyż

zimny, -a, -e
przelotny, -a, -e
ciepły, -a, -e
duży, -a, -e
niski, -a, -ie
lokalny, -a, -e
umiarkowany, -a, -e
minimalny, -a, -e
chłodny, -a, -e
mały, -a, -e
maksymalny, -a, -e
wysoki, -a, -ie

3. *Bilden Sie den Komparativ:*

a) Dziś jest ciepło, ale jutro będzie jeszcze ... b) W Krakowie jest chłodno, ale w Białymstoku jest jeszcze ... c) Ciśnienie w Łodzi jest niskie, ale we Wrocławiu jest jeszcze ... d) Na południu jest zimno, ale na północy jest jeszcze ... e) Dziś jest zachmurzenie duże, ale w niedzielę będzie jeszcze ... f) W Oslo ciśnienie jest wysokie, ale w Moskwie jest jeszcze ...

4. *Bilden Sie den Superlativ:*

Beispiele: W Moskwie jest bardzo mroźno *(frostig)*. Tak, Moskwa jest najmroźniejszą ze wszystkich stolic.
W Atenach jest bezchmurnie *(wolkenlos)*. Tak, Ateny są najbardziej bezchmurne ze wszystkich stolic.

a) W Madrycie jest ciepło. b) W Londynie jest chłodno. c) W Helsinkach jest zimno. d) W Warszawie jest deszczowo *(regnerisch)*. e) W Rzymie jest słonecznie *(sonnig)*. f) W Oslo jest pięknie. g) W Berlinie jest pochmurno *(bewölkt)*.

5. *Setzen Sie ins Futur:*

Beispiel: Dzisiaj rano bardzo padało.
Jutro rano będzie bardzo padało.

a) Dzisiaj rano była mgła. b) Potem mieliśmy małe zachmurzenie. c) Po południu świeciło słońce. d) Było dość ciepło. e) Temperatura wynosiła 15 stopni. f) Był lekki wiatr z północnego zachodu. g) Po południu padał deszcz. h) Ciśnienie wynosiło 999 hPa. i) Pogoda sprzyjała wypoczynkowi.

6. *Übersetzen Sie ins Polnische:*

a) Im Süden ist es warm. b) Am Vormittag wird der Luftdruck steigen. c) Im Norden wird es etwas kühler sein. d) Gegen Mitternacht will ich noch einmal den Wetterbericht für morgen hören. e) Im Norden gibt es viele schöne Städte. f) Vor Mitternacht kann ich nie schlafen.

7. *Antworten Sie auf folgende Fragen zur Wetterkarte:*

a) Ile stopni jest w Oslo, Helsinkach, Madrycie ...? b) Jakie ciśnienie jest w Warszawie, Berlinie, Moskwie ...? c) Gdzie pada deszcz? d) Gdzie pada śnieg? e) Gdzie świeci słońce? f) W której stolicy jest najzimniej? g) W której stolicy jest najcieplej? h) W których stolicach jest ujemna *(Minus ...)* temperatura? i) W których stolicach jest dodatnia *(Plus ...)* temperatura? j) Gdzie jest najładniejsza pogoda i dlaczego?

8. *Schauen Sie sich die Wetterkarte von Europa noch einmal an, und sagen Sie, welche Jahreszeit sie darstellt. Begründen Sie Ihre Meinung.*

9. *Schauen Sie sich die Wetterkarte von Europa an und beschreiben Sie das Wetter in einer ausgewählten Hauptstadt. Ihr Gesprächspartner soll dann sagen, um welche Hauptstadt es sich handelt.*

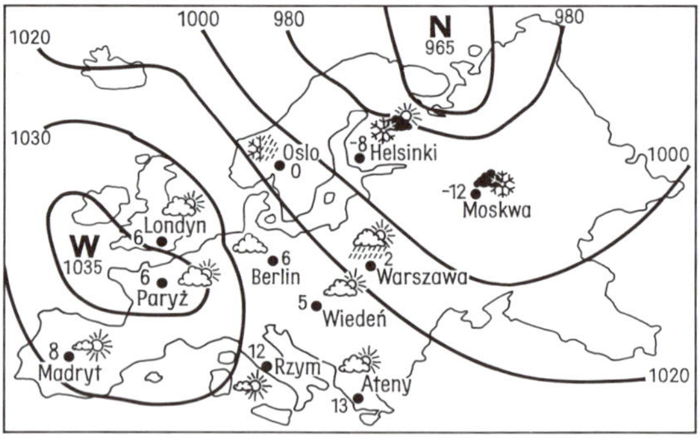

10. *Welche Jahreszeiten stellen die vier Wetterkarten dar?*

Beschreiben Sie das Wetter in Polen anhand der Wetterkarten. Ihr Nachbar soll dann sagen, welche Wetterkarte Ihrem Wetterbericht entspricht.

Beschreiben Sie nun kurz, welche Jahreszeit Sie am liebsten haben und warum.

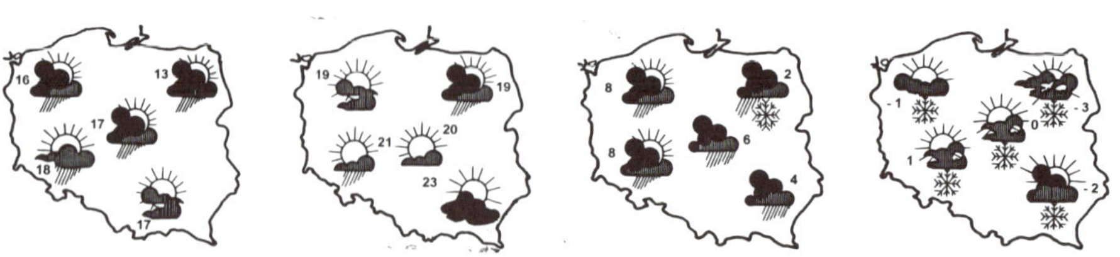

11. *Schauen Sie sich die nebenstehende Wetterkarte an und tragen Sie für einzelne Städte entsprechende Angaben ein. Anhand der so angefertigten Tabelle erstellen Sie dann den Wetterbericht für jede Stadt:*

Beispiel:
W Gdańsku jest zachmurzenie duże. Pada deszcz. Temperatura wynosi plus dwa stopnie Celsjusza. Wiatr jest słaby, północno-zachodni.

Miasto	zachmurzenie małe	zachmurzenie umiarkowane	zachmurzenie duże	deszcz	śnieg	mżawki	mgły	burze	temperatura	kierunek wiatru
Gdańsk			x	x					2	półn.-zach.
Szczecin										
Bydgoszcz										
Warszawa										
Wrocław										
Kraków										
Krosno										

15A

15A Text

Czas pomyśleć o wypoczynku

J. = Janek
Z. = Zosia
N. = Nieznajomy
R. = Recepcjonistka

J.: Muszę zadzwonić do hotelu i zamówić dla nas jakiś odpowiedni pokój. Zosiu, nie wiesz, jaki to był numer?
Z.: O, tu mam numer, proszę.
J.: Niestety, numer jest zajęty. Wybiorę jeszcze raz.
N.: Halo, słucham.
J.: Halo, czy to hotel „Giewont"?
N.: Halo, kto mówi? To chyba pomyłka.
J.: Słucham? Proszę mówić głośniej, nic nie słyszę. Pomyłka? Och, przepraszam bardzo.
Z.: Daj mi. Ja spróbuję ... Hotel „Giewont"? To świetnie. Proszę z recepcją.
R.: Dzień dobry. Hotel „Giewont". Słucham panią?
Z.: Tu mówi Zielińska. W ubiegłym tygodniu byliśmy z mężem gośćmi u państwa. Chciałabym także na ten weekend zarezerwować noclegi.
R.: Pani Zielińska? Tak, przypominam sobie. Ale to chyba nie było w zeszłym tygodniu, tylko dwa tygodnie temu. Mam dla państwa dwie komfortowe jedynki.
Z.: Dwa pokoje jednoosobowe? Ale myśmy chcieli jeden pokój dwuosobowy.
R.: Niestety pokoje dwuosobowe z łazienką są już zajęte. Chyba, że odpowiada państwu dwójka z prysznicem, ale za to z pięknym widokiem na Tatry.
Z.: A ile kosztuje ten pokój?
R.: Jest dużo tańszy. Za dobę łącznie ze śniadaniem płaci pani pięćset pięćdziesiąt pięć tysięcy złotych.
Z.: Wobec tego biorę ten pokój.
R.: Na jak długo?
Z.: Na trzy dni. Zaraz, proszę mi powiedzieć, którego dziś mamy. Dwudziestego, czy dwudziestego pierwszego?

R.: Dzisiaj jest 21. marca.
Z.: Dobrze więc, proszę zarezerwować pokój od jutra, to jest od 22. do 25. marca włącznie.
R.: Wobec tego trzymam dla państwa ten pokój do jutra do godziny 19^{oo}.
Z.: Dziękuję pani bardzo i do widzenia.

* * *

Z.: Janku, musimy wobec tego już jechać, żeby zdążyć na pociąg.
J.: To świetnie. Wiesz, powinniśmy przy tej okazji porozmawiać o urlopie, żeby nie było za późno. Wolisz spędzić urlop w kraju czy pojechać za granicę?
Z.: Wolałabym w tym roku spędzić urlop w kraju. Chciałabym pojechać nad morze, żeby dobrze wypocząć. Nie wiem tylko, co ty na to powiesz.

J.: Zosiu, a kiedy ty masz urlop?
Z.: Już ci mówiłam. Od 12. lipca do 8. sierpnia.
J.: Ja niestety nie mogę wziąć urlopu w lipcu. Wolałbym pojechać nad Bałtyk dopiero w pierwszej połowie sierpnia.
Z.: Ostatecznie mogę przesunąć swój urlop na cały sierpień.
J.: A nie chciałabyś pojechać w drugiej połowie września lub na początku października na tydzień na Mazury? Wolałbym podzielić urlop tak, abyśmy mogli pojechać w grudniu jeszcze na tydzień w Karkonosze.
Z.: Zgoda, jeśli zabierzesz mnie w przyszłym tygodniu lub za dwa tygodnie do Puszczy Białowieskiej. Pamiętasz, kiedy tam byliśmy ostatnio?
J.: Ależ oczywiście. To było w zeszłym roku.

15A

zajęty, -a, -e	*besetzt*
wybrać *pf.* numer, wybiorę, wybierzesz	*eine Nummer wählen*
nieznajomy, -ego *m*	*Unbekannte(r)*
słucham	hier: *bitte*
pomyłka, -ki *f*	*Irrtum*
to chyba pomyłka	*Sie sind wohl falsch verbunden*
słucham?	*wie bitte?*
głośno *Adv.*	*laut*
daj mi!	*gib mir*
recepcja, -cji *f*	*Rezeption*
recepcjonistka, -ki *f*	*Empfangschefin*
ubiegły, -a, -e	*vorige(r)*
weekend, -du *m*	*Wochenende*
przypominać sobie *ipf.*, przypominam sobie, przypominasz sobie	*(sich) erinnern*
zeszły, -a, -e	*vorige(r)*
dwa tygodnie temu	*vor zwei Wochen*
jedynka, -ki *f*	hier: *Einbettzimmer*
pokój jednoosobowy	*Einzelzimmer*
pokój dwuosobowy	*Doppelzimmer*
myśmy chcieli = my chcieliśmy	
chyba, że ...	*es sei denn ...*
odpowiadać *ipf.*	hier: *entsprechen*
dwójka, -ki *f*	hier: *Zweibettzimmer*
prysznic, -ca *m*	*Dusche*
za to	*dafür*
widok, -ku *m*	*Aussicht*
Tatry, Tatr *Pl.*	*Tatra*
doba, -by *f*	*24 Stunden*
łącznie ze śniadaniem	*inklusive Frühstück*
brać *ipf.*, biorę, bierzesz	*nehmen*
na jak długo?	*für wie lange?*
zaraz *Adv.*	hier: *Moment mal*
którego dziś mamy?	*welchen Tag haben wir heute?*
marzec, marca *m*	*März*
od jutra	*ab morgen*
włącznie *Adv.*	*einschließlich*
trzymać *ipf.*, trzymam, trzymasz	*freihalten*
żeby	*daß, damit, um ... zu*
zdążyć *pf.*, zdążę, zdążysz	hier: *zur rechten Zeit kommen*
pociąg, -gu *m*	*Zug*
zdążyć na pociąg	*den Zug erreichen*
okazja, -zji *f*	*Gelegenheit*
przy tej okazji	*bei dieser Gelegenheit*
urlop, -pu *m*	*Urlaub*
woleć, wolę, wolisz	*vorziehen, lieber haben*
spędzić *pf.*, spędzę, spędzisz	*verbringen*
kraj, -ju *m*	*Land*
pojechać za granicę	*ins Ausland fahren*
granica, -cy *f*	*Grenze*
wolałabym, wolałbym	*ich würde eher*
morze, -rza *n*	*Meer, See*
wypocząć *pf.*, wypocznę, wypoczniesz	*sich erholen, ausruhen*
co ty na to powiesz	*was du dazu sagen wirst*
kiedy	*wann*
lipiec, lipca *m*	*Juli*
sierpień, sierpnia *m*	*August*
Bałtyk, -ku *m*	*Ostsee*
połowa, -wy *f*	*Hälfte*
ostatecznie *Adv.*	*schließlich*
przesunąć *pf.*, przesunę, przesuniesz	hier: *verlegen*
cały, -a, -e	*ganz*
początek, początku *m*	*Anfang*
październik, -ka *m*	*Oktober*
na tydzień	*für eine Woche*
Mazury, Mazur *Pl.*	*Masuren;* hier: *an die Seen*
podzielić *pf.*, podzielę, podzielisz	*(ein)teilen*
abyśmy (aby + śmy)	*daß, damit*
grudzień, grudnia *m*	*Dezember*
Karkonosze, -szy *Pl.*	*Riesengebirge*
zabrać *pf.*, zabiorę, zabierzesz	hier: *mitnehmen*
przyszły, -a, -e	*nächste(r)*
puszcza, -czy *f*	*Urwald*
pamiętać *ipf.*, pamiętam, pamiętasz	*sich erinnern; sich merken*
ostatnio *Adv.*	*letztens; letztes Mal*

15B Landeskunde – Sprachgebrauch

1. Telefonieren

Muszę zadzwonić do Krakowa.	*Ich muß in Krakau anrufen.*
Jaki jest numer kierunkowy do Krakowa?	*Wie ist die Vorwahl von Krakau?*

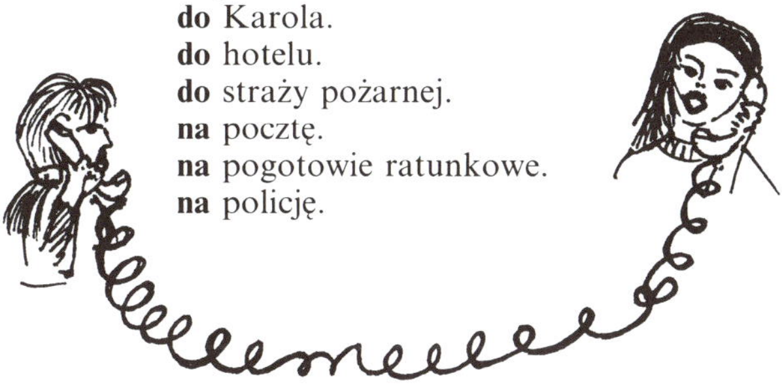

Muszę zadzwonić ...	*Ich muß ... anrufen.*
do Karola.	*Karl*
do hotelu.	***im** Hotel*
do straży pożarnej.	***bei** der Feuerwehr*
na pocztę.	***bei** der Post*
na pogotowie ratunkowe.	***bei** der Rettungsstation*
na policję.	***bei** der Polizei*

2. Monatsnamen

Für die Monatsnamen verwendet man im Polnischen nicht wie im Deutschen die ursprünglich lateinischen, sondern die alten slawischen Bezeichnungen:

styczeń, stycznia	*Januar*	lipiec, lipca	*Juli*
luty, -ego	*Februar*	sierpień, sierpnia	*August*
marzec, marca	*März*	wrzesień, września	*September*
kwiecień, kwietnia	*April*	październik, -ka	*Oktober*
maj, -ja	*Mai*	listopad, -da	*November*
czerwiec, czerwca	*Juni*	grudzień, grudnia	*Dezember*

3. Zeitangaben

Um das Datum auszudrücken, gebraucht man im Polnischen folgende Sätze:

Który jest dzisiaj?	*Der wievielte ist heute?*
Dzisiaj jest sobota 1. (pierwszy) lutego 1993 r. (tysiąc dziewięćset dziewięćdziesiątego trzeciego roku)	*Heute ist Samstag, der 1. Februar 1993.*

15B

Którego mamy dzisiaj?	*Den wievielten haben wir heute?*
Dzisiaj mamy sobotę 1. (pierwszego) lutego 1993 r.	*Heute haben wir Samstag, den 1. Februar 1993.*
Który był wczoraj?	*Der wievielte war gestern?*
Wczoraj był 31. (trzydziesty pierwszy) stycznia 1993 r.	*Gestern war der 31. Januar 1993.*
Który będzie/jest jutro?	*Der wievielte ist morgen?*
Jutro będzie/jest 2. (drugi) lutego 1993 r.	*Morgen ist der 2. Februar 1993.*

Merke: Bei der Jahresangabe gebraucht man im Polnischen für die Zehner und Einer Ordnungszahlen. Nur diese werden dekliniert.

Zur Bezeichnung eines bestimmten Datums wird der ganze Ausdruck in den Genitiv gesetzt:

Kiedy masz urlop?	*Wann hast du Urlaub?*
Mam urlop od wtorku 10. (dziesiątego) lipca do soboty 5. (piątego) sierpnia.	*Ich habe Urlaub von Dienstag, dem 10. Juli, bis zum Samstag, dem 5. August.*
Kiedy wyjeżdżamy nad morze?	*Wann fahren wir an die See?*
Nad morze wyjeżdżamy w środę 15. (piętnastego) lipca.	*An die See fahren wir am Mittwoch, dem 15. Juli.*
Kiedy się to wydarzyło?	*Wann ist das passiert?*
To było w niedzielę 30. 11. 1989 r. (trzydziestego pierwszego listopada tysiąc dziewięćset osiemdziesiątego dziewiątego roku)	*Das war am Sonntag, dem 30. 11. 1989.*

Beachten Sie, daß die Präposition **w** *in* bei Wochentagen mit dem Akkusativ, bei anderen Zeitbestimmungen mit dem Lokativ steht.

w Akkusativ	*w Lokativ*
w poniedziałek	w marcu/we wrześniu
w ten czwartek	w tym miesiącu
w najbliższy wtorek	w najbliższym miesiącu
w przyszłą środę	w przyszłym roku
w zeszły piątek	w zeszłym miesiącu
w ubiegłą niedzielę	w ubiegłym roku

Merken Sie sich noch folgende Wendungen:

do jutra	*bis morgen*	od jutra	*ab morgen*
do wczoraj	*bis gestern*	od wczoraj	*seit gestern*
dwa tygodnie temu	*vor 2 Wochen*	za dwa tygodnie	*in 2 Wochen*

4. Ortsbestimmung

Achten Sie bei der Ortsbestimmung immer darauf, daß sich die Präpositionen mit verschiedenen Kasus verbinden. Die Verwendung der Präpositionen im Polnischen und im Deutschen erfolgt nicht immer nach denselben Regeln. Die Präpositionen **w** *in,* **na** *in, auf,* **nad** *an* stehen mit zwei Kasus.

Richtung: dokąd? *wohin?*			*Ort:* gdzie? *wo?*		
W tym roku pojedziemy...			W tym roku urlop spędzimy ...		
nad	Morze Bałtyckie/ Bałtyk	*Akk.*	nad	Morzem Bałtyckim/ Bałtykiem	*Instr.*
na	Mazury	*Akk.*	na	Mazurach	*Lok.*
do	Puszczy Białowieskiej	*Gen.*	w	Puszczy Białowieskiej	*Lok.*
w	Tatry	*Akk.*	w	Tatrach	*Lok.*
w	Karkonosze	*Akk.*	w	Karkonoszach	*Lok.*

15C Grammatik

1. Die Konjunktivformen der Verben „chcieć" und „woleć"

Die Konjunktivformen der Verben **chcieć** *wollen, mögen* und **woleć** *vorziehen* dienen dem höflicheren Ausdruck des Wollens/Vorschlags und der Bevorzugung.

Nachstehend werden einige Konjunktivformen von chcieć und woleć angegeben:

	weibliche Person		*männliche Person*	
(ja)	chciała**bym**	wolała**bym**	chciał**bym**	wolał**bym**
(ty)	chciała**byś**	wolała**byś**	chciał**byś**	wolał**byś**
pani	chciała**by**	wolała**by**		
pan			chciał**by**	wolał**by**
państwo	chcieli**by**	woleli**by**		

Das Verb **woleć** tritt oft mit der Konjunktion **niż** *als* in Aussagesätzen bzw. mit der Partikel **czy** *oder* in Fragesätzen auf.

Wolisz spędzić urlop w kraju czy pojechać za granicę?	*Würdest du deinen Urlaub lieber im Inland verbringen oder eher ins Ausland fahren?*
Wolałbym pojechać na Mazury niż nad morze.	*Ich würde eher nach Masuren als an die See fahren.*

2. Der Objektsatz

Viele Verben und prädikative Ausdrücke verlangen als Ergänzung einen Nebensatz, der als Objektsatz bezeichnet wird. Am häufigsten leitet die Konjunktion **że** *daß* einen Objektsatz ein (vgl. 5C). Bei Verben, die Unsicherheit oder Unkenntnis ausdrücken, können Objektsätze auch mit der Fragepartikel **czy** *ob*, einem Fragepronomen (**jaki** *was für ein*, **gdzie** *wo*, **co** *was*) oder sogar mit dem Relativpronomen **który** *welcher* eingeleitet werden.

Nie mogę sobie przypomnieć, jaki to był numer.	*Ich kann mich nicht mehr daran erinnern, welche Nummer das war.*
Zosiu, nie wiesz, gdzie jest książka telefoniczna.	*Zofia, weißt du vielleicht, wo das Telefonbuch ist.*
Nie wiem tylko, co ty na to powiesz.	*Ich weiß nur nicht, was du dazu sagen wirst.*
Proszę mi powiedzieć, którego dziś mamy.	*Bitte sagen Sie mir, welchen Tag wir heute haben.*

3. Der Finalsatz

Der Finalsatz drückt eine Absicht, einen Zweck, ein Ziel aus und wird im Polnischen mit den Konjunktionen **żeby, aby, by** *damit* eingeleitet. Das Polnische kennt keine Infinitivkonstruktion „um … zu". Wenn das Subjekt des Nebensatzes mit dem logischen Subjekt identisch ist, wird es nicht mehr gebraucht, und an die Stelle der Personalform des Verbs kommt sein Infinitiv. Der Finalsatz antwortet auf die Fragen **po co?** *wozu?*, **w jakim celu?** *zu welchem Zweck?*

Musimy już jechać, żeby zdążyć na pociąg.	*Wir müssen schon fahren, um rechtzeitig zum Zug zu kommen.*
Chciałabym pojechać nad morze, żeby dobrze wypocząć.	*Ich möchte an die See fahren, um mich gut zu erholen.*
Powinniśmy teraz porozmawiać o urlopie, żeby nie było za późno.	*Wir sollten jetzt über den Urlaub sprechen, damit es nicht zu spät wird.*
Wolałbym podzielić urlop, abyśmy mogli pojechać jeszcze w góry.	*Ich würde den Urlaub so einteilen, daß wir noch ins Gebirge fahren könnten.*

15D Übungen

1. *Wählen Sie die richtigen Zeitbestimmungen (mehrere sind möglich) und tragen Sie sie in die Lücken ein:*

do wtorku włącznie, od zeszłego czwartku, w drugiej połowie października, za dwa tygodnie, do końca lipca, od wczoraj, dwa tygodnie temu, od dwóch tygodni, w sierpniu, na jeden rok

a) ... będę miał urlop. b) ... byliśmy w górach. c) Do kiedy jesteś na urlopie? ... d) ... mam urlop. e) ... czuję się bardzo zmęczona. f) Wyjeżdżam za granicę ... g) ... będę miała gości z Austrii.

2. *Sagen Sie das Datum bzw. die Termine:*

a) Dzisiaj jest 26. 05. 1992 r. b) Mam urlop od czwartku 28. 08. do wtorku 17. 09. 1993 r. c) Wczoraj był 31. 12. 1989 r. d) Dziś mamy środę, 03. 06. 1993 r. e) Jutro będzie 15. 03. 1993 r. f) W sobotę, 06. 01. 1994 r. wyjeżdżam w góry. g) Urodziłam się *(ich bin geboren)* dnia 14. 04. 1967 r. h) Dzisiaj mamy 28. 02. 1992 r.

3. *Antworten Sie auf die Fragen:*

Beispiel: Czy chciał(a)by Pan(i) zwiedzić Kraków? (Warszawa)
Nie, wolał(a)bym pojechać najpierw do Warszawy.

a) Czy chciał(a)by Pan(i) zobaczyć Puszczę Białowieską? (Tatry) b) Czy chciał(a)by Pan(i) pojechać na urlop nad Bałtyk? (Mazury) c) Czy chciał(a)by Pan(i) zwiedzić Warszawę? (Białystok) d) Czy chciał(a)by Pan(i) spędzić urlop w Tatrach? (Puszcza Białowieska) e) Czy chciał(a)by Pan(i) pojechać w Karkonosze? (Bałtyk)

4. *Bilden Sie Nebensätze aus den Wörtern in Klammern:*

a) Nie wiem, (tym, pojadę, dokąd, w, na, roku, urlop). b) Proszę mi powiedzieć, (numer, do, jaki, jest, kierunkowy, Niemiec). c) Czy nie wiesz przypadkiem, (kosztuje, z łazienką, ile, pokój)? d) Nie mogę sobie przypomnieć, (spędziliśmy, 1989 r., gdzie, urlop, w). e) Pamiętam natomiast *(dagegen)* dobrze, (na, byliśmy, w, urlopie, gdzie, 1990 r.). f) Czekam tylko, (ty, to, co, na, powiesz).

5. *Was paßt zusammen?*

a) Zadzwonię do hotelu,	żeby nie spóźnić się na autobus.
b) Chciałabym komfortowy pokój,	żeby wiedzieć, jaka będzie pogoda na weekend.
c) Musimy wziąć ciepłe ubranie,	żeby sprawdzić numer kierunkowy do Zakopanego.
d) Chcę posłuchać radia,	abyśmy dobrze wypoczęli.
e) Powiedz mi,	aby zamówić pokój na weekend.
f) Już musimy wyjść,	którego dziś mamy.
g) Szukam książki telefonicznej,	ponieważ w górach jest zimno.

6. *Setzen Sie die in Klammern angegebenen Adjektive in der richtigen Form ein:*

a) Zosia i Janek chcą zarezerwować ... (niedrogi) pokój w ... (nieduży) hotelu. b) W hotelu są ... (wolny) tylko pokoje ... (jednoosobowy). c) Oni woleliby mieszkać w pokoju ... (dwuosobowy). d) W ... (komfortowy) pokojach jest zawsze łazienka. e) Ale niestety wszystkie ... (komfortowy) pokoje są już ... (zajęty). f) Pokój, który wzięli, jest tylko z prysznicem, ale za to z ... (piękny) widokiem na ... (wysoki) góry. g) Dzisiaj jest ... (ładny) pogoda. h) Zosia i Janek idą na ... (długi) spacer.

7. *Antworten Sie auf die Fragen und begründen Sie Ihre Meinung:*

a) Którą porę roku lubi Pan(i) najbardziej? b) Która pora roku jest najlepsza na urlop? c) Której pory roku Pan(i) nie lubi? d) Jaką pogodę lubi Pan(i) najbardziej? e) Jak się Pan(i) czuje, gdy pada deszcz? f) Czy lubi Pan(i), kiedy świeci słońce?

8. *Erzählen Sie Ihrem Gesprächspartner, was Sie in der kommenden Woche machen.*

Beispiel: W przyszły/ten/najbliższy wtorek pójdę na zakupy i do kina.

9. *Eine Woche später treffen Sie Ihren Freund und erzählen ihm, was Sie letzte Woche gemacht haben:*

Beispiel: W zeszły/ubiegły wtorek byłem/byłam w kinie i w muzeum.

10. *Setzen Sie passende Präpositionen in die Lücken ein. Gebrauchen Sie die in Klammern stehenden Substantive im richtigen Fall:*

a) Muszę jeszcze zadzwonić ... (dworzec). b) Nie wiem, jaki jest numer ... (hotel). c) Czy znasz numer ... (policja)? d) Wiem tylko, jaki jest numer ...

(pogotowie ratunkowe). e) Chciałbym jeszcze zadzwonić ... (Andrzej). f) Proszę mi podać numer kierunkowy ... (Węgry). g) Numer kierunkowy ... (Katowice) jest 832.

11. *Übersetzen Sie ins Deutsche:*

a) Czy to hotel „Merkury"? – Tak, słucham panią. b) Słucham? Co pani powiedziała? c) Proszę mówić głośniej, nic nie słyszę. d) Słyszałam, że mają państwo wolne pokoje. e) Przypomnij mi, że mam zadzwonić do Janka. f) Pamiętasz, gdzie byliśmy w zeszłym roku?

12. *Fragen Sie Ihre Gesprächspartner zum Thema Urlaub. Fertigen Sie eine Tabelle an, in die Sie die Antworten eintragen:*

kto? (imię)	kiedy?	na jak długo?	dokąd?	czym?
Helga Peter ...	w lipcu ...	na 2 tygodnie ...	w Tatry ...	autem ...

13. *Berichten Sie über Ihre Urlaubspläne in diesem Jahr.*

14. *Rufen Sie im Hotel „Giewont" an und bestellen Sie ein Zimmer für ein paar Tage.*

16A

16A Text

W podróży

K. = Krystyna
T. = Taksówkarz
Kas. = Kasjerka
Tad. = Tadeusz
Podr.= Podróżny
P. = Przechodzień

W taksówce

K.: Halo, taxi! Czy jest pan wolny?
T.: Tak, a dokąd chciałaby pani jechać?
K.: Na dworzec. Czy może pan chwileczkę zaczekać na mojego męża? Proszę mu pomóc znieść nasze walizki ze schodów i zapakować do samochodu. A ja tymczasem skoczę na chwilę na górę sprawdzić, czy drzwi są zamknięte. A teraz proszę szybko na dworzec, inaczej nie zdążymy na pociąg.

Przy kasie biletowej

Tad.: Proszę dwa bilety drugiej klasy do Gdyni.
Kas.: Tam i z powrotem?
Tad.: Tak, tak. Proszę dwa powrotne.
Kas.: Na pociąg osobowy czy pospieszny?
Tad.: Oj, przepraszam za moje roztargnienie. Proszę oczywiście dwa powrotne na pociąg pospieszny do Gdyni. Boję się, że mi ucieknie. Czy pani wie, z którego peronu odjeżdża mój pociąg?
Kas.: Z pierwszego. Ale pociąg do Gdyni ma 15 minut spóźnienia. Proszę, tu są pana bilety.

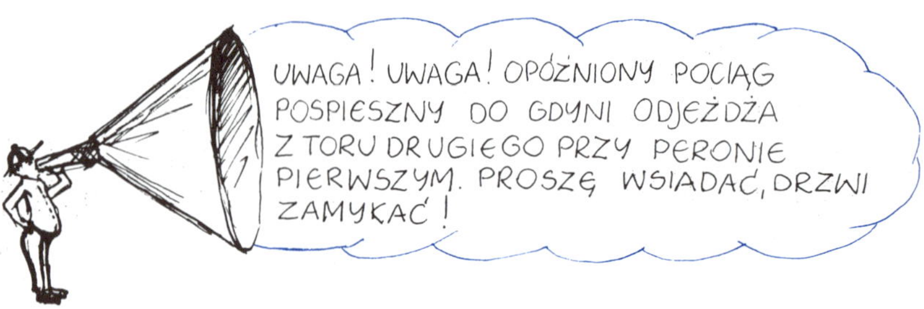

W pociągu

K.: Uff! Zdążyliśmy. Czy te dwa miejsca są wolne?
Podr.: Tak, proszę bardzo.
Tad.: Przepraszam, czy mogę otworzyć okno? Strasznie tu duszno.
Podr.: Ależ nie mam nic przeciwko wietrzeniu. To dobrze robi.
K.: Nie wie pan, gdzie jest wagon restauracyjny?
Podr.: Chyba to ten wagon za nami.
Tad.: Pan też do Gdyni?
Podr.: Nie, w Gdyni mam przesiadkę. Jadę jeszcze dalej.

Na przystanku tramwajowym

Tad.: Krysiu, popatrz ile tu ludzi! I nie ma ani jednej taksówki. Chyba pojedziemy autobusem albo tramwajem.
K.: Tam jest przystanek tramwajowy. Musimy przejść przez ulicę.
Tad.: Przepraszam. Jakim tramwajem dojadę do hotelu Neptun?
P.: Do hotelu Neptun może pan dojechać trójką, siódemką, jedenastką i autobusem sto trzydzieści pięć.
Tad.: Ile przystanków mamy jechać?
P.: Muszą państwo jechać pięć przystanków i wysiąść na szóstym.
K.: Ślicznie panu dziękujemy.

W pokoju hotelowym

K.: Tadziku, chciałam wreszcie przyszyć ten guzik do twoich spodni. Och, to wieczne szycie! Nie wiesz, gdzie jest igła i nożyczki?
Tad.: Właśnie ich szukam. Nożyczki miałem przed chwilą w ręce. Och, to wieczne szukanie! Bardzo mi przykro, ale nie mogę ich znaleźć.
K.: A ja już je widzę. To tak podobnie jak w tym wierszu Tuwima:

Biega, krzyczy pan Hilary:
„Gdzie są moje okulary?“
  Szuka w spodniach i w surducie,
  W prawym bucie, w lewym bucie.
Nagle – zerknął do lusterka ...
Nie chce wierzyć ... Znowu zerka.
  Znalazł! Są! Okazało się,
  że je ma na swoim nosie.

16A

taksówkarz, -rza *m*	*Taxifahrer*
chwileczka, -ki *f*	*Moment; Weilchen*
zaczekać *pf.* na + *Akk.*, zaczekam, zaczekasz	*warten auf*
znieść *pf.*, zniosę, zniesiesz	*heruntertragen*
schody, -dów *Pl.*	*Treppe*
ze schodów	*von der Treppe*
samochód, samochodu *m*	*Auto, Wagen*
skoczyć *pf.*, skoczę, skoczysz	*springen;* hier: *laufen*
na chwilę	*für einen Augenblick*
sprawdzić *pf.*, sprawdzę, sprawdzisz	*(nach)schauen*
zamknięty, -a, -e	*geschlossen*
inaczej	*anders, sonst*
przy *Präp.* + *Lok.*	*an, bei*
kasa biletowa	*Fahrkartenschalter*
klasa, -sy *f*	*Klasse*
kasjerka, -ki *f*	*Kassiererin*
tam i z powrotem	*hin und zurück*
bilet powrotny	*Rückfahrkarte*
pociąg osobowy	*Personenzug*
pociąg pospieszny	*Schnellzug*
roztargnienie, -nia *n*	*Zerstreutheit*
uciec *pf.*, ucieknę, uciekniesz	*wegfahren, weglaufen*
peron, -nu *m*	*Bahnsteig*
odjeżdżać *ipf.*, odjeżdżam, odjeżdżasz	*abfahren*
spóźnienie, -nia *n*	*Verspätung*
opóźniony, -a, -e	*verspätet*
tor, -ru *m*	*Gleis*
wsiadać *ipf.*, wsiadam, wsiadasz	*einsteigen*
podróżny, -nego *m*	*Reisende(r)*
otworzyć *pf.*, otworzę, otworzysz	*aufmachen*
okno, -na *n*	*Fenster*
strasznie *Adv.*	*schrecklich;* hier: *sehr*
duszno *Adv.*	*schwül*
przeciwko *Präp.* + *Dat.*	*gegen*
wietrzenie, -nia *n*	*Lüftung*
to dobrze robi	*das tut gut*
wagon, -nu *m*	*Waggon, Wagen*
wagon restauracyjny	*Speisewagen*
wagon za nami	*der Wagen hinter uns*
przesiadka, -ki *f*	*Umsteigen*
mam przesiadkę	*ich muß umsteigen*
ludzie, -dzi *Pl.*	*Leute; Menschen*
przejść *pf.*, przejdę, przejdziesz	*überqueren*
przechodzień *m*, przechodnia	*Passant*
trójka, -ki *f*	*die Drei*
siódemka, -ki *f*	*die Sieben*
jedenastka, -ki *f*	*die Elf*
wysiąść *pf.*, wysiądę, wysiądziesz	*aussteigen*
ślicznie *Adv.*	*schön*
przyszyć *pf.*, przyszyję, przyszyjesz	*annähen*
guzik, -ka *m*	*Knopf*
wieczny, -a, -e	*ewig*
szycie, -cia *n*	*Nähen*
igła, -ły *f*	*Nadel*
nożyczki, -czek *Pl.*	*Schere*
przed chwilą	*vor einer Weile*
ręka, -ki *f*	*Hand*
szukanie, -nia *n*	*Suchen*
widzieć *ipf.*, widzę, widzisz	*sehen*
podobnie *Adv.*	*ähnlich*
wiersz, -sza *m*	*Gedicht*
Tuwim, Julian	polnischer Dichter
biegać *ipf.*, biegam, biegasz	*laufen*
krzyczeć *ipf.*, krzyczę, krzyczysz	*schreien,* hier: *schimpfen*
Hilary	männlicher Vorname
okulary, -rów *Pl.*	*Brille*
surdut, -ta *m*	*Gehrock*
but, -ta *m*	*Schuh*
nagle *Adv.*	*plötzlich*
zerknąć *pf.*, zerknę, zerkniesz	*einen Blick werfen*
lusterko, -ka *n*	*kleiner Spiegel*
wierzyć *ipf.* w + *Akk.*, wierzę, wierzysz	*glauben an*
znowu *Adv.*	*wieder*
okazało się, że ...	*es stellte sich heraus, daß ...*
własny, -a, -e	*eigen*
nos, -sa *m*	*Nase*

16B Landeskunde – Sprachgebrauch

1. Substantivierte Zahlwörter

Für Verkehrsmittel, Hotelzimmer usw., die mit einer Zahl bezeichnet werden, gebraucht man für die Nummern von 1 bis 20 und für Zehner und Hunderter Substantive, die von den Zahlwörtern gebildet werden. Sie sind Feminina.

1	jedynka	*die Eins*	16	szesnastka
2	dwójka	*die Zwei*	17	siedemnastka
3	trójka	*usw.*	18	osiemnastka
4	czwórka		19	dziewiętnastka
5	piątka		20	dwudziestka
6	szóstka		30	trzydziestka
7	siódemka		40	czterdziestka
8	ósemka		50	pięćdziesiątka
9	dziewiątka		60	sześćdziesiątka
10	dziesiątka		70	siedemdziesiątka
11	jedenastka		80	osiemdziesiątka
12	dwunastka		90	dziewięćdziesiątka
13	trzynastka		100	setka
14	czternastka			
15	piętnastka			

Das substantivierte Zahlwort kann auch den Wert von Münzen und Geldscheinen bezeichnen:

Masz piątkę na telefon? *Hast du einen Fünfer für das Telefon?*
Czy może pan rozmienić setkę? *Können Sie einen Hunderter wechseln?*

Beachten Sie, daß jedynka und dwójka zwei Bedeutungen haben.

jedynka *Hotelzimmer Nummer 1; Einzelzimmer*
dwójka *Hotelzimmer Nummer 2; Doppelzimmer*

Mieszkam w jedynce. *Ich wohne in einem Einzelzimmer.*
Mieszkam pod jedynką. *Ich wohne in Zimmer Nummer 1.*

Alle anderen Zahlwörter werden nicht substantiviert, z. B.:

Do hotelu można dojechać także autobusem sto dwadzieścia osiem. *Zum Hotel kann man auch mit dem Autobus 128 fahren.*
Mieszkam w pokoju sto czterdzieści sześć. *Ich wohne in Zimmer 146.*

2. Nützliche Wendungen

Einverständnis

Tak, proszę bardzo.	*Ja, bitte sehr.*
Tak jest, proszę pana.	*Jawohl, mein Herr.*
Ależ oczywiście.	*Aber natürlich.*
Zgoda.	*Einverstanden.*
Chętnie.	*Gern.*
W porządku.	*In Ordnung.*
Cudownie.	*Wunderbar.*

Entschuldigung

Przepraszam (bardzo), ...	*Entschuldigen Sie bitte, ...*
Bardzo mi przykro.	*Es tut mir leid.*
(Wielka) szkoda.	*(Es ist sehr) schade.*
Niestety ...	*Leider ...*

Dank

Dziękuję (bardzo).	*Danke (schön).*
Bardzo dziękuję.	*Danke sehr.*
Ślicznie panu dziękujemy.	*Haben Sie schönen Dank.*

Bitte

Czy jest pan wolny?	*Sind Sie frei?*
Czym mogę służyć?	*Womit kann ich dienen?*
Proszę dwa bilety.	*Bitte zwei Karten!*
Proszę zaczekać.	*Bitte warten Sie!*
Proszę na dworzec.	*Bitte zum Bahnhof.*

16C Grammatik

1. Die Verbalsubstantive

Die substantivierten Infinitive (sog. Verbalsubstantive) kupowanie *das Kaufen,* zamawianie *das Bestellen* usw. werden im Polnischen sehr oft gebraucht. Sie werden vom Infinitiv auf folgende Weise gebildet:

a) Infinitive auf -ać haben die Endung **-anie**:

czytać	czytanie	*das Lesen*
słuchać	słuchanie	*das Hören*
zamawiać	zamawianie	*das Bestellen*

b) Infinitive auf -ić, -yć und -eć haben die Endung **-enie**, wobei sich hier die Konsonanten verändern (wie 1. Pers. Sg. Präs.):

prosić	proszenie	*das Bitten*
wietrzyć	wietrzenie	*das Lüften*
myśleć	myślenie	*das Denken*

c) Einsilbige Infinitive auf -uć, -yć, -ić haben die Endungen **-ucie, -ycie, -icie**:

żuć	żucie	*das Kauen*
szyć	szycie	*das Nähen*
żyć	życie	*das Leben*
pić	picie	*das Trinken*

Verbalsubstantive können sowohl von imperfektiven als auch von perfektiven Verben gebildet werden. Perfektive Verbalsubstantive bedeuten eine konkrete Angelegenheit, z. B.: zamówienie *Bestellung*, imperfektive Verbalsubstantive bedeuten einen Vorgang, z. B.: zamawianie *Bestellen*.

zamówić	*pf.*	zamówienie	*pf.*	*die Bestellung*
zamawiać	*ipf.*	zamawianie	*ipf.*	*das Bestellen*
spóźnić się	*pf.*	spóźnienie	*pf.*	*die Verspätung*
spóźniać się	*ipf.*	spóźnianie	*ipf.*	*das sich Verspäten*

Die Verbalsubstantive werden wie sächliche Substantive dekliniert.

2. Die Deklination des Possessivpronomens

Die Possessivpronomina **mój, twój, nasz, wasz** haben männliche, weibliche und sächliche Formen. Sie richten sich in Genus, Kasus und Numerus nach ihrem Bezugswort. Die Possessivpronomina **jego, jej, ich** sind dagegen unveränderlich.

Zur Bezeichnung der Zugehörigkeit zu Personen, die man nicht duzt, gebraucht man den Genitiv der Substantive pan, pani oder państwo. Sie entsprechen den deutschen Formen *Ihr/Ihre*.

Proszę tu są pana/pani/państwa książki. *Bitte, hier sind Ihre Bücher.*

Die Possessivpronomina werden wie folgt dekliniert:

	Singular *Maskulinum* *belebt/unbelebt*	*Femininum*	*Neutrum*	*Plural* *Personalform/Sachform*	
Nom.	mój	moj**a**	moj**e**	mo**i**/moje	nas**i**/nasz**e**
Gen.	moj**ego**	moj**ej**	moj**ego**	mo**ich**	nasz**ych**
Dat.	moj**emu**	moj**ej**	moj**emu**	mo**im**	nasz**ym**
Akk.	moj**ego**/mój	moj**ą**	moj**e**	mo**ich**/moje	nasz**ych**/nasze
Instr.	mo**im**	moj**ą**	mo**im**	mo**imi**	nasz**ymi**
Lok.	mo**im**	moj**ej**	mo**im**	mo**ich**	nasz**ych**
Vok.	mój	moj**a**	moj**e**	mo**i**/moje	nas**i**/nasz**e**

Ebenso werden auch die Possessivpronomina **twój, nasz, wasz** dekliniert.

Fragt man nach der Zugehörigkeit, gebraucht man das Fragepronomen **czyj, czyja, czyje** *wessen.*

Singular	*Plural*
Czyj to (jest) płaszcz?	
Czyja to (jest) kurtka?	Czyje to (są) spodnie?
Czyje to (jest) auto?	

3. Präpositionen

Im Polnischen steht nach Präpositionen oft ein anderer Kasus als nach entsprechenden Präpositionen im Deutschen. Darüber hinaus kann eine Präposition im Polnischen mehrere deutsche Entsprechungen haben und umgekehrt.

do szkoły	***in*** *die Schule*
do Berlina	***nach*** *Berlin*
do wtorku	***bis*** *Dienstag*
do niego	***zu*** *ihm*
koło Berlina	***bei*** *Berlin*
u rodziców	***bei*** *den Eltern*
za rękę	***bei*** *der Hand*
przy pracy	***bei*** *der Arbeit*

4. Besonderheiten bei der Pluralbildung

Einige Substantive bilden einen unregelmäßigen Plural.

człowiek	*Mensch*	ludzie	*Menschen*
rok	*Jahr*	lata	*Jahre*

Einige Substantive kommen im Polnischen nur im Plural vor, z. B.: **nożyczki** *Schere,* **spodnie** *Hose,* **okulary** *Brille,* **drzwi** *Tür.*

16D Übungen

1. *Setzen Sie das richtige Verb in die Lücke ein:*

zamawiać/zamówić, spóźniać/spóźnić, odjeżdżać/odjechać, wsiadać/wsiąść, zamykać/zamknąć

a) Muszę ... jeszcze pokój w hotelu. b) Pokój powinno się ... tydzień wcześniej. c) Pospiesz się, inaczej ... się na autobus. d) Ty przecież nie lubisz się ... e) Pociąg pospieszny do Krakowa ... z peronu trzeciego. f) Pociąg nie może ..., zanim wszyscy nie wsiądą. g) Proszę ..., drzwi zamykać. h) Proszę nie ... do tego wagonu, to jest pierwsza klasa. i) Proszę nie ... okna, bo jest gorąco. j) Czy może pan ... drzwi, bo jest bardzo zimno.

2. *Setzen Sie das entsprechende Substantiv in die Lücke ein:*

życie, spóźnienie, spóźnianie, szycie, zamawianie, zamówienie

a) Tu mam dla pana ... b) ... noclegów jest przy okienku numer 2. c) ... pociągu wynosi 10 minut. d) To ... się pociągów denerwuje mnie *(ärgert mich)*. e) ... nie jest moim hobby. f) ... jest piękne.

3. *Schreiben Sie die substantivierten Zahlwörter in Worten:*

a) W którym pokoju mieszkasz? Pod 2. b) Czy to jest pokój dwuosobowy? Nie to jest 1. c) Jakim tramwajem dojadę do hotelu „Neptun"? Może pan jechać 3 lub 4. d) A czy jedzie tam również autobus? Tak, 132. e) Które pokoje są jeszcze wolne? 16 i 247. f) Czy masz drobne pieniądze? Tak, mogę ci rozmienić *(wechseln)* tę 100.

4. *Übersetzen Sie ins Polnische:*

a) Die Hose ist neu. b) Wo ist die Schere? c) Ist die Tür geschlossen? d) Deine Brille liegt unter dem Schrank. e) In einem Jahr fahren wir ins Gebirge, und in zwei Jahren an die See. f) Du bist ein kluger Mensch. Ich kenne nicht so viele kluge Menschen.

5. *Welche Wendung würden Sie als Gesprächspartner jeweils gebrauchen? Dank, Bitte, Einverständnis oder Entschuldigung?*

A:	*B:*
a) Czy jest pan wolny?	...
b) Do hotelu dojadą państwo jedenastką. Tu jest przystanek.	...

c) Przepraszam, jak dojść do hotelu „Giewont“?	..., ale nie wiem, gdzie jest ten hotel.
d) Niestety, nie mogę już dłużej czekać.	...
e) Pomogę pani znieść walizki.	...
f) ...?	Proszę pokój jednoosobowy z łazienką.
g) ...	Proszę tu są pana bilety.
h) Jutro jedziemy w góry.	... Cieszę się.
i) Czy mogę zaprosić panią na przyjęcie?	...

6. *Tragen Sie die Possessivpronomina in der richtigen Form in die Lücken ein:*

a) Czy nie widziałeś ... (mój) biletu. b) ... (wasz) walizki są w taksówce. c) Na ... (jego) biurku leżą okulary. d) Czy to są ... (jego) okulary? e) Czy to są ... (twój) spodnie? f) Nie, to są ... (jej) spodnie. g) Ktoś dzwoni do ... (mój) pokoju. h) Nie, to nie jest klucz do ... (twój), tylko do ... (jej) pokoju. i) Czy to ... (pan) walizki? j) Tu jest ... (pani) bilet. k) Czy to było w ... (ich) domu?

7. *Welcher der drei nachfolgenden Sätze bedeutet etwas anderes?*

a) Boję się, że pociąg mi ucieknie.

- Boję się, że pociąg za szybko jedzie.
- Boję się, że nie zdążę na pociąg.
- Boję się, że spóźnię się na pociąg.

b) Skoczę tylko jeszcze raz na górę.

- Pójdę szybko na piętro.
- W górach będę tylko chodzić.
- Pójdę jeszcze na górę.

c) Proszę jeden bilet powrotny do Warszawy.

- Proszę bilet tylko z Warszawy z powrotem.
- Proszę bilet tam i z powrotem.
- Proszę bilet do Warszawy i z powrotem.

d) Halo taxi! Czy jest pan wolny?

- Halo, taxi! Czy może mnie pan zabrać na dworzec?
- Halo, taxi! Chciałabym pojechać na dworzec.
- Halo, taxi! Czy ma pan czas?

8. *Wählen Sie die richtige Präposition und tragen Sie sie in die Lücke ein:*

do, na, nad, od, u, w(e), z, za

a) ... lecie jeździmy chętnie ... morze. b) ... morzem jest przyjemnie, gdy świeci słońce. c) Zimą jeździmy ... góry. d) ... górach można jeździć ... nartach. e) Przyjdę ... ciebie jutro. f) Zadzwonię ... ciebie jeszcze dziś. g) To są goście ... Niemiec. h) Pójdę ... moimi gośćmi ... Parku Łazienkowskiego. i) Muszę kupić sześć biletów ... tramwaj ... 5000 zł. j) ... wtorek będę ... moich rodziców. k) Potem pójdę ... filharmonii ... koncert. l) To jest list ... mojego brata. m) Mam urlop ... wczoraj.

9. *Antworten Sie auf die Fragen. Gebrauchen Sie dabei die richtigen Formen des Possessivpronomens in Klammern:*

Beispiel: Czyj to jest bilet? (mój)
To jest mój bilet.

a) Na czyjego męża czekamy? (mój) b) Na czyj przyjazd czekamy? (twój) c) Czyim samochodem pojedziemy na urlop? (wasz) d) Czyjej walizki jeszcze nie ma? (nasz) e) Czyjego biletu nie możesz znaleźć? (jej) f) W czyim pokoju nie ma telefonu? (jego) g) Czyich okularów szukasz? (twój) h) Do czyich spodni musisz przyszyć guzik? (jej) i) O czyim urlopie mówisz? (ich).

10. *Bilden Sie aus den angegebenen Sätzen zwei Dialoge.*

„W taksówce" *und* „W kasie biletowej"*:*

a) Oczywiście, proszę dwa powrotne. b) Tak, proszę bardzo. c) Czy mogłaby mi pani powiedzieć, z którego peronu odjeżdża ten pociąg? d) Słucham panią? e) Nie, proszę na pospieszny. f) Na dworzec. g) Tam i z powrotem? h) Proszę jak najbliższą drogą, obok kina, bo mamy mało czasu. i) Pierwszej, czy drugiej klasy? j) Proszę dwa bilety do Łańcuta. k) Czy jest pan wolny? l) Na pociąg osobowy? m) Pierwszej. n) Dokąd chcieliby państwo jechać? o) Z trzeciego, ale proszę się pospieszyć, bo pociąg odjeżdża za 5 minut. p) Jak woli pani jechać do dworca?

11. *Sie möchten eine Reise nach Lublin machen. Fragen Sie nach einer günstigen Zugverbindung. Fragen Sie auch, um wieviel Uhr Ihr Zug abfährt, von welchem Bahnsteig und wo Sie umsteigen müssen. Kaufen Sie dann eine Fahrkarte, z. B.: Personenzug, 1. Klasse, hin und zurück.*

12. *Sie haben telefonisch ein Hotelzimmer reserviert. Jetzt sind Sie im Hotel. Was sagen Sie zum Empfangschef?*

13. *Schauen Sie sich den Stadtplan an und erklären Sie den Weg vom Bahnhof zum Hotel „Piast“:*

a) jak można dojechać do hotelu autobusem?
b) jak można dojechać do hotelu tramwajem?
c) jak można dojść do hotelu?

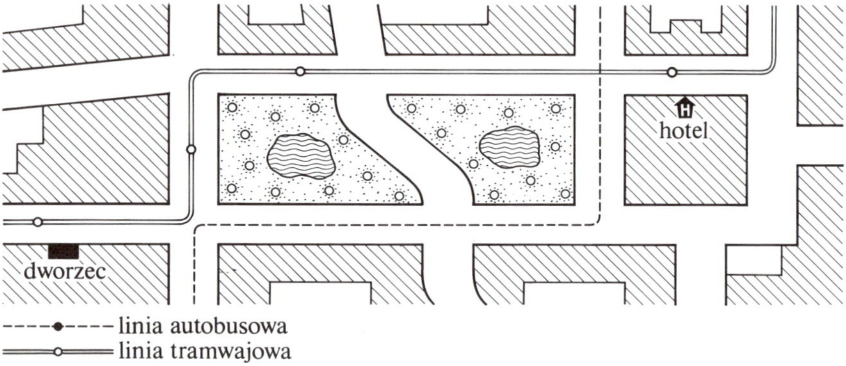

17A Text

U lekarza

P. = Paweł
L. = Lekarz

Dr med. Jan Eskulap
Internista
Godziny przyjęć pacjentów:
wtorek – piątek
8.00 – 12.00

P.: Dzień dobry, panie doktorze.
L.: Dzień dobry panu. Co pana do mnie sprowadza?
P.: Źle się czuję. Chciałbym, żeby pan mnie zbadał.
L.: Co panu dolega?
P.: Nie bardzo wiem, co mi jest. Mam lekką gorączkę i jest mi niedobrze. Bolą mnie uszy i oczy. Właściwie to wszystko mnie boli.
L.: Proszę się rozebrać do pasa. Proszę pokazać język. Czy boli pana głowa?
P.: Właściwie nie, ale mam zawroty głowy.
L.: Dobrze. A teraz proszę się położyć. Głęboko oddychać! Wdech! Wydech! A teraz proszę nie oddychać. No tak!
P.: Na co jestem chory? Czy to jest grypa?
L.: To nie jest żadna grypa, tylko przeziębienie. Czy pan nie jest zbyt przemęczony? Kiedy był pan ostatnio na urlopie?
P.: Zaraz, nie mogę sobie przypomnieć. W ciągu ostatnich dwóch lat nie miałem żadnego urlopu.
L.: Widzi pan. Pan siebie nie oszczędza.
P.: To prawda. Mam dla siebie bardzo mało czasu.
L.: W ciągu najbliższych dni żadna praca nie wchodzi w grę. Wypiszę panu zwolnienie na kilka dni. Przepiszę panu poza tym lekarstwa przeciw przeziębieniu i gorączce. Te tabletki proszę przyjmować trzy razy dziennie po jedzeniu. A te kropelki i witaminy są na wzmocnienie. Proszę tu jest pana recepta.
P.: Jak mam je brać?
L.: Jeden raz dziennie przed snem. Proszę zażywać rozpuszczone w pół szklanki wody. A to co za rana na ręce?
P.: Ach, to nie jest żadna rana tylko małe skaleczenie.
L.: Proszę mi pokazać. Będę musiał założyć panu opatrunek.

17A

lekarz, -rza *m*	*Arzt*
internista, -ty *m*	*praktischer Arzt*
godziny przyjęć	*Sprechstunde*
pacjent, -ta *m*	*Patient*
doktor, -ra *m*	hier: *Arzt*
sprowadzać *ipf.*, sprowadzam, sprowadzasz	*herbeiführen*
co pana do mnie sprowadza?	*was führt Sie zu mir?*
zbadać *pf.*, zbadam, zbadasz	*untersuchen*
dolegać *ipf.*	*weh tun*
co panu dolega?	*was fehlt Ihnen?*
lekki, -a, -ie	*leicht*
gorączka, -ki *f*	*Fieber*
boleć *ipf.*	*schmerzen, weh tun*
ucho, -cha *n*	*Ohr*
oko, -ka *n*	*Auge*
rozebrać się *pf.*, rozbiorę się, rozbierzesz się	*sich ausziehen*
pas, -sa *m*	*Taille*
proszę rozebrać się do pasa	*machen Sie den Oberkörper frei*
język, -ka *m*	hier: *Zunge*
głowa, -wy *f*	*Kopf*
zawrót *m* głowy	*Schwindel*
położyć się *pf.*, położę się, położysz się	*sich hinlegen*
oddychać *ipf.*, oddycham, oddychasz	*atmen*
głęboko oddychać	*tief durchatmen*
wdech! wydech!	*einatmen! ausatmen!*
chory, -a, -e	*krank*
żaden, żadna, żadne	*überhaupt kein*
grypa, -py *f*	*Grippe*
przeziębienie *n*	*Erkältung*
zbyt *Adv.*	*(all)zu*
przemęczony, -a, -e	*übermüdet, überarbeitet*
przypomnieć sobie *pf.*, przypomnę sobie, przypomnisz sobie	*sich erinnern*
w ciągu	*im Laufe*
oszczędzać się *ipf.*, oszczędzam się, oszczędzasz się	*sich schonen*
to prawda	*das stimmt*
wchodzić *ipf.*, wchodzę, wchodzisz	*hereinkommen*
gra, gry *f*	*Spiel*
wchodzić w grę	*in Frage kommen*
wypisać *pf.*, wypiszę, wypiszesz	*schreiben*
zwolnienie, -nia *n*	*Attest*
przepisać *pf.*, przepiszę, przepiszesz	*verschreiben*
poza *Präp.* + *Instr.*	*außerhalb; außer*
lekarstwo, -wa *n*	*Arznei*
przeciw *Präp.* + *Dat.*	*gegen*
tabletka, -ki *f*	*Tablette*
przyjmować *ipf.*, przyjmuję, przyjmujesz	*einnehmen*
trzy razy	*dreimal*
dziennie *Adv.*	*täglich*
kropelki, -lek *f/Pl.*	*Tropfen*
witamina, -ny *f*	*Vitamin*
wzmocnienie, -nia *n*	*Stärkung*
sen, snu *m*	*Schlaf*
przed snem	*vor dem Schlafengehen*
zażywać *ipf.*, zażywam, zażywasz	*einnehmen*
rozpuszczony, -a, -e	*verdünnt*
szklanka, -ki *f*	*Glas*
recepta, -ty *f*	*Rezept*
rana, -ny *f*	*Wunde*
skaleczenie, -nia *n*	*Verletzung*
opatrunek, opatrunku *m*	*Verband*

17B Landeskunde – Sprachgebrauch

1. Wortschatz

Für *Finger* und *Zehen* gibt es im Polnischen nur eine Entsprechung: **palce**. Will man zwischen *Fingern* und *Zehen* unterscheiden, gebraucht man entsprechend die Ausdrücke: **palce u rąk** und **palce u nóg**.
Der Plural von **oko** *Auge* und **ucho** *Ohr* in der Bedeutung der Sinnesorgane ist unregelmäßig. In übertragener Bedeutung werden **oko** *Fettauge; Masche* und **ucho** *Henkel* im Plural regelmäßig dekliniert, z. B.: Nom. Pl.: **oka** und **ucha**.

Die unregelmäßige Deklination von oko *Auge* und ucho *Ohr* im Plural:

Nom.	ocz**y**	usz**y**
Gen.	ocz**u**/ocz**ów**	usz**u**/usz**ów**
Dat.	ocz**om**	usz**om**
Akk.	ocz**y**	usz**y**
Instr.	ocz**ami**	usz**ami**
Lok.	ocz**ach**	usz**ach**

2. Einige nützliche Wendungen

Co pani/panu dolega?	*Welche Beschwerden haben Sie?*
Co pani/panu jest?	*Was fehlt Ihnen?*
Boli mnie głowa./Mam bóle głowy.	*Ich habe Kopfschmerzen.*
Boli mnie brzuch./Mam bóle brzucha.	*Ich habe Bauchschmerzen.*
Bolą mnie plecy./Boli mnie w plecach.	*Ich habe Rückenschmerzen.*
Jestem chory na grypę.	*Ich bin grippekrank.*
Mam grypę.	*Ich habe eine Grippe.*
Mam anginę.	*Ich habe Angina.*
Jestem przeziębiony.	*Ich bin erkältet.*
Źle się czuję.	*Ich fühle mich schlecht.*
Jest mi niedobrze.	*Es ist mir schlecht.*

17C Grammatik

1. Die Negation „żaden“

Die Negation **żaden, żadna, żadne** bedeutet *überhaupt kein* und steht unmittelbar vor dem Substantiv, das verneint werden soll. Es wird wie die Possessivpronomina dekliniert.

Kommt im Satz ein Ausdruck mit **żaden** vor, so muß auch die Negation **nie** vor das Prädikat treten, denn im Polnischen wird doppelt verneint.

To nie jest żadna grypa.	*Das ist keine Grippe.*
Nie ma pan żadnej grypy.	*Sie haben keine Grippe.*
Od dwóch lat nie miałem żadnego urlopu.	*Seit zwei Jahren hatte ich keinen Urlaub.*

2. Das Genitivobjekt in verneinten Sätzen

Verneinte Sätze verlangen im Polnischen das Genitivobjekt, wo im Deutschen (unverändert zur positiven Aussage) das Akkusativobjekt steht.

Mam książkę.	*(Akk.)*	*Ich habe ein Buch.*
Nie mam książki.	*(Gen.)*	*Ich habe kein Buch.*
Nie mam **żadnej** książki.	*(Gen.)*	*Ich habe überhaupt kein Buch.*

3. Das Reflexivpronomen „sobie“

Das Reflexivpronomen **sobie** (s. a. 6C6.) tritt für alle Personen im Singular und Plural ein, sofern sie sich auf das Subjekt desselben Satzes beziehen. Es wird wie folgt dekliniert:

Genitiv	siebie
Dativ	sobie
Akkusativ	siebie, się
Instrumental	sobą
Lokativ	sobie

Zapraszam do siebie.	*Ich lade Sie zu mir ein.*
Nie przypominam sobie.	*Ich erinnere mich nicht daran.*
Pan siebie nie oszczędza.	*Sie schonen sich nicht.*
Rozmawiają ze sobą.	*Sie sprechen miteinander.*
Proszę opowiedzieć coś o sobie.	*Bitte erzählen Sie etwas über sich.*

Merke: Das Reflexivpronomen sobie hat weder einen Nominativ noch einen Vokativ.

17D Übungen

1. *Verneinen Sie die Sätze:*

a) Zażyłem wczoraj lekarstwo przeciw grypie. b) Mamy wolne pokoje z prysznicem na trzecim piętrze. c) Pan Hilary znalazł swoje okulary. d) Chciałabym spędzić urlop nad morzem. e) Mam bilet na pociąg pospieszny. f) Katarzyna wynajęła dwa pokoje z kuchnią i łazienką. g) Kupiłem pięć biletów do teatru. h) Muszę założyć pani opatrunek. i) Widzę sześciu panów, którzy stoją na ulicy. j) Zaproszę do mnie dużo gości.

2. *Übersetzen Sie ins Deutsche:*

a) Od dwóch lat nie miałem żadnego urlopu. b) Nie widziałem tu żadnej gazety. c) Czy nie zażywał pan żadnych kropelek? d) Nie mam żadnych bólów głowy. e) Wieczorem nie ma w parku już żadnych dzieci. f) Na dworcu nie było żadnego pociągu.

3. *Bilden Sie von den unterstrichenen Verben Verbalsubstantive:*

Beispiel: Często się przeziębiam.
Proszę coś przeciw przeziębieniu.

a) Pan powinien się trochę wzmocnić. Zapiszę panu coś na ... b) Nie przypominaj mi tego. Takie ... nie ma sensu *(Sinn)*. c) O, skaleczyłem się w palec. Ale to jest lekkie ... d) Muszę zażywać lekarstwo pięć razy dziennie. To ... bardzo mnie już męczy. e) Proszę nie przyjmować zbyt dużo lekarstw. Tak wiem, ... lekarstw nie jest zdrowe. f) Jestem chory i chętnie poczytam sobie coś lekkiego. Czy ma pan coś interesującego do ...?

4. *Lösen Sie das Kreuzworträtsel. Das Lösungswort finden Sie in den fett eingerahmten Feldern:*

a) Zażywasz, gdy jesteś przeziębiony/a. b) Lekarz wypisuje, gdy jesteś chora/y. c) Kupujesz tam lekarstwa. d) Masz je u rąk i u nóg. e) Nie jest duży, tylko ... f) Potrzebna do szycia. g) Zakłada się go na skaleczenie. h) Szuka ich pan Hilary.

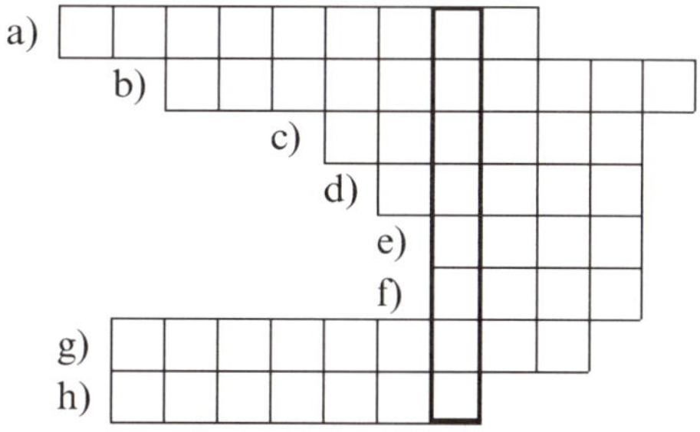

5. *Wählen Sie die richtige Form:*

a) Porozmawiajmy z nami/ze sobą. b) Spotkamy się wieczorem u mnie/u siebie. c) Opowiedzcie coś o sobie/o was. d) Ty w ogóle nie oszczędzasz ciebie/siebie. e) Czy zaprosisz nas do siebie/ciebie? f) Czy zaprosisz mnie do siebie/do ciebie? g) Chciałbym państwu opowiedzieć coś o sobie/o mnie. h) Zapraszamy państwa do nas/do siebie.

6. *Übersetzen Sie ins Polnische:*

a) Ich lade Sie herzlich zu mir ein. b) Hast du dir ein neues Auto gekauft? c) Sie unterhalten sich sehr gerne miteinander. d) Erzählen Sie mir bitte etwas über sich. e) Ich kann mich leider nicht daran erinnern.

7. *Finden Sie heraus, welche Sätze nicht richtig sind. Sagen Sie dann, wie es richtig heißen sollte:*

a) Proszę lekarstwo na gorączkę. b) Proszę coś na wzmocnienie. c) Te tabletki muszę brać rano przed snem. d) Krople proszę zażywać rozpuszczone w pół szklanki wody. e) Pan jest bardzo przemęczony, więc nie mogę dać panu zwolnienia.

8. *Ergänzen Sie den Dialog, indem Sie die Rolle des Patienten übernehmen:*

Lekarz	Pacjent
– Co panu/pani dolega?	...
– Od kiedy ma pan/pani te bóle?	...
– Czy ma pan/pani gorączkę?	...
– Czy coś jeszcze pana/panią boli?	...
– Muszę pana/panią zbadać.	...
– Nie, to jest tylko lekkie przeziębienie.	...
– Tak, przepiszę panu/pani lekarstwa przeciw gorączce.	...
– Tabletki proszę zażywać trzy razy dziennie po jedzeniu.	...
– Tak, cztery dni. Wypiszę panu/pani zwolnienie.	...

9. *Berichten Sie dem Arzt über Ihre Beschwerden. Sie haben:*

- eine Verletzung am Bein
- Kopfschmerzen
- leichtes Fieber
- Ihre Augen tun Ihnen weh.
- Ihre Ohren tun Ihnen weh.
- Ihr Bauch tut Ihnen weh.

10. *Erzählen Sie von Ihrem letzten Besuch beim Arzt. Gebrauchen Sie dabei die Verbformen des Präteritums.*

18A Text

Zagadka kryminalna

Wracając do domu, Paweł kupił w aptece lekarstwo przepisane przez lekarza. Wychodząc z apteki, spotkał Piotra, który pożyczył mu do poczytania zagadki kryminalne.
Wróciwszy do domu, Paweł zażył lekarstwa i położył się do łóżka. Wreszcie będzie mógł poczytać sobie pożyczone od Piotra zagadki kryminalne. A oto jedna z nich:

Pewnego dnia przyszedł do komisarza Sowy niejaki pan Lis i zeznał co następuje:

– Jadąc wczoraj rano pociągiem do pracy w kierunku Zalesia, zobaczyłem przez okno wagonu i przez otwarte okno domu, stojącego blisko torów, gwałtowną scenę, rozgrywającą się we wnętrzu. Jakiś mężczyzna mocował się z kobietą. Była godzina 7.45. Wiem, bo właśnie przed chwilą popatrzyłem na zegarek ...

– Rzeczywiście, w jednym z domów na przedmieściu ktoś zamordował wczoraj młodą kobietę – powiedział komisarz wyjrzawszy spoza sterty papierów.

– A jak wyglądał ten mężczyzna?

– Zdążyłem tylko zauważyć, że miał długie czarne wąsy i był łysy.
Po tej rozmowie komisarz udał się na dworzec i spojrzał na rozkład jazdy.
Do Zalesia pociągi odchodziły o godzinie: 6.30 – 7.42 – 8.26 – 10.11 – 17.40 – 20.05 – 22.44. Zegar na dworcu wskazywał godzinę 17.35. Kupiwszy bilet, komisarz udał się na peron. W pociągu przekonał się, że linia kolejowa przebiega w bliskiej odległości od domu, w którym wydarzyła się zbrodnia. Pokój będący miejscem przestępstwa był tak dobrze widoczny, że komisarz mógł odczytać godzinę na zegarze wiszącym naprzeciwko okna: Była dokładnie 17.50.
Wróciwszy najbliższym pociągiem do miasta, komisarz polecił na-

tychmiast wezwać Lisa do swojego biura.
– Nie wiem jeszcze, jaki był pana udział w tej sprawie, ale wykryję to – powiedział zza biurka.

– W każdym razie złożył pan fałszywe zeznanie – stwierdził komisarz. Jestem o tym całkowicie przekonany.

zagadka, -ki *f*	*Rätsel*
kryminalny, -a, -e	*Kriminal-*
wracać *ipf.*, wracam, wracasz	*zurückkehren, zurückkommen*
wracając	*als er nach Hause ging*
apteka, -ki *f*	*Apotheke*
przepisany, -a, -e	*verschrieben*
spotkać *pf.*, spotkam, spotkasz	*treffen*
pożyczyć *pf.*, pożyczę, pożyczysz	*leihen*
do poczytania	*zum Lesen*
wrócić *pf.*, wrócę, wrócisz	*zurückkehren*
wróciwszy	*nachdem er (nach Hause) zurückgekehrt war*
łóżko, -ka *n*	*Bett*
pożyczony, -a, -e	*geliehen*
jedna z nich	*eine von ihnen*
świadek, świadka *m*	*Zeuge*
komisarz, -rza *m*	*Kommissar*
niejaki, -a, -ie	*ein gewisser*
zeznać *pf.*, zeznam, zeznasz	*aussagen; angeben*
co następuje	*wie folgt*
jadąc	*als ich fuhr*
otwarty, -a, -e	*geöffnet*
stać *ipf.*, stoję, stoisz	*stehen*
stojący, -a, -e	*stehende(-r, -s)*
gwałtowny, -a, -e	*gewalttätig*
scena, -ny *f*	*Szene*
rozgrywać się *ipf.*	*sich abspielen*
wnętrze, -rza *n*	*Innere(s)*
mocować się *ipf.*, mocuję się, mocujesz się	*ringen, kämpfen*
rzeczywiście *Adv.*	*tatsächlich*
przedmieście, -cia *n*	*Vorstadt*
zamordować *pf.*, zamorduję, zamordujesz	*ermorden, umbringen*
wyjrzeć *pf.*, wyjrzę, wyjrzysz	*hinaussehen, hinausschauen, herausgucken*
spoza *Präp.* + *Gen.*	*hinter ... hervor*
sterta, -ty *f*	*Haufen; Stapel*
papier, -ru *m*	*Papier*
zdążyć *pf.*, zdążę, zdążysz	hier: *schaffen, fertig werden*
zdążyłem tylko ...	*ich konnte nur ...*
zauważyć *pf.*, zauważę, zauważysz	*merken, wahrnehmen*
czarny, -a, -e	*schwarz*
wąsy, -sów *Pl.*	*Schnurrbart*
łysy, -a, -e	*kahl*
udać się *pf.*, udam się, udasz się	hier: *gehen, sich begeben*
spojrzeć *pf.*, spojrzę, spojrzysz	*schauen*
rozkład *m* jazdy	*Fahrplan*
odchodzić *ipf.*	hier: *abfahren*
wskazywać *ipf.*	*zeigen*
kupiwszy	*nachdem er (die Fahrkarte) gekauft hatte*
przekonać się *pf.*, przekonam się, przekonasz się	*sich überzeugen*
linia *f* kolejowa	*Eisenbahnstrecke*
przebiegać *ipf.*	*verlaufen*
odległość, -ci *f*	*Entfernung*
wydarzyć się *pf.*	*passieren*
zbrodnia, -ni *f*	*Verbrechen*
przestępstwo, -wa *n*	*Straftat*
widoczny, -a, -e	*sichtbar*
odczytać *pf.*, odczytam, odczytasz	*ablesen*
wisieć *ipf.*, wiszę, wisisz	*hängen*
polecić *pf.*, polecę, polecisz	*anordnen*
natychmiast *Adv.*	*sofort*
wezwać *pf.*, wezwę, wezwiesz	*vorladen*
udział, -łu *m*	*Anteil*
wykryć *pf.*, wykryję, wykryjesz	*aufdecken, aufspüren*
zza *Präp.* + *Gen.*	*von ... her*
fałszywy, -a, -e	*falsch*
zeznanie, -nia *n*	*Aussage*
złożyć zeznanie	*eine Aussage machen*
stwierdzić *pf.*, stwierdzę, stwierdzisz	*feststellen*
całkowicie *Adv.*	*völlig*
przekonany, -a, -e	*überzeugt*

18B Landeskunde – Sprachgebrauch

Zusammengesetzte Präpositionen

Im Polnischen gibt es einige zusammengesetzte Präpositionen, die aus zwei oder sogar drei einfachen Präpositionen bestehen.

z + za = zza	Komisarz wyjrzał zza biurka.	*Der Kommissar blickte hinter dem Schreibtisch hervor.*
z + nad = znad	Wyż znad Europy zachodniej.	*Das Hoch von Westeuropa her.*
po + za = poza	Poza tym przepiszę panu tabletki przeciw grypie.	*Außerdem verschreibe ich Ihnen Tabletten gegen Grippe.*
na + przeciwko = naprzeciwko	Zegar wisiał naprzeciwko okna.	*Die Uhr hing gegenüber dem Fenster.*
z + po + za = spoza	Wyglądając spoza sterty papierów ...	*Während er hinter dem Papierstapel hervorblickte ...*

Die obenerwähnten Präpositionen stehen mit dem Genitiv (außer poza + Instr.).

An die Präpositionen **w** und **z** wird ein **-e** angefügt, wenn das folgende Wort mit einer Konsonantenhäufung beginnt, z. B. w piątek (aber: **we wt**orek), z domu (aber: **ze sk**lepu).

Vor dem Personalpronomen **mnie** wird an die Präpositionen w, z, od, bez und przez auch ein **-e** angefügt, z. B.: **we mn**ie *in mir,* **ode mn**ie *von mir,* **beze mn**ie *ohne mich.*

18C Grammatik

1. Adjektivische Partizipien

Das Polnische kennt zwei Partizipien, nämlich das Partizip Präsens (Aktiv) und das Partizip Präteritum (Passiv). Beide Partizipien werden wie Adjektive dekliniert.

18C

	Singular *Maskulinum*	*Femininum*	*Neutrum*	*Plural* *Personalform*	*Sachform*
kupować	kupujący	kupująca	kupujące	kupujący	kupujące
kupić	kupiony	kupiona	kupione	kupieni	kupione
bić *(schlagen)*	bity	bita	bite	bici	bite

Merke: Die Personalform des Plurals hat bei den Verben auf -ić, -yć die Endung **-eni** und bei einsilbigen Verben auf -ić, -uć, -yć die Endung **-ci**.

Das **Partizip Präsens** (Aktiv) wird nur von imperfektiven Verben durch Anhängen von **-cy, -ca, -ce** (abhängig von Geschlecht und Zahl) an die 3. Pers. Pl. gebildet.

Infinitiv	*3. Pers. Pl.*	*Part. Präs. Akt.*
wisieć	wiszą	wiszący, -ca, -ce
spać	śpią	śpiący, -ca, -ce
męczyć	męczą	męczący, -ca, -ce
stać	stoją	stojący, -ca, -ce

Merke: Das Part. Präs. Akt. von być heißt **będący, -ca, -ce**.

Das **Partizip Präteritum** (Passiv) wird vom Infinitiv der perfektiven und der imperfektiven Verben (ähnlich wie die sog. Verbalsubstantive) gebildet, indem man die Infinitivendung durch **-ny, -na, -ne** bzw. **-ty, -ta, -te** (abhängig von Geschlecht und Zahl) ersetzt.

-a-ny	bei Verben auf **-ać, -eć**: przepisać – przepisany przypomnieć – przypomniany
-o-ny	bei Verben auf **-ić, -yć**, und **-c**. Bei der Bildung des Partizips geht man hier von der 1. Pers. Sg. Präs. aus, indem man die Personalendung -ę durch die Partizipialendung **-ony** (Plural Personalform **-eni**) ersetzt: zrobić – zrobię – zrobiony pożyczyć – pożyczę – pożyczony strzec – strzegę – strzeżony *(bewacht)*; g wird zu ż piec – piekę – pieczony *(gebacken)*; k wird zu cz

-o-ny	bei Verben auf **-ść** und **-źć**: nieść – niesiony *(getragen)* wieźć – wieziony *(gefahren)*
-ty	bei einsilbigen Verben auf **-ić, -uć, -yć**: pić – pity żuć – żuty zażyć – zażyty
-ięty/ -iony	bei Verben auf **nąć**: ciągnąć – ciągnięty/ciągniony *(gezogen)* uniknąć – uniknięty/unikniony *(vermieden)* Beide Formen sind gleichwertig.

2. Der Gebrauch der adjektivischen Partizipien

In ihrer attributiven Funktion dienen beide Partizipien zur Verkürzung von Relativsätzen. Sie stimmen in Genus, Numerus und Kasus mit dem Bezugswort überein.

Partizip Präsens (Aktiv)

Komisarz odczytał godzinę na zegarze, który wisiał na ścianie.

Der Kommissar hat die Uhrzeit von der Uhr abgelesen, die an der Wand hing.

Komisarz odczytał godzinę na **wiszącym** na ścianie zegarze.
oder
Komisarz odczytał godzinę na zegarze **wiszącym** na ścianie.

Der Kommissar hat die Uhrzeit von der an der Wand hängenden Uhr abgelesen.

Partizip Präteritum (Passiv)

Paweł przeczytał kryminał, który pożyczył od Piotra.

Paul hat den Krimi gelesen, den er von Peter geliehen hat.

Paweł przeczytał **pożyczony** od Piotra kryminał.
oder
Paweł przeczytał kryminał **pożyczony** od Piotra.

Paul hat den von Peter geliehenen Krimi gelesen.

3. Adverbiale Partizipien und Temporalsätze

Im Polnischen gibt es außerdem noch zwei adverbiale Partizipien: das Partizip der Gleichzeitigkeit und das Partizip der Vorzeitigkeit, die zur Verkürzung von temporalen Nebensätzen dienen. Adverbiale Partizipien werden nicht dekliniert.

Das **Partizip der Gleichzeitigkeit** wird von imperfektiven Verben durch Anhängen von **-c** an die 3. Pers. Pl. gebildet.

Infinitiv	*3. Pers. Pl.*	*Partizip*
wracać	wracają	wracając
spać	śpią	śpiąc
jechać	jadą	jadąc
stać	stoją	stojąc

Das Partizip der Gleichzeitigkeit wird gebraucht, wenn die Handlung des Haupt- und des Nebensatzes gleichzeitig stattfindet, und wenn beide Sätze das gleiche Subjekt haben.

Gdy Paweł wracał do domu, kupił w aptece lekarstwo.
Wracając do domu, Paweł kupił w aptece lekarstwo.

Als Paul nach Hause zurückging, kaufte er eine Arznei in der Apotheke.

Pan Lis zobaczył mężczyznę, gdy jechał pociągiem do Zalesia.
Pan Lis zobaczył mężczyznę, **jadąc** pociągiem do Zalesia.

Herr Lis sah einen Mann, als er mit dem Zug nach Zalesie fuhr.

Das **Partizip der Vorzeitigkeit** wird nur von perfektiven Verben gebildet, d. h. von der männlichen Form der 3. Pers. Sg. des Präteritums. Das ł wird dabei durch folgende Endungen ersetzt:

-wszy	wenn der Verbstamm der Vergangenheitsform auf einen Vokal ausgeht: wrócić – wrócił – wróci**wszy** kupić – kupił – kupi**wszy** spotkać – spotkał – spotka**wszy**
-łszy	wenn der Verbstamm der Vergangenheitsform auf einen Konsonanten ausgeht: pomóc – pomógł – pomóg**łszy** dojść – doszedł – doszed**łszy**

Das Partizip der Vorzeitigkeit wird gebraucht, wenn die Handlung des Nebensatzes der Handlung des Hauptsatzes vorausgeht, und wenn beide Sätze das gleiche Subjekt haben.

Gdy Paweł kupił lekarstwa, poszedł do domu. **Kupiwszy** lekarstwa, Paweł poszedł do domu.	*Nachdem Paul die Arzneimittel gekauft hatte, ging er nach Hause.*
Gdy Paweł położył się do łóżka, przeczytał kryminał. **Położywszy** się do łóżka, Paweł przeczytał kryminał.	*Nachdem sich Paul ins Bett gelegt hatte, las er einen Krimi.*

Das Partizip der Vorzeitigkeit gebraucht man hauptsächlich in der Schriftsprache.

18D Übungen

1. *Ersetzen Sie die Partizipialkonstruktionen durch Relativsätze:*

Beispiel: Wiszący na ścianie zegar wskazuje godzinę 10.
Zegar, który wisi na ścianie, wskazuje godzinę 10.

a) Komisarz zauważył mężczyznę wyglądającego przez okno. b) Paweł przeczytał kupioną w kiosku gazetę. c) Piotr wziął receptę wypisaną przez lekarza. d) Jacek popatrzył na dziecko stojące przy kasie. e) Komisarz wskazał na linię kolejową przebiegającą obok domu. f) Państwo Kowalscy czekali na spóźniony pociąg.

2. *Bilden Sie die entsprechenden Formen des Partizips:*

a) Paweł czytał ... (pożyczać) książkę. b) Chętnie rozwiązuję *(ich löse)* ... (interesować) zagadki kryminalne. c) Spojrzał na zegar ... (wisieć) na ścianie. d) Muszę wysłać ... (napisać) wczoraj list. e) Kobieta zapomniała wziąć ... (kupić) gazetę. f) Ludzie ... (czekać) na przystanku rozmawiali głośno.

3. *Ersetzen Sie die adverbialen Partizipien durch entsprechende Temporalsätze:*

Beispiele: Spojrzawszy na Lisa powiedział do niego: „Złożył pan fałszywe zeznanie“.
Kiedy spojrzał na Lisa, powiedział do niego: „Złożył pan fałszywe zeznanie“.

a) Wróciwszy do domu przyjął lekarstwa. b) Przyjąwszy lekarstwa położył się do łóżka. c) Czytając gazetę usnął, bo był bardzo zmęczony. d) Jadąc autobusem spotkał swojego kolegę. e) Kupiwszy lekarstwa wyszedł z apteki. f) Czekając na tramwaj przeczytał bardzo ciekawą zagadkę kryminalną.

4. *Tragen Sie die richtige Präposition ein:*

zza, znad, spoza, naprzeciwko, poza, od, bez, w, z

a) ... tymi kropelkami przepiszę panu tabletki przeciw gorączce. b) Komisarz wstał ... biurka i zdjął okulary. c) Kochanie, nie wyjeżdżaj ... mnie na urlop. d) Wyszedłszy ... sklepu stwierdził, że nie ma jego samochodu. e) Słońce wyjrzało ... chmur. f) Wyż ... Morza Północnego wypiera powoli rozległy niż. g) Pan Lis usiadł ... komisarza Sowy. h) Czy ciekawe są te zagadki kryminalne, które dostałeś ... mnie? i) Czy masz czas ... wtorek po południu?

5. *Ersetzen Sie die Relativsätze durch adjektivische Partizipien:*

Beispiel: Ten pan, który czyta gazetę, jest moim znajomym.
Ten pan czytający gazetę jest moim znajomym.

a) Paweł popatrzył na lekarza, który go badał. b) Kobieta, która wynajmowała mieszkanie, pokazała Katarzynie wszystkie pokoje. c) Przechodzień zapytał o drogę do dworca młodych ludzi, którzy stali przy kiosku. d) Ci państwo, którzy tam siedzą, zamówili pokój dwuosobowy z łazienką. e) Paweł zażył lekarstwa, które kupił w aptece. f) Ania założyła opatrunek na rękę, którą skaleczyła.

6. *Ersetzen Sie die Temporalsätze durch entsprechende adverbiale Partizipien:*

Beispiel: Kiedy Zosia przeczytała gazetę, zabrała się do roboty.
Przeczytawszy gazetę, Zosia zabrała się do roboty.

a) Gdy państwo Kowalscy kupili bilety na pociąg, poszli na peron. b) Kiedy Katarzyna czytała gazetę, znalazła ogłoszenie o mieszkaniu. c) Kiedy państwo Karwaccy jechali na urlop, spotkali swoich starych znajomych. d) Kiedy Tomek wracał do domu, zrobił zakupy w sklepie. e) Kiedy Paweł przyszedł do domu, zażył lekarstwa. Kiedy dziś rano jechał do pracy, zobaczył na ulicy swojego szefa.

7. *Finden Sie heraus, was richtig und was falsch ist:*

a) Paweł kupił w aptece zagadkę kryminalną. b) Wróciwszy do domu, zażył lekarstwa i przeczytał zagadkę kryminalną. c) Paweł ma wreszcie czas, żeby sobie coś poczytać. d) Pan Sowa złożył fałszywe zeznanie. e) Linia kolejowa przebiegała w dużej odległości od domu, w którym wydarzyła się zbrodnia. f) Komisarz pojechał do Zalesia.

8. *Bilden Sie sinnvolle Sätze:*

a) kupił, kiosku, idąc, interesującą, w, do, Paweł, zagadkę, lekarza, kryminalną b) okno, kobietę, pokoju, stojącego, przez, w, i, otwarte, zobaczył, mężczyznę, komisarz, zamordowaną c) gazetę, do, lekarstwa, i, przeczytawszy, zażył, łóżka, Paweł, położył się d) spojrzawszy, powiedział, zegarek, że, bardzo, gość, późno, na, jest e) domu, krople, kupiony, do, przeciw, i, w, przyszedłszy, przeziębieniu, przyjął, zaczął, kryminał, kiosku, czytać f) zwolnienie, lekarz, pacjentowi, kilka, leżeć, że, w, musi, wypisując, dni, powiedział, łóżku.

9. *Ordnen Sie die Sätze zu einem logischen Text:*

a) Chciałbym złożyć zeznanie. b) Komisarz Sowa wyjrzał zza stosu papierów. c) Nazywam się Lis. d) Zobaczył młodego mężczyznę. e) Ktoś zapukał do drzwi. f) Proszę bardzo, co chciałby mi pan powiedzieć?

10. *Wissen Sie, warum Kommissar Sowa feststellen konnte, daß Herr Lis eine falsche Aussage gemacht hat? Diskutieren Sie darüber.*

19A

19A Text

Czy Polacy są przesądni?

W przesądach współczesnych Polaków spotkać można wiele elementów wywodzących się z wierzeń dawnych Słowian. W wierzeniach tych dużą rolę odgrywały ptaki. Na bociany lubiano patrzeć, gdy chodziły po łąkach, lub gdy latały w górze. Ważne było, czy na wiosnę pierwszy raz zobaczyło się bociana lecącego, czy stojącego. Jeśli ktoś zobaczył bociana w locie, oznaczało to, iż on sam uda się w najbliższym czasie w podróż.

Kukułkę uważano za ptaka bardzo tajemniczego. Gdy wiosną usłyszano po raz pierwszy jej kukanie, sięgano natychmiast do kieszeni. Jeżeli było tam nieco pieniędzy, oznaczało to, że cały ten rok będzie dla danej osoby bogaty. Wierzono też w zdolność kukułki przepowiadania kukaniem przyszłości. Dziewczęta wróżyły sobie w ten sposób, za ile lat wyjdą za mąż. Bywało i tak, że wróżby te się spełniały.

Na kształtowanie się przesądów pewien wpływ miały także różnego rodzaju czary i uroki. W celu zneutralizowania uroku niejednokrotnie mawiano, np. „... żeby w złą godzinę nie wymówić" lub „... odpukać w niemalowane drewno."

Obserwowano także objawy fizjologiczne u ludzi i wiązano z nimi określone wróżby. W wypadku czkawki mówi się obecnie, że ktoś wspomina daną osobę. Gdy swędzi lewa ręka, należy spodziewać się pieniędzy lub prezentu, a gdy prawa – wydatku lub spotkania przyjaciela. Gdy ktoś nie poznaje kogoś z daleka, mówi mu, że będzie bogaty.

I na koniec warto pamiętać, że liczba 7 przynosi szczęście, zaś 13 jest liczbą nieszczęśliwą.

Choć tak naprawdę obecnie nie wierzymy w przesądy, to jednak chętnie do nich wracamy w rozmowie z bliskimi nam osobami, ponieważ wierzenia naszych przodków są nieodłączną częścią naszych zwyczajów.

przesądny, -a, -e	*abergläubisch*
przesąd, -du *m*	*Aberglaube*
współczesny, -a, -e	*zeitgenössisch*
wywodzić się *ipf.*, wywodzę się, wywodzisz się	*abstammen*
wierzenie, -nia *n*	*Glaube*
dawni Słowiane *Pl.*	*Urslawen*
rola, -li *f*	*Rolle*
odgrywać *ipf.*, odgrywam, odgrywasz	*spielen*
ptak, -ka *m*	*Vogel*
bocian, -na *m*	*Storch*

chodzić *it.*, chodzę, chodzisz	*gehen*
łąka, -ki *f*	*Wiese*
latać *it.*, latam, latasz	*zu fliegen pflegen*
ważny, -a, -e	*wichtig*
lecieć *ipf.*, lecę, lecisz	*fliegen*
lot, -tu *m*	*Flug*
w locie	*im Flug*
iż = że *Konj.*	*daß*
sam, -a, -o/on sam	*allein/er selbst*
kukułka, -ki *f*	*Kuckuck*
uważać *ipf.* za + *Akk.*, uważam, uważasz	*halten für*
tajemniczy, -a, -e	*geheimnisvoll*
usłyszeć *pf.*, usłyszę, usłyszysz	*hören, vernehmen*
kukanie, -nia *n*	*Kuckucksruf*
sięgać *ipf.*, sięgam, sięgasz	*greifen*
kieszeń, -ni *f*	*Tasche*
bogaty, -a, -e	*reich*
zdolność, -ci *f*	*Fähigkeit*
przepowiadać *ipf.*, przepowiadam, przepowiadasz	*voraussagen, prophezeien*
przyszłość, -ci *f*	*Zukunft*
dziewczę, -cia *n*	*Mädchen*
wróżyć *ipf.*, wróżę, wróżysz	*wahrsagen*
w ten sposób	*auf diese Weise*
bywać *it.*, bywam, bywasz	*zu sein pflegen*
wróżba, -by *f*	*Wahrsagung*
spełniać się *ipf.*	*sich erfüllen*
kształtować się *ipf.*	*sich gestalten*
wpływ, -wu *m*	*Einfluß*
rodzaj, -ju *m*	*Art*
czary, -rów *m/Pl.*	*Zauberei*
urok, -ku *m*	*Zauber*
cel, -lu *m*	*Zweck, Ziel*
w celu	*zwecks*

zneutralizowanie *n*	*Neutralisierung*
niejednokrotnie	*mehrmals*
mawiać *it.*, mawiam, mawiasz	*zu sagen pflegen*
np. = na przykład	*zum Beispiel*
wymówić *pf.*, wymówię, wymówisz	*aussprechen*
wymówić w złą godzinę	*ein Wort zur unrechten Stunde sagen*
odpukać *pf.*, odpukam, odpukasz	*klopfen*
niemalowany, -a, -e	*ungestrichen*
drewno, -na *n*	*Holz*
odpukać w niemalowane drewno	*auf Holz klopfen*
obserwować *ipf.*, obserwuję, obserwujesz	*beobachten*
fizjologiczny, -a, -e	*physiologisch*
objaw, -wu *m*	*Erscheinung*
wiązać *ipf.*, wiążę, wiążesz	*verbinden*
określony, -a, -e	*bestimmt*
wypadek, wypadku *m*	*Ereignis; Fall*
czkawka, -ki *f*	*Schluckauf*
wspominać *ipf.*, wspominam, wspominasz	*zurückdenken*
swędzi(e)ć *ipf.*	*jucken*
należy	*man soll*
wydatek, wydatku *m*	*Ausgabe*
przyjaciel, -la *m*	*Freund*
poznawać *ipf.*, poznaję, poznajesz	*erkennen*
warto	*es lohnt sich*
liczba, -by *f*	*Zahl*
choć/chociaż *Konj.*	*obwohl*
bliska osoba	*Verwandte(r)*
przodek, przodka *m*	*Vorfahr, Ahn*
nieodłączny, -a, -e	*unzertrennlich*
zwyczaj, -ju *m*	*Sitte, Brauch*

19B Landeskunde – Sprachgebrauch

1. Abkürzungen

In geschriebenen Texten kann man verschiedene Abkürzungen antreffen. Zu den meistgebrauchten Abkürzungen gehören:

i in.	i inne *und andere*
itd.	i tak dalej *und so weiter*
itp.	i tym podobne *und ähnliche(s)*
m. in.	między innymi *unter anderen/anderem*
np.	na przykład *zum Beispiel*
tj.	to jest *das ist, das heißt*
tzn.	to znaczy *das heißt*
tzw.	tak zwany *sogenannt*

Untenstehend finden Sie noch einige geläufige Abkürzungen im heutigen Polnisch:

Instytucje *Institutionen*

NBP – Narodowy Bank Polski *Polnische Nationalbank*
PKO – Powszechna Kasa Oszczędności *Allgemeine Sparkasse*
PKP – Polskie Koleje Państwowe *Polnische Staatsbahnen*
CPN – Centrala Produktów Naftowych *Handelszentrale für Erdölprodukte*

Organizacje *Organisationen*

NOT – Naczelna Organizacja Techniczna *Verband polnischer Ingenieure*
PAN – Polska Akademia Nauk *Polnische Akademie der Wissenschaften*
PCK – Polski Czerwony Krzyż *Polnisches Rotes Kreuz*
ONZ – Organizacja Narodów Zjednoczonych *UNO*

Nazwy krajów *Ländernamen*

RFN – Republika Federalna Niemiec *Bundesrepublik Deutschland*
RP – Rzeczpospolita Polska *Republik Polen*

Polnische Abkürzungen, die aus Konsonant-Vokal-Konsonant bestehen, werden wie eine beliebige polnische Silbe ausgesprochen, z. B.: PAN [pan], NOT [nɔt]. Alle anderen Abkürzungen werden buchstabiert, z. B.: CPN [cɛpɛɛn], RFN [ɛrɛfɛn]. Einige geläufige Abkürzungen, die im Nom. Sg. auf einen Konsonanten auslauten, werden wie Substantive dekliniert, alle anderen Abkürzungen bleiben undekliniert, z. B.:

	Lautung	*geschriebene Form*
PAN (pan)	dɔ panu, f paŋɛ	do PAN(-u), w PAN(-ie)
NOT (not)	dɔ nɔtu, v nɔɕɛ	do NOT(-u), w Organizacji NOT
RFN (erefen)	dɔ ɛrɛfɛnu, v ɛrɛfɛŋɛ	do RFN(-u), w RFN(-ie)
aber:		
PKO (pekao)	dɔ pɛkaɔ, f pɛkaɔ	do PKO, w PKO

19C Grammatik

1. Unpersönliche Konstruktionen

Unpersönliche Konstruktionen sind solche Formen, die man mit keinem Personalpronomen verbinden kann. Sie werden mit Hilfe bestimmter unpersönlicher Verbformen ausgedrückt.

Zu den unpersönlichen Verbformen zählen:

Verbformen	*imperfektiv*	*perfektiv*
Infinitiv	kupować	kupić
Partizip Präsens Aktiv	kupujący	–
Partizip Präteritum Passiv	kupowany	kupiony
Partizip der Gleichzeitigkeit	kupując	–
Partizip der Vorzeitigkeit	–	kupiwszy
unpersönl. Form des Präteritums	kupowano	kupiono
unpersönl. Konstruktionen mit Reflexivpronomen: Präteritum	kupowało się	kupiło się
Präsens	kupuje się	kupi się

Merke: Die Striche bedeuten das Fehlen der entsprechenden Form.

In subjektlosen Sätzen gebraucht man im Polnischen oft unpersönliche Verbformen und Konstruktionen, die die Tätigkeit oder den Zustand einer nicht näher bestimmten Person bezeichnen.

Kukułkę uważano za ptaka tajemniczego.	*Den Kuckuck hielt man für einen geheimnisvollen Vogel.*
Gdy usłyszano kukanie, sięgano natychmiast do kieszeni.	*Wenn man den Kuckucksruf hörte, griff man sofort in die Tasche.*
Dawniej mówiło się/mówiono dużo o czarach.	*Früher sprach man viel über die Zauberei.*

In subjektlosen Sätzen mit unpersönlichen Formen von być – **jest się, będzie się, było się** – steht das Adjektiv in der Funktion des Prädikatsnomens nicht im Nominativ, sondern im Instrumental.

Gdy się ma pieniądze w kieszeni, będzie się bogat**ym**.	*Wenn man Geld in der Tasche hat, wird man reich.*

Die unpersönliche Verbform des Präteritums wird vom Partizip Präteritum abgeleitet und endet auf **-o**:

Infinitiv	*Partizip Präteritum*	*unpers. Verbform des Präteritums*	
kupić	kupiony, -a, -e	kupiono	*ist gekauft worden*
kupować	kupowany, -a, -e	kupowano	*wurde gekauft*

Diese Form hat die Bedeutung des Passivs, das im Polnischen viel seltener gebraucht wird als im Deutschen.

Wczoraj kupiono tutaj sportowy samochód. *Gestern wurde hier ein Sportwagen gekauft.*

Im Polnischen kommen auch unpersönliche Konstruktionen (3. Pers. Sg. Präs. bzw. 3. Pers. Sg. Prät. Neutrum) in Verbindung mit dem Reflexivpronomen **się** häufig vor, die u. a. passivische Wendungen im Präsens und im Präteritum ersetzen.

Tu mówi się po polsku.	*Hier spricht man Polnisch.*
	Hier wird Polnisch gesprochen.
Tu mówiło się po polsku.	*Hier wurde Polnisch gesprochen.*

2. Iterative Verben

Eine besondere Gruppe der imperfektiven Verben bilden sog. iterative Verben, die zur Bezeichnung einer wiederholten bzw. einer zur Gewohnheit gewordenen Handlung verwendet werden. Sie werden ins Deutsche mit „pflegen ... zu" übersetzt, z. B.: **mawiać** *zu sagen pflegen,* **sypiać** *zu schlafen pflegen.* Iterative Verben haben in ihrem Stamm oft ein **-a-** und ihr Infinitiv endet auf **-ać**. In Sätzen mit iterativen Verben treten oft Zeitadverbien auf, die die Häufigkeit der Handlung zusätzlich hervorheben.

Imperfektive Verben			
	iterativ		
spać	sypiać	Często sypiam po obiedzie.	*Oft pflege ich nach dem Mittagessen zu schlafen.*
jeść	jadać	Czasami jadam w lokalu.	*Manchmal pflege ich in einem Lokal zu essen.*
mówić	mawiać	Niejednokrotnie mawiano ...	*Mehrmals pflegte man zu sagen ...*

Zu dieser Gruppe gehören auch die sog. Verben der Fortbewegung mit ihren iterativen Formen, die eine wiederholte Handlung bezeichnen.

	iterative Handlungsform	
iść	chodzić	*gehen*
jechać	jeździć	*fahren*
biec	biegać	*laufen*
płynąć	pływać	*schwimmen*
lecieć	latać	*fliegen*
wieźć	wozić	*befördern*
nieść	nosić	*tragen*

3. Der Konzessivsatz (Nebensatz der Einräumung)

Ein Konzessivsatz wird im Polnischen mit den Konjunktionen **chociaż, choć, jakkolwiek** *obwohl* und dem Konjunktionaladverb **mimo to** *trotzdem* eingeleitet.

Chociaż/choć/jakkolwiek nie wierzymy w czary, to jednak chętnie o nich rozmawiamy. — *Obwohl wir nicht an Zauberei glauben, sprechen wir gern darüber.*

Nie wierzymy w czary, mimo to chętnie o nich rozmawiamy. — *Wir glauben nicht an Zauberei, trotzdem sprechen wir gern darüber.*

4. Koordinierende Konjunktionen (Beiordnende Bindewörter)

Koordinierende Konjunktionen verbinden Hauptsätze, Nebensätze gleichen Grades und einzelne Satzglieder. Vor den Konjunktionen **i** *und,* **oraz** *sowie,* **lub, albo, czy** *oder* steht in der Regel kein Komma, es sei denn sie werden in derselben Funktion im Satz wiederholt, z. B.:

Piszesz teraz list czy czytasz książkę?
Czy teraz piszesz list, czy czytasz książkę? — *Schreibst du jetzt den Brief oder liest du das Buch?*

Ein Komma steht dagegen immer vor der Konjunktion **a** und den Konjunktionaladverbien **zaś/natomiast** *dagegen* und in einer konjunktionslosen Verbindung.

Liczba 7 przynosi szczęście, zaś 13 jest liczbą nieszczęśliwą. — *Die Zahl 7 bringt Glück, dagegen ist 13 eine Unglückszahl.*

Teraz czytam książkę, a potem napiszę list.
Teraz czytam książkę, potem napiszę list. — *Jetzt lese ich ein Buch (und) dann schreibe ich einen Brief.*

5. Subordinierende Konjunktionen (Unterordnende Bindewörter)

Subordinierende Konjunktionen leiten Nebensätze ein. In den einzelnen Lektionen wurden bis jetzt verschiedene Nebensätze mit folgenden einleitenden Konjunktionen behandelt:

Satzart	*Frage*	*subordinierende Konjunktionen*
Subjektsatz	kto? co?	kto, co
Objektsatz	o czym?	że, iż; *entsprechendes Fragepronomen*
Relativsatz	który? jaki?	który, jaki, ile
Kausalsatz	dlaczego?	ponieważ, bo, bowiem, gdyż
Finalsatz	po co?	ażeby, żeby, aby, by
Temporalsatz	kiedy?	kiedy, gdy
Konzessivsatz	mimo co?	chociaż, choć, mimo że, mimo to
Konditionalsatz	pod jakim warunkiem?	jeżeli, jeśli, kiedy, gdy

Nie musi wierzyć, **kto** nie chce. — *Wer nicht will, muß nicht glauben.*
Chciałbym wiedzieć, **czy** ten bocian mógł latać. — *Ich möchte wissen, ob dieser Storch fliegen konnte.*
Wielu uważa, **że** to daje szczęście. — *Viele glauben, daß das Glück bringt.*
Obserwowano bociana, **który** stał na łące. — *Man hat den Storch beobachtet, der auf der Wiese stand.*

Nie wierzy w czary, **ponieważ** nie jest przesądny. — *Er glaubt nicht an Zauberei, weil er nicht abergläubisch ist.*
Czemu opowiadasz o czarach, **jeśli** w nie nie wierzysz? — *Warum erzählst du über Zauberei, wenn du nicht daran glaubst?*
Ubieram go ciepło, **aby** nie zmarzł. — *Ich ziehe ihn warm an, damit er sich nicht erkältet.*

Sięgano do kieszeni, **gdy** usłyszano kukanie. — *Man griff in die Tasche, wenn man den Kuckucksruf hörte.*
Chętnie wróżę, **choć** w to nie wierzę. — *Ich wahrsage gern, obwohl ich nicht daran glaube.*

19D Übungen

1. *Können Sie neun Substantive zum Thema* Przesądy *finden, die in dem nebenstehenden Rätsel verschlüsselt sind?*

C	Z	A	R	Y	C	L	B
Z	R	Ę	K	A	Z	I	O
K	R	O	E	S	B	C	C
A	P	T	A	K	A	Z	I
W	U	W	R	Ó	Ż	B	A
K	U	K	U	Ł	K	A	N
A	U	R	O	K	I	J	A

2. *Welche Wortgruppen würden Sie als Abkürzungen schreiben?*

W Polsce jest wiele instytucji i organizacji, między innymi Powszechna Kasa Oszczędności, Narodowy Bank Polski, Centrala Produktów Naftowych, Naczelna Organizacja Techniczna i inne. Instytucją naukową jest Polska Akademia Nauk. Naszym sąsiadem *(Nachbar)* na zachodzie jest Republika Federalna Niemiec. Republika Federalna Niemiec i Rzeczpospolita Polska należą do Organizacji Narodów Zjednoczonych.

3. *Setzen Sie die entsprechende unpersönliche Form im Präsens ein:*

a) Dawniej kupowano dużo mięsa. Dzisiaj ... o wiele mniej. b) Pięćdziesiąt lat temu nie latano jeszcze tak często samolotami. Obecnie ... o wiele częściej. c) Dawniej jadano obiady tylko w domu. Teraz ... także w lokalach. d) Przed godziną rozmawiano jeszcze o pogodzie. Teraz ... o urządzaniu mieszkania. e) Dawniej wierzono w uroki i czary. Dzisiaj już nie ... w takie przesądy.

4. *Finden Sie den Oberbegriff für jede Wortgruppe:*

a) bilet, pociąg, kasa biletowa, podróż, hotel, jechać. b) wierzyć, wróżyć, uroki, czary, dobra ręka, swędzi ręka, przesądy, kukanie kukułki. c) badać, krople, tabletki, przeziębienie, lekarz, wypoczywać. d) deszcz, niskie ciśnienie, zachmurzenie, przejaśnienie, pogoda, umiarkowany wiatr. e) kupować, chleb, ciasto, warzywa, mięso, wędlina, płacić, masło, pomidory, herbata, zakupy. f) meble, łazienka, mieszkanie, pokój dzienny, sypialnia.

5. *Wählen Sie die richtige Konjunktion bzw. das richtige Konjunktionaladverb und setzen Sie ein Komma, wo es nötig ist:*

albo, lub, że, choć, zaś, mimo to, kiedy, gdy, kto

a) Ludzie wierzą w przesądy ... wróżby nie zawsze się spełniają. b) Może nie wierzyć w przesądy ... nie chce. c) Spodziewano się podróży ... zobaczono bociana w locie. d) Liczba siedem jest szczęśliwa ... trzynastka przynosi nieszczęście. e) ... swędziała prawa ręka, spodziewano się wydatku ... spotkania przyjaciela. f) Chętnie słucham wróżb ... w nie nie wierzę. g) Kukanie kukułki oznaczało ... dziewczęta wyjdą wkrótce za mąż. h) Kukułki przepowiadały przyszłość ... wróżyły ... będzie się bogatym.

6. *Verwandeln Sie die in Klammern stehenden Infinitive in entsprechende unpersönliche Verbformen:*

a) W przesądach współczesnych Polaków (spotykać) wiele elementów z wierzeń dawnych Słowian. b) Dawniej (wierzyć) w uroki i czary. c) Gdy ktoś ma czkawkę, (mówić) obecnie, że ktoś wspomina daną osobę. d) Kukułkę (uważać) dawniej za ptaka, który przynosi szczęście. e) Kiedyś *(früher)* (mówić), że kukułka przepowiada przyszłość. f) Nierzadko (uważać), że siódemka przynosi szczęście. g) Dzisiaj nie (wierzyć) w przesądy jak dawniej.

7. *Übersetzen Sie ins Polnische:*

a) Er pflegt immer pünktlich zu sein. b) Ich pflege gewöhnlich zu Hause zu essen. c) Wenn ich Zeit habe, pflege ich nach dem Essen ein bißchen zu schlafen. d) Früher pflegte man zu sagen, daß die Zahl 13 Unglück bringt. e) In welchem Land pflegt man viel Fleisch zu essen?

8. *Was paßt zusammen?*

a) Gdy kukułki kukają,	czeka cię w najbliższym czasie podróż.
b) Gdy prawa ręka swędzi,	trzeba odpukać w niemalowane drewno.
c) Gdy na wiosnę zobaczysz bociana w locie,	znaczy to, że będziesz bogaty.
d) Dla zneutralizowania uroku,	dziewczęta wyjdą za mąż.
e) Gdy mamy czkawkę,	spotkamy kogoś znajomego.
f) Gdy ktoś cię nie pozna,	znaczy to, że ktoś o nas mówi.

9. *Beantworten Sie die Fragen:*

a) Co znaczy, gdy młoda dziewczyna usłyszy kukułkę, która trzy razy zakuka? b) Kiedy trzeba odpukać w niemalowane drewno? c) Jaką rolę odgrywa liczba 7, a jaką liczba 13? d) Kiedy można wierzyć, że będzie się miało dużo pieniędzy? e) Jaki ptak wróży nieoczekiwaną podróż? f) Co to znaczy, gdy kogoś swędzi ręka?

10. *Diskutieren Sie folgende Punkte:*

a) Czy są Państwo przesądni?
b) Ile przesądów znaleźli Państwo w tekście?
c) Które przesądy Polaków znane są również w Państwa kraju?
d) Które przesądy podobają się Państwu i dlaczego?

20A Text

Chodźmy do restauracji na obiad.

P. = Paweł
Ka. = Katarzyna
Ke. = Kelner

P.: Kogo ja widzę!? Co za niespodzianka? Witam cię Kasiu!
Ka.: Dzień dobry, Pawle. Nie poznałam cię. Będziesz bogaty.
P.: Właśnie się zastanawiałem, dlaczego mnie dziś swędzi ręka. Co porabiasz w Krakowie?
Ka.: Jestem tu u mojej przyjaciółki i szukam mieszkania dla moich znajomych z Niemiec. A co tam u ciebie słychać?
P.: W porządku, dziękuję.
Ka.: Co cię sprowadza do Krakowa?
P.: Szef mnie wysłał, abym przygotował program dla grupy zagranicznych turystów w przyszłym miesiącu. Sprawy mają się dobrze, żeby w złą godzinę nie wymówić ... Nie zjedlibyśmy czegoś? Jeśli miałabyś trochę czasu, to chętnie zaprosiłbym cię do restauracji na obiad.
Ka.: Świetnie! Mam trochę czasu i chętnie bym coś zjadła.
P.: Znakomicie! Chodźmy więc coś zjeść!

P.: Ile tu ludzi! Kasiu zaczekaj chwilkę! Zapytam kelnera o wolny stolik.
Ke.: Słucham pana?
P.: Proszę pana, czy nie miałby pan jeszcze jednego wolnego stolika dla dwóch osób?
Ke.: Tu są jeszcze wolne miejsca. Proszę, tu jest karta. Co państwu podać?
Ka.: Proszę krupnik i gulasz.
Ke.: Bardzo mi przykro. Nie mamy ani krupniku ani gulaszu w jadłospisie.
Ka.: A co mógłby mi pan polecić?
Ke.: Bigos jest wyśmienity. Jest w nim dużo pieczonego mięsa. Im więcej jest w nim rodzajów mięsa, tym jest smaczniejszy. Do bigosu proponuję zupę pomidorową.
P.: Ja też wziąłbym bigos na drugie danie. Ale jaką zupę?

Restauracja „Nostalgia"

Karta obiadowa

Zupy	Suppen
chłodnik	Rote-Bete-Kaltschale
zupa pomidorowa	Tomatensuppe
zupa jarzynowa	Gemüsesuppe
kapuśniak	Sauerkohlsuppe
barszcz	Borschtsch
flaczki	Kuttelsuppe

Zakąski	Vorspeisen
sałatka z drobiu	Geflügelsalat
sałatka śledziowa	Heringssalat
śledź w oliwie	Hering in Öl
tatar	Tatar(beefsteak)

Dania mięsne	Fleischgerichte
bigos	Sauerkraut mit Fleisch, gedünstet
sztuka mięsa	gekochtes Rindfleisch
kotlet schabowy	Schweinekotelett
schab peklowany	Rippenspeer
pieczeń wołowa	Rinderbraten
kurczak pieczony	Backhuhn

Dania bezmięsne	Fleischlose Gerichte
pierogi	gefüllte Teigtaschen
– z kapustą	mit Krautfüllung
– z serem	mit Quarkfüllung
naleśniki	Palatschinken
gołąbki	Kohlrouladen

Ryby	Fischgerichte
karp smażony	gebratener Karpfen
pstrąg z wody	Forelle blau

Dodatki	Beilagen
kasza gryczana	Buchweizengrütze
ziemniaki	Kartoffeln
frytki	Pommes frites
makaron	Makkaroni
ryż	Reis

Jarzyny	Gemüse
sałata zielona	grüner Salat
mizeria	Gurkensalat
pieczarki	Champignons
buraczki	rote Bete
marchewka	Möhren

Desery	Nachspeisen
galaretka owocowa	Obstgelee
kompot	Kompott
– z gruszek	Birnenkompott
– z jabłek	Apfelkompott
– mieszany	gemischtes Kompott
lody	Eis

Napoje bezalkoholowe	alkoholfreie Getränke
woda mineralna	Mineralwasser
sok pomarańczowy	Orangensaft
napój jabłkowy	Apfelgetränk
sok jabłkowy	Apfelsaft
lemoniada	Limonade
kawa	Kaffee
herbata	Tee

Napoje alkoholowe	alkoholische Getränke
piwo ciemne	dunkles Bier
piwo jasne	helles Bier
wino czerwone	Rotwein
wino białe	Weißwein
koniak	Kognak
szampan	Sekt
wódka	Wodka

Polecamy kuchnię polską

Ke.: Polecam albo pomidorową albo barszcz.
P.: Dobrze. Wobec tego proszę nam przynieść dwie porcje bigosu, jedną zupę pomidorową i jeden barszcz.
Ke.: Służę uprzejmie. Dwa razy bigos, raz pomidorową i raz barszcz. A co podać do picia?
Ka.: Napiłabym się wina. Proszę lampkę czerwonego wina.
P.: A dla mnie jedno jasne piwo.
Ka.: Ja bym zjadła jeszcze lody. Niech mi pan przyniesie porcję lodów owocowych.
Ke.: Mamy nie tylko dobre lody lecz także kompoty.
Ka.: W takim razie niech mi pan nie przynosi lodów. Proszę mi podać kompot z gruszek.

P.: Chcielibyśmy zapłacić.
Ke.: Proszę bardzo. Razem czy osobno?
P.: Proszę razem.
Ka.: Gdybym to wiedziała, nie przyszłabym tu z tobą.
P.: Następnym razem zaprosisz ty mnie. Zgoda?
Ke.: Proszę, tu jest rachunek. Czy smakowało?
Ka.: O tak, obiad był bardzo smaczny.
Ke.: Bardzo miło mi to słyszeć. Polecamy się na przyszłość.
Ka.: Niestety muszę już iść. Gdybym miała więcej czasu, chętnie zostałabym dłużej. Jutro wracam do Warszawy.
P.: To się świetnie składa. Cieszyłbym się bardzo, gdybyśmy mogli wrócić razem do Warszawy. Jestem tu samochodem.
Ka.: To wspaniale!
P.: To gdzie się spotkamy?
Ka.: Spotkajmy się jutro tu przed restauracją.
P.: A może przyjechałbym po ciebie do twojej koleżanki? Nie tylko bym po ciebie przyjechał, ale i zniósłbym ci walizki.
Ka.: To miło z twojej strony. Mógłbyś przyjechać o wpół do dziewiątej?
P.: Pod jaki adres?
Ka.: Krupnicza 5.
P.: Gdybym miał się spóźnić, to zaczekaj na mnie chwileczkę. Nie znam dobrze Krakowa.
Ka.: To do jutra. Pa, pa! Trzymaj się!

20A

Na wesoło

Gość do kelnera: Proszę porcję pierogów. Albo nie, niech mi pan nie przynosi pierogów.
Niech mi pan przyniesie to, co je tamten gość przy stoliku obok.
Kelner: Będę próbował, ale nie wiem, czy pozwoli sobie zabrać.

chodźmy	*gehen wir*
spotkanie, -nia *n*	*Begegnung*
zastanawiać się *ipf.*, zastanawiam się, zastanawiasz się	*überlegen*
porabiać *ipf.*, porabiam, porabiasz	*machen, tun*
przyjaciółka, -ki *f*	*Freundin*
słychać *nur Inf.*	*man hört*
co słychać?	*was gibt's Neues?*
porządek, porządku *m*	*Ordnung*
co cię sprowadza do Krakowa?	*was führt dich nach Krakau?*
sprawy mają się dobrze	*es läuft gut*
zjeść *pf.*, zjem, zjesz	*essen*
zjedlibyśmy	*wir würden essen*
bym zjadła = zjadłabym	*ich würde essen*
znakomicie *Adv.*	*ausgezeichnet*
zapytać *pf.*, zapytam, zapytasz	*fragen*
kelner, -ra *m*	*Kellner*
stolik, -ka *m*	*Tisch*
karta, -ty *m*	hier: *Speisekarte*
krupnik, -ku *m*	*Graupensuppe*
gulasz, -szu *m*	*Gulasch*
jadłospis, -su *m*	*Speisekarte*
drugie danie	*Hauptgericht*
bigos, -su *m*	*Bigos* (gedünstetes Sauerkraut mit Fleischstücken)
wyśmienity, -a, -e	*ausgezeichnet*
im ... tym	*je ... desto*
smaczny, -a, -e	*schmackhaft*
proponować *ipf.*, proponuję, proponujesz	*vorschlagen*
zupa pomidorowa	*Tomatensuppe*
albo ... albo	*entweder ... oder*
barszcz, -czu *m*	*Borschtsch*
porcja, -cji *f*	*Portion*

służyć *ipf.*, służę, służysz	*dienen*
służę uprzejmie	*zu Ihren Diensten*
picie, -cia *n*	*Trinken*
napić się *pf.*, napiję się, napijesz się	*trinken*
lampka *f* wina	*ein Glas Wein*
przynieść *pf.*, przyniosę, przyniesiesz	*bringen*
owocowy, -a, -e	*Obst..., Frucht...*
kompot, -tu *m*	*Kompott*
gruszka, -ki *f*	*Birne*
zapłacić *pf.*, zapłacę, zapłacisz	*zahlen*
osobno *Adv.*	*getrennt*
następnym razem	*nächstes Mal*
zgoda?	*einverstanden?*
rachunek, rachunku *m*	*Rechnung*
polecać się *ipf.*, polecam się, polecasz się	*sich empfehlen*
polecamy się na przyszłość	*besuchen Sie uns einmal wieder*
zostać *pf.*, zostanę, zostaniesz	*bleiben*
to się świetnie składa	*das trifft sich gut*
jestem tu samochodem	*ich bin mit dem Auto hier*
nie tylko ... ale i ...	*nicht nur ... sondern auch ...*
to miło z twojej strony	*das ist nett von dir*
spóźnić się *pf.*, spóźnię się, spóźnisz się	*sich verspäten*
pierogi, -gów *m/Pl.*	*gefüllte Teigtaschen*
próbować *ipf.*, próbuję, próbujesz	*versuchen*
zabrać *pf.*, zabiorę, zabierzesz	hier: *wegnehmen*

20B Landeskunde – Sprachgebrauch

1. Wortschatz

Zum Ausdruck der Zustimmung bzw. Begeisterung gebraucht man im Polnischen folgende Adverbien: **znakomicie** *ausgezeichnet,* **świetnie** *glänzend,* **wspaniale** *prächtig,* **cudownie** *wunderbar,* **wybornie** *vortrefflich,* **fenomenalnie** *phänomenal.*

2. Zweiteilige Konjunktionen

Genauso wie im Deutschen gibt es im Polnischen zweiteilige Konjunktionen bzw. Konjunktionaladverbien, die entweder einzelne Satzteile oder ganze Sätze miteinander verbinden:

zarówno ... jak i	*sowohl ... als auch*
albo ... albo	*entweder ... oder*
nie tylko ... lecz także	*nicht nur ... sondern auch*
ani ... ani	*weder ... noch*
im ... tym	*je ... desto*

3. „Hören" im Polnischen

Das deutsche Verb „hören" wird im Polnischen folgendermaßen wiedergegeben:

a) słuchać — *auf jmdn. hören, jmdm. zuhören,* z. B.: Słucham muzyki. (Das Verb słuchać verlangt das Genitivobjekt sowohl in bejahenden als auch verneinenden Sätzen.)

b) słucham? — *wie bitte?* Słucham, przepraszam nie zrozumiałem.
was kann ich für Sie tun? Słucham pana/panią?

c) słyszeć — mit den Ohren wahrnehmen, z. B.: Dobrze słyszę, co mówisz.

d) słychać — *was gibt's Neues (zu hören)?* Co słychać? Das Verb słychać hat keine Personalformen.

4. Kochrezept: Przepis na bigos

Składniki	*Zutaten*
25 dag wieprzowiny	*Schweinefleisch*
10 dag wędzonego boczku	*geräucherter Speck*
3 dag tłuszczu	*Fett*

10 dag pieczonego mięsa	*Gebratenes*
np. cielęcina, kaczka, dziczyzna	*Kalbfleisch, Ente, Wild*
10 dag kiełbasy	*Wurst*
50 dag kapusty kwaszonej	*Sauerkraut*
50 dag świeżej kapusty	*Weißkohl*
5 dag koncentratu pomidorowego	*Tomatenmark*
5 dag suszonych grzybów	*getrocknete Pilze*
2 cebule	*Zwiebeln*
Do smaku dodać	*je nach Geschmack beimengen*
pieprz mielony	*Pfeffer, gemahlen*
sól, sok z cytryny	*Salz, Zitronensaft*
liście laurowe	*Lorbeerblätter*
cukier	*Zucker*

Przyrządzanie — *Zubereitung*

Wieprzowinę pokroić na niewielkie kawałki *(in Stücke schneiden)*, cebule pokroić w kostkę *(würfeln)*, razem obsmażyć *(anbraten)* na tłuszczu.

Dodać pokrojony *(tranchiert)* boczek i pokrojoną kapustę kwaszoną i świeżą, liście laurowe, trochę wody i dusić *(dünsten)*.

Na końcu dodać pokrojone mięso pieczone, pokrojoną kiełbasę i suszone grzyby. Doprawić do smaku *(abschmecken)* solą, pieprzem i koncentratem pomidorowym.

Bigos można przygotować bez kiełbasy i koncentratu pomidorowego. Wtedy należy dodać więcej pieczonego mięsa.

5. Rund ums Essen

Na stole:

1. talerz
2. serwetka
3. widelec
4. nóż
5. łyżka
6. widelczyk
7. łyżeczka
8. kielich do wody
9. kieliszek do wina

Lokale: Gdzie można coś zjeść?

Restauracja „Nostalgia"

Lokal czynny codziennie
w godzinach
od 12^{00} do 24^{00}

kawiarnia	*Café*	bar samoobsługowy	*Cafeteria*
restauracja	*Restaurant*	cukiernia	*Konditorei*
stołówka	*Kantine, Mensa*	winiarnia	*Weinstube*
gospoda	*Gasthaus*	piwiarnia	*Bierstube*

20C Grammatik

1. Der Imperativ

Der Imperativ wird von der 3. Pers. Pl. Präs. durch Streichung der Personalendung -ą gebildet. So entsteht die Imperativform der 2. Pers. Sg.

Wenn der Verbstamm auf eine Konsonantengruppe ausgeht, endet der Imperativ der 2. Pers. Sg. auf **-ij** nach einem weichen Konsonanten bzw. auf **-yj** nach einem verhärteten Konsonanten.

Wenn der Verbstamm auf einen weichen Konsonanten endet, wird dieser im Imperativ durch einen harten Konsonanten ersetzt. Dieser Konsonantenwechsel ist oft mit einem Vokalwechsel (meistens -o- → **-ó-**) verbunden.

3. Pers. Pl.	*Imperativ: 2. Pers. Sg.*	
słuchają	słuchaj!	*höre!*
jedzą	jedz!	*iß!*
śpią	śpij!	*schlafe!*
ciągną	ciągnij!	*ziehe!*
drżą	drżyj!	*zittere!*
robią	rób!	*mache!*
mówią	mów!	*sprich!*
kupią	kup!	*kaufe!*

20C

Unregelmäßig bilden den Imperativ u. a. folgende Verben:

3. Pers. Pl.	*Imperativ: 2. Pers. Sg.*	
są	bądź!	*sei!*
mają	miej!	*hab!*
chodzą	chodź!	*komm!*
chcą	chciej!	*wolle!*

Die Form der 2. Pers. Sg. Präs. gilt im Polnischen als Grundform des Imperativs, von der alle anderen Formen abgeleitet werden. Die 1. Pers. Pl. Imperativ wird also von der 2. Pers. Sg. Imperativ durch Anhängen der Endung **-my**, und die 2. Pers. Pl. durch Anhängen der Endung **-cie** gebildet.

2. Pers. Sg.	słuchaj!	*hör zu!*	chodź!	*komm!*
1. Pers. Pl.	słuchaj**my**!	*hören wir zu!*	chodź**my**!	*kommen wir!*
2. Pers. Pl.	słuchaj**cie**!	*hört zu!*	chodź**cie**!	*kommt!*

Der Imperativ der 3. Pers. Sg. und Pl. wird gebildet, indem diesen Formen **niech** vorangestellt wird. Auch bei der Höflichkeitsform („Sie") kann niech gebraucht werden oder der Ausdruck **proszę** + **Infinitiv**.

proszę + Inf.	Proszę czekać!	*Bitte warten (Sie)!*
3. Pers. Sg.	Niech pan/i czeka!	*Bitte warten Sie!*
3. Pers. Pl.	Niech państwo czekają!	*Bitte warten Sie!*

Der Imperativ kann sowohl von imperfektiven als auch perfektiven Verben gebildet werden. Beim gebietenden Imperativ werden perfektive Verben und beim verbietenden Imperativ imperfektive Verben gebraucht.

gebietende Imperativformen (perfektive Verben)

Niech pani to powie!	*Sagen Sie das!*
Niech państwo zaczekają!	*Warten Sie!*
Niech pan mi to przyniesie!	*Bringen Sie das mir!*

verbietende Imperativformen (imperfektive Verben)

Niech pani tego nie mówi!	*Sagen Sie das nicht!*
Niech państwo nie czekają!	*Warten Sie nicht!*
Niech pan mi tego nie przynosi!	*Bringen Sie mir das nicht!*

2. Der Konjunktiv

Der Konjunktiv dient zum Ausdruck einer bedingten (möglichen, gewünschten bzw. nicht wirklichen) Tätigkeit. Im Gegensatz zum Deutschen verfügt das Polnische nur über eine Konjunktivform. Den deutschen Formen *ich schriebe, ich hätte geschrieben, ich würde schreiben, ich würde geschrieben haben* entspricht nur eine Form im Polnischen: pisałbym/pisałabym. Sie entsteht durch die Einfügung der Partikel **by** zwischen die Endung des Präteritums und die Personalendung. In der Konjunktivform wird immer die Partikel -by- betont.

	Maskulinum	*Femininum*	*Neutrum*
(ja)	pisał**bym**	pisała**bym**	
(ty)	pisał**byś**	pisała**byś**	
(on)	pisał**by**		
(ona)		pisała**by**	
(ono)			pisało**by**
	Personalform	*Sachform*	
(my)	pisali**byśmy**	pisały**byśmy**	
(wy)	pisali**byście**	pisały**byście**	
(oni)	pisali**by**		
(one)		pisały**by**	

Die Partikel **by** zusammen mit der Personalendung kann auch vor das Verb gestellt werden.

Chętnie zjadłabym coś dobrego.	*Ich würde gern etwas Gutes essen.*
Chętnie **bym** zjadła coś dobrego.	*Ich würde gern etwas Gutes essen.*

In Konditionalsätzen werden die Partikel **by** und die Personalendung immer an die Konjunktion angefügt.

Gdy**byśmy** mieli więcej czasu, porozmawialibyśmy jeszcze trochę.	*Wenn wir mehr Zeit gehabt hätten, hätten wir noch ein bißchen miteinander gesprochen.*
Jeśli**bym** cię nie spotkał, to nie zjadłbym tak dobrego obiadu.	*Hätte ich dich nicht getroffen, hätte ich kein so gutes Mittagessen gegessen.*

Steht die Partikel **by** bei unpersönlichen Verbformen oder bei **trzeba, można**, dann wird getrennt geschrieben.

Jeśliby więcej czytano, to robiono by mniej błędów.	*Wenn man mehr gelesen hätte, hätte man weniger Fehler gemacht.*
Trzeba by coś zrobić.	*Man muß etwas unternehmen.*

Mit unpersönlichen Formen auf -ło, z. B. **miało się, czytało się, robiło się**, wird die Partikel **by** jedoch zusammengeschrieben.

Jeśliby się więcej czytało, to robiłoby się mniej błędów.	*Wenn man mehr gelesen hätte, hätte man weniger Fehler gemacht.*
Gdyby się szybciej pracowało, to miałoby się więcej czasu.	*Wenn man schneller gearbeitet hätte, hätte man mehr Zeit gehabt.*

20D Übungen

1. *Formen Sie die Sätze nach folgendem Beispiel um:*

   Beispiel: Musisz napisać ten list. Napisz ten list!

   a) Musimy przeczytać tę książkę. b) Musisz na mnie zaczekać. c) Musicie posłuchać. d) Musisz tak robić dalej. e) Musicie stać spokojnie. f) Musimy najpierw zjeść obiad. g) Musisz pójść ze mną do restauracji.

2. *Bilden Sie verbietende Imperativformen:*

   Beispiel: Niech pan zamówi bigos!
   Niech pan nie zamawia bigosu!

   a) Niech pani tu usiądzie! b) Niech pan weźmie zupę pomidorową! c) Niech państwo chwilkę zaczekają! d) Niech państwo do nas napiszą! e) Niech pan zje swoją porcję! f) Niech pani mi przyniesie jedno piwo! g) Niech państwo kupią te czerwone tulipany! h) Niech się pan napije białego wina. i) Niech państwo do nas dziś zadzwonią.

3. *Übersetzen Sie ins Polnische. Gebrauchen Sie dabei* słuchać, słychać *oder* słyszeć*:*

   a) Wie bitte? b) Was gibt's Neues bei Ihnen? c) Sprechen Sie bitte lauter, ich höre Sie nicht gut. d) Ich höre gern Musik. e) Kinder müssen auf die Eltern hören. f) Es freut mich, das zu hören. g) Was kann ich für Sie tun?

4. *Ergänzen Sie die zweiteiligen Konjunktionen:*

   zarówno ... jak i, ani ... ani, nie tylko ... lecz także, albo ... albo, im ... tym

   a) Nie lubię ... krupniku ... bigosu. b) Ale przecież ... krupnik ... bigos smakują znakomicie. c) Jeszcze nie wiem, ale wezmę ... kotlet schabowy ... gołąbki. d) ... krócej pieczesz wołowinę, ... jest lepsza. e) ... gołąbki ... bigos robi się z kapusty. f) ... więcej pieczonych mięs, ... lepszy jest bigos.

5. *Schreiben Sie die Konjunktivendungen nach dem Verb. Werden sie zusammen oder getrennt geschrieben?*

   a) Bardzo bym się cieszył. b) Nie wiem, czy ten list w ogóle *(überhaupt)* by przeczytano. c) Nie wiem też, czy by na niego odpowiedziano. d) Czy pan by chciał coś zjeść? e) Chętnie bym się czegoś napiła. f) To by było bardzo dobrze, gdybyś mógł mi teraz pomóc. g) Gdyby się więcej pracowało, to by się miało więcej pieniędzy.

6. *Setzen Sie die Sätze in den Konjunktiv:*

a) Trzeba coś zrobić. b) Należało dokładnie przeczytać tekst. c) Czytało się ten tekst bardzo trudno. d) Robiono więcej błędów. e) Czytano bardzo szybko. f) Można jeszcze przeczytać inny tekst. g) Miało się więcej czasu.

7. *Bilden Sie Konditionalsätze nach dem Muster:*

Jacek: Nie mam pieniędzy. Nie kupię samochodu.
Jacek: Gdybym miał pieniądze, kupiłbym samochód.

a) Krystyna: Nie mam czasu. Nie zostanę dłużej. b) Nie mamy urlopu. Nie pojedziemy na tydzień nad morze. c) Nie przyszliście punktualnie. Spóźniliście się na pociąg. d) Nie przyszłaś wcześniej. Nie znaleźliśmy wolnego stolika. e) Nie mamy wolnego stolika. Nie zjemy obiadu. f) Paweł nie przyjechał punktualnie. Nie mógł znieść Katarzynie walizek. g) Krzysztof: Nie mam biletu. Nie pojadę tramwajem. h) Pan się spóźnił. Nie może pan więc brać udziału *(teilnehmen)* w dyskusji.

8. *Krysia und Jacek bestellen beim Kellner das Mittagessen. Finden Sie heraus, wer was sagt, und schreiben Sie den Dialog in der richtigen Reihenfolge:*

- Osobno. Ja płacę za kotlet schabowy, barszcz, piwo i lody.
- Wszystko jest dobre. Ale polecam bigos.
- Co przynieść do picia?
- Ja prosiłbym barszcz.
- A ja miałam zupę pomidorową, bigos, wino i lody.
- Dzień dobry państwu. Proszę, tu jest karta.
- A jakie będą dodatki?
- Tak, chętnie. Prosimy dwie porcje lodów.
- Frytki i mizeria.
- Czy życzą państwo sobie deser?
- Na drugie danie wziąłbym kotlet schabowy.
- Oczywiście, zjadłbym lody, a ty?
- A co podać na drugie danie?
- Tak, zgadza się.
- A ja proszę piwo.
- Chcielibyśmy zapłacić.
- Wyśmienicie. Chciałabym bigos i zupę pomidorową.
- Proszę bardzo. Razem czy osobno?
- Chciałbym wiedzieć, co mógłby pan nam polecić.
- Napiłabym się czerwonego wina.

9. *Schauen Sie auf die Speisekarte des Restaurants „Nostalgia" und bestellen Sie ein Mittagessen für zwei Personen.*

10. *Vergleichen Sie die Bilder miteinander. Was fehlt im unteren Bild?*

21A Text

Powrót samochodem do Warszawy

P. = Paweł   K. = Katarzyna   Po. = Policjant

P.: Hej, Kasiu! Dzień dobry. Kto rano wstaje, temu Pan Bóg daje. Oj! Chyba się nie spóźniłem?!

K.: Nie, nie. Stoję tu i czekam, żebyś nie musiał nosić moich walizek. A mam ze sobą duży bagaż.

P.: Hmm, poradzimy sobie. To jest samochód pięcioosobowy.

K.: No, no!

P.: A raz nawet jechaliśmy w sześcioro. We dwoje mamy więc sporo miejsca ... Widzisz, cały bagaż został bez trudu zapakowany.

K.: Ho, ho! Brawo Pawełku! Zanim pojedziemy, chciałabym się pożegnać z moimi gospodarzami. Mieszkają na drugim piętrze. Tam, gdzie jest ten duży balkon. Zaczekaj chwileczkę! Zaraz wracam.

(Po chwili)

K.: Już jestem. Można jechać.

P.: Oj, oj! Nie wiem, co się stało. Coś się zepsuło. Nie mogę uruchomić silnika. Samochód był ostatnio trzykrotnie naprawiany. Dwukrotnie była wymieniana dysza, a przed tygodniem został wymieniony nawet cały gaźnik. A teraz znów nie chce zapalić. Po trzykrotnej naprawie gaźnik nadal nie działa.

(Po chwili)

P.: Pst! No, nareszcie! Hurra, udało się! Będę musiał jednak pojechać do mojego mechanika do stacji obsługi. Nie potrafię tego sam naprawić. To uszkodzenie musi zostać wreszcie usunięte. Zajmę się tym natychmiast po powrocie do Warszawy. A teraz, zanim wyjedziemy z Krakowa, muszę zatankować paliwo na najbliższej stacji benzynowej. Mamy jeszcze najwyżej pięć litrów w zbiorniku. Przy okazji można jeszcze sprawdzić ciśnienie w oponach i uzupełnić olej w silniku.

K.: Ej! Nie jedź tak szybko! Od szybkiej jazdy robi mi się niedobrze.

P.: Aha! Przepraszam, nie potrafię jeździć wolno. Och, do diabła! Mamy dzisiaj potrójnego pecha. Tam stoi policjant i zatrzymuje nas.

21A

Po.: Dzień dobry panu, kontrola drogowa. Proszę prawo jazdy i dowód rejestracyjny. Czy pan wie, dlaczego pan został zatrzymany?

P.: Nie da się ukryć. Przekroczyłem dozwoloną prędkość.

Po.: To będzie pana drogo kosztowało. Będzie pan musiał zapłacić mandat.

P.: Jak pech, to pech!

powrót, powrotu *m*	*Rückkehr*
Bóg, Boga *m*	*Gott*
kto rano wstaje, temu Pan Bóg daje	*Morgenstunde hat Gold im Munde*
nosić *it.*, noszę, nosisz	*tragen*
bagaż, -żu *m*	*Gepäck*
poradzić *pf.* sobie, poradzę, poradzisz	*sich zu helfen wissen*
pięcioosobowy, -a, -e	*Fünfpersonen...*
w sześcioro	*zu sechst*
we dwoje	*zu zweit*
trud, -du *m*	*Mühe*
zanim *Konj.*	*ehe, bevor*
gospodarz, -rza *m*	hier: *Gastgeber*
stać się *pf.*	*passieren, geschehen*
co się stało?	*was ist passiert?*
zepsuć się *pf.*	*kaputtgehen*
uruchomić *pf.*, uruchomię, uruchomisz	*in Betrieb setzen*
silnik, -ka *m*	*Motor*
uruchomić silnik	*den Motor anlassen*
trzykrotnie *Adv.*	*dreimal*
naprawiać *ipf.*, naprawiam, naprawiasz	*reparieren*
dwukrotnie *Adv.*	*zweimal*
wymieniać *ipf.*, wymieniam, wymieniasz	*auswechseln*
dysza, -szy *f*	*Düse*
wymienić *pf.*, wymienię, wymienisz	*auswechseln*
gaźnik, -ka *m*	*Vergaser*
znów *Adv.*	*wieder*
zapalić *pf.*	hier: *anspringen*
naprawa, -wy *f*	*Reparatur*
działać *ipf.*	*funktionieren*
nareszcie *Adv.*	*endlich*
mechanik, -ka *m*	*Mechaniker*
stacja *f* obsługi	*Autowerkstatt*
potrafić *pf.*, potrafię, potrafisz	*können; wissen*
naprawić *pf.*, naprawię, naprawisz	*reparieren*
uszkodzenie, -nia *n*	*Panne*
usunąć *pf.*, usunę, usuniesz	*beseitigen, beheben*
zająć się *pf.*, zajmę się, zajmiesz się	hier: *erledigen*
zatankować *pf.*, zatankuję, zatankujesz	*tanken*
paliwo, -wa *n*	*Kraftstoff*
stacja benzynowa	*Tankstelle*
najwyżej *Adv.*	*höchstens*
benzyna, -ny *n*	*Benzin*
zbiornik, -ka *m*	*Tank, Behälter*
opona, -ny *f*	*Reifen*
uzupełnić *pf.*, uzupełnię, uzupełnisz	*nachfüllen*
olej, -ju *m*	*Öl*
robi mi się niedobrze	*mir wird schlecht*
diabeł, diabła *m*	*Teufel*
do diabła!	*zum Teufel!*
potrójny, -a, -e	*dreifach*
pech, -cha *m*	*Pech*
policjant, -ta *m*	*Polizist*
dlaczego	*warum*
zatrzymywać *ipf.*, zatrzymuję, zatrzymujesz	*anhalten*
kontrola *f* drogowa	*Polizeikontrolle*
prawo *n* jazdy	*Führerschein*
dowód *m* rejestracyjny	*Wagenpapiere*
zatrzymać *pf.*, zatrzymam, zatrzymasz	*anhalten*
ukryć *pf.*, ukryję, ukryjesz	*verstecken, verheimlichen*
nie da się ukryć	*das läßt sich nicht verheimlichen*
przekroczyć *pf.*, przekroczę, przekroczysz	*überschreiten*
dozwolony, -a, -e	hier: *vorgeschrieben*
prędkość, -ci *f*	*Geschwindigkeit*
mandat, -tu *m*	*Strafgebühr*
jak pech, to pech!	*so ein Pech!*

21B Landeskunde – Sprachgebrauch

1. Das Verb „potrafić"

Das Verb **potrafić** *können, wissen* wird zum Ausdruck des Könnens gebraucht. Es steht mit dem Infinitiv der perfektiven und der imperfektiven Verben.

Czy potrafisz naprawić ten samochód?	*Kannst du dieses Auto reparieren?*
Nie potrafię tego zrozumieć.	*Ich kann das nicht verstehen.*

2. Interjektionen

a ...	zrozumienie *Verständnis*
ach!	zachwyt *Begeisterung;* zaskoczenie *Überraschung*
aha!	zrozumienie *Verständnis;* zgoda *Einverständnis*
aj!	zaskoczenie *Überraschung;* ból *Schmerz*
brrr!	zimno *Kälte;* obrzydzenie *Ekel*
eee!	niedowierzanie *Skepsis*
ech!/eh!	westchnienie *Seufzer;* rezygnacja *Resignation*
ej!/hej!	zwracanie czyjejś uwagi *jmds. Aufmerksamkeit auf*
hmmm ...	zastanawianie się *Überlegung*
ho, ho!	podziw *Bewunderung*
hurra!	zwycięstwo *Sieg;* wiwat *Vivat, Hochruf*
iii!	lekceważenie *Geringschätzung*
no!	popędzanie *Antreiben*
no, no!	niedowierzanie *Skepsis*
o!	zwracanie na coś uwagi *die Aufmerksamkeit auf etwas lenken*
och!	zaskoczenie *Überraschung*
oj!/ojej!	zaskoczenie *Überraschung;* ból *Schmerz*
pa, pa!	pożegnanie *Verabschiedung*
pst!	zwracanie na coś uwagi *die Aufmerksamkeit auf etwas lenken*
sza!	uciszanie *Beruhigung*

21C Grammatik

1. Sammelzahlwörter

Die Sammelzahlwörter unterscheiden sich in ihrer Bedeutung nicht von den Grundzahlwörtern, haben aber einen genau festgelegten Anwendungsbereich. Sie stehen gewöhnlich bei Substantiven:

a) die nur im Plural vorkommen, z. B.: drzwi, schody, nożyczki,
b) die Personen unterschiedlichen Geschlechts bezeichnen, z. B.: ludzie, rodzice,
c) die den Nachwuchs bezeichnen, z. B.: dzieci, pisklęta *Küken*.

Die Sammelzahlwörter werden wie folgt dekliniert:

Nom.	dwoje	czworo
Gen.	dwojga	czworga
Dat.	dwojgu	czworgu
Akk.	dwoje	czworo
Instr.	dwojgiem	czworgiem
Lok.	dwojgu	czworgu

dwoje dzieci	*zwei Kinder*
czworo piskląt	*vier Küken*
pięcioro ludzi	*fünf Leute*
sześcioro drzwi	*sechs Türen*
jedenaścioro dzieci	*elf Kinder*

Wenn das Sammelzahlwort im Nominativ, Genitiv, Akkusativ oder Instrumental steht, steht das mit dem Sammelzahlwort gebrauchte Substantiv im Genitiv.

Weitere Sammelzahlwörter:

troje	trzynaścioro	trzydzieścioro sześcioro
pięcioro	piętnaścioro	pięćdziesięcioro ośmioro
siedmioro	siedemnaścioro	siedemdziesięcioro dwoje
dziewięcioro	dziewiętnaścioro	dziewięćdziesięcioro czworo

2. Der Lokalsatz (Umstandssatz des Ortes)

Lokalsätze werden mit Hilfe der Ortsadverbien **gdzie** *wo,* **skąd** *woher,* **dokąd** *wohin* eingeleitet. Im Hauptsatz kommen oft **tam** *dort,* **tędy** *hier/da durch* vor.

Mieszkam tam, gdzie są te dwa okna.	*Ich wohne dort, wo diese zwei Fenster sind.*
Chodźmy tędy, gdzie nie ma dużo ludzi.	*Gehen wir da durch, wo nicht so viele Leute sind.*
Idę, dokąd mnie oczy poniosą.	*Ich gehe dorthin, wohin mich meine Augen führen.*

3. Der Temporalsatz (Umstandssatz der Zeit)

Nachzeitige Temporalsätze werden im Polnischen mit Hilfe der Konjunktion **zanim** *bevor, ehe* eingeleitet. Als Prädikat werden im Nebensatz ausschließlich perfektive Verben gebraucht.

Zanim pojadę do Warszawy, muszę zatankować benzynę.	*Bevor ich nach Warschau fahre, muß ich Benzin tanken.*
Zanim pojedziesz na policję, sprawdź, co zostało skradzione.	*Bevor du zur Polizei fährst, sieh mal nach, was gestohlen worden ist.*

4. Das Passiv

Das Passiv wird mit Hilfe der Verbformen von **być** bzw. **zostać** und dem **Partizip Präteritum Passiv** gebildet:

Samochód jest naprawiany.	*Das Auto wird repariert.*
Samochód zostanie naprawiony.	*Das Auto wird repariert werden.*

Das Hilfsverb **zostać** wird nur mit perfektiven Verben im Futur und im Präteritum gebraucht. Das Hilfsverb **być** begegnet sowohl bei imperfektiven als auch bei perfektiven Verben in allen drei Zeitformen:

Passiv, imperfektive Bedeutung

List był pisany. *Der Brief wurde geschrieben.*

Passiv, perfektive Bedeutung

List został napisany. *Der Brief ist geschrieben worden.*

Das Hilfsverb być mit dem Part. Prät. Pass. der perfektiven Verben entspricht dem deutschen Zustandspassiv (Sonderbedeutung des Passivs, das nicht die eigentliche Handlung bezeichnet, sondern den Zustand, der sich aus ihr ergeben hat.).

Zustandspassiv

Samochód jest naprawiony. *Das Auto ist repariert.*

Am Beispiel der Verben **badać** (imperfektiv) und **zbadać** (perfektiv) *untersuchen* werden alle möglichen Formen (im Maskulinum) des Passivs im Polnischen zusammengestellt:

	Passiv		Zustandspassiv
	imperfektiv	*perfektiv*	
Präsens	jestem badany	–	jestem zbadany
Futur	będę badany	zostanę zbadany	będę zbadany
Präteritum	byłem badany	zostałem zbadany	byłem zbadany
Konjunktiv	byłbym badany	zostałbym zbadany	byłbym zbadany

Im Polnischen wird das Passiv viel seltener gebraucht als im Deutschen. Es wird mit dem Aktiv, mit reflexiven Verben (kupuje się, kupowało się) oder unpersönlichen Verbformen auf **-no, -to** im Präteritum umschrieben.

Passiv

Dawniej były pisane tylko listy.

Unpersönliche Formen

Dawniej pisało się tylko listy.
Dawniej pisano tylko listy.

} *Früher wurden nur Briefe geschrieben.*

21D Übungen

1. *Lösen Sie das Kreuzworträtsel. Das Lösungswort finden Sie in den fett eingerahmten Feldern:*

   a) Może być benzynowa.
   b) Tankujemy do zbiornika.
   c) Płacimy, gdy przekroczymy dozwoloną prędkość.
   d) Sprawdzamy w niej ciśnienie.
   e) Naprawia nam samochód.
   f) Kiedy trzeba zapłacić mandat, to się ma ...
   g) Może być rejestracyjny.
   h) Kierowca musi mieć prawo ...

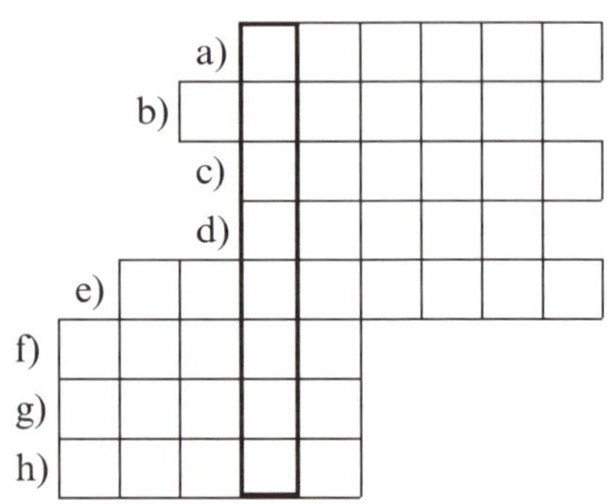

2. *Tragen Sie jeweils das richtige Zahlwort ein:*

dwoje, troje, podwójny, potrójny, dwukrotnie, trzykrotnie

a) Już ... naprawiałem samochód. b) Dzisiaj miałem ... pecha. c) W samochodzie siedziało ... ludzi. d) Ten samochód ma tylko ... drzwi. e) ... mówiłem ci, że gaźnik nie działa. f) Drogo mnie kosztowała ... naprawa.

3. *Übersetzen Sie ins Polnische. Unterscheiden Sie zwischen* potrafić *und* móc*:*

a) Wo kann man hier den Wagen reparieren lassen? b) Können Sie selbst die Panne beheben? c) An meinem Auto kann ich alles selbst reparieren. d) Wo kann man hier tanken? e) Ich kann nicht langsam fahren. f) Kann man an der Tankstelle den Luftdruck in den Reifen überprüfen?

4. *Setzen Sie die richtige Interjektion ein:*

hmm!, o!, brr!, hurra!, ojej!

a) ...! Ale zimno. Czy możesz podać mi sweter? b) ...! Nie mogę go znaleźć. Chyba zostawiłaś go w domu. c) ...! Coś takiego. To niemożliwe. d) ...! Jest tu. Znalazłem twój sweter. e) ...! Cieszę się bardzo, że go znalazłeś.

5. *Verbinden Sie die Satzpaare mit der Konjunktion* zanim*:*

a) Najpierw zatankuję paliwo. Potem pojedziemy razem do Warszawy. b) Najpierw pożegnam się z moimi gospodarzami. Potem pójdziemy do domu. c) Najpierw muszę pojechać do stacji obsługi. Potem możemy porozmawiać o urlopie. d) Najpierw pożegnaj się z gospodarzami. Potem przyjdź do mnie. e) Najpierw zapakuj bagaż do samochodu. Potem pojedź na urlop.

6. *Was paßt zusammen?*

a) Jeżdżę tam na urlop,	skąd przyszedłeś.
b) Moi znajomi mieszkają tam,	gdzie jest dużo sklepów.
c) Idź tędy,	gdzie jest przystanek.
d) Chodźmy tędy,	gdzie jest ten duży balkon.
e) Proszę skręcić tam,	gdzie mogę dobrze wypocząć.

7. *Bilden Sie das Passiv:*

a) Usunięto uszkodzenie. b) Sprawdzano ciśnienie w oponach. c) Wczoraj naprawiono już gaźnik. d) Najpierw czyta się tekst, potem robi się wszystkie ćwiczenia. e) Najpierw przeczytano tekst, potem napisano ćwiczenia. f) Benzynę zatankowano już wczoraj. g) Czy wymieniono oponę? h) Sprawdzono tylko olej. i) Zatrzymuje się te samochody, które przekroczyły dozwoloną prędkość. j) Często przekracza się dozwoloną prędkość, ale za to płaci się mandat.

8. *Suchen Sie zu jedem Substantiv das richtige Verb und antworten Sie dann auf die Frage* Co musi być zrobione?

Beispiel: Silnik musi być naprawiony.

paliwo	wymienić
gaźnik	uzupełnić
ciśnienie w oponach	<u>naprawić</u>
olej w silniku	zapłacić
mandat	sprawdzić
<u>silnik</u>	zatrzymać
samochód	zatankować

9. *Bilden Sie aus den angegebenen Sätzen einen Dialog*

„W stacji obsługi":
- Na jak długo?
- W moim samochodzie jest coś nie w porządku.
- Dziś wieczorem około 19.00 pana samochód będzie gotowy.
- Niestety nie. Nie mogę uruchomić silnika.
- Słucham pana?
- Proszę zostawić samochód u nas, ponieważ musimy wszystko dokładnie sprawdzić.
- Czy pan wie, gdzie jest uszkodzenie?
- Dziękuję, będę przed 19.00.

10. *Sie machen eine Polenreise. Ihr Auto ist kaputtgegangen. Sagen Sie dem Automechaniker, was an Ihrem Auto nicht in Ordnung ist.*

22A Text

Polskie tradycje świąteczne

Polacy mają szczególny stosunek do tradycji, rodziny i wielką słabość do dzieci, do których zwracają się przeważnie pieszczotliwie, np. Kasiu, Kasieńko, Kasiuniu albo Janku, Jasiu, Jasieńku itp. Rodzina w pojęciu polskim, to nie tylko tata, mama i dzieci, ale również dziadkowie, wujkowie, ciocie, kuzyni i in. Okazją do spotkań rodzinnych są różne święta, takie jak: imieniny, wesele, pierwsza komunia, no i oczywiście Boże Narodzenie i Wielkanoc.

Boże Narodzenie to największe rodzinne święta w Polsce. Przygotowania do nich czyni się na wiele dni naprzód. Kupuje się choinkę i podarunki dla całej rodziny. Szczególne znaczenie ma Wigilia. Na tę uroczystą kolację przygotowuje się specjalne potrawy – wszystkie postne i powinno być ich dwanaście, m. in. śledź, barszczyk czysty, karp smażony, pierogi z kapustą i suszonymi grzybami, a na deser kutia z maku i kompot z suszonych owoców.

Przy stole wigilijnym zostawia się zawsze jedno wolne miejsce z nakryciem dla nieznajomego przybysza. Jeżeli goście zbyt mało jedzą, zdaniem gospodarzy znaczy to, że im nie smakuje. Goście są wielokrotnie proszeni i nakłaniani do jedzenia, ponieważ zgodnie z polską tradycją trzeba dać się kilka razy prosić. Nie wypada za pierwszym razem przyjąć propozycji, wbrew porzekadłu: Nie daj się dwa razy prosić. W czasie kolacji słucha się i śpiewa kolędy, a o północy wiele osób idzie na pasterkę.

Oprócz Bożego Narodzenia drugimi ważnymi swiętami są Święta Wielkanocne. Wielkanocy nie obchodzi się wprawdzie tak uroczyście jak Bożego Narodzenia, ale jest wiele zwyczajów ludowych związanych z tymi świętami. Przygotowuje się np. kolorowe pisanki z jajek, które z

innymi produktami spożywczymi jak chleb, wędlina, sól są w Wielką Sobotę święcone w kościele.

W Poniedziałek Wielkanocny do tradycji należy wzajemne polewanie się wodą, tzw. śmigus dyngus. Jest to wątpliwa przyjemność dla dziewcząt, szczególnie na wsi, gdzie są polewane całymi wiadrami. „Co za dużo, to niezdrowo" – przestrzega inne polskie powiedzenie. Dlatego też obecnie coraz częściej polewa się bliskie osoby perfumami. Śmigus dyngus ma zapewnić zdrowie polewanej osobie.

tradycja, -cji *f*	*Tradition*
świąteczny, -a, -e	*Festtags...*
szczególny, -a, -e	*besondere(-r, -s)*
stosunek, stosunku *m*	*Verhältnis*
słabość, -ci *f* do	*Schwäche für*
zwracać się *ipf.* do + *Gen.*, zwracam się, zwracasz się	*sich wenden an*
przeważnie *Adv.*	*überwiegend*
pieszczotliwie *Adv.*	*zärtlich*
pojęcie, -cia *n*	*Begriff*
wujek, wujka *m*	*Onkel*
ciocia, -ci *f*	*Tante*
kuzyn, -na *m*	*Vetter*
spotkanie rodzinne	*Familientreffen*
komunia, -nii *f*	*Kommunion*
Boże Narodzenie *n*	*Weihnachten*
Wielkanoc, -cy *f*	*Ostern*
święta rodzinne *Pl.*	*Familienfest*
czynić *ipf.* przygotowania	*Vorbereitungen treffen*
wiele dni naprzód	*mehrere Tage vorher*
choinka, -ki *f*	*Weihnachtsbaum*
podarunek, podarunku *m*	*Geschenk*
znaczenie, -nia *n*	*Bedeutung*
Wigilia, -lii *f*	*Heiligabend*
uroczysty, -a, -e	*feierlich*
potrawa, -wy *f*	*Speise, Gericht*
postny, -a, -e	*fleischlos*
barszczyk czysty	*klarer Borschtsch*
karp, -pia *m*	*Karpfen*
suszony, -a, -e	*getrocknet*
grzyb, -ba *m*	*Pilz*
kutia, -tii *f*	*Weihnachtsgrütze*
mak, -ku *m*	*Mohn*
wigilijny, -a, -e	*Heiligabend...*
nakrycie, -cia *n*	*Gedeck*
przybysz, -sza *m*	*Ankömmling*
zbyt mało	*zu wenig*

zdaniem	*nach Meinung*
wielokrotnie *Adv.*	*mehrmals*
nakłaniać *ipf.*, nakłaniam, nakłaniasz	hier: *aufdringlich bitten*
zgodnie z tradycją	*nach der Tradition*
dać się prosić	*sich bitten lassen*
nie wypada	*es gehört sich nicht*
przyjąć propozycję	*den Vorschlag annehmen*
wbrew *Präp.* + *Dat.*	*trotz*
porzekadło, -ła *n*	*Spruch*
śpiewać *ipf.*, śpiewam, śpiewasz	*singen*
kolęda, -dy *f*	*Weihnachtslied*
pasterka, -ki *f*	*Mitternachtsmette*
Święta Wielkanocne *Pl.*	*Ostern*
obchodzić *ipf.*, obchodzę, obchodzisz	hier: *feiern*
wprawdzie *Adv.*	*zwar*
związany, -a, -e	*verbunden*
pisanka, -ki *f*	*(buntbemaltes) Osterei*
produkty spożywcze *Pl.*	*Lebensmittel*
święcić *ipf.*, święcę, święcisz	*weihen*
kościół, kościoła *m*	*Kirche*
należeć *ipf.* do + *Gen*, należę, należysz	*gehören zu*
wzajemny, -a, -e	*gegenseitig*
polewanie się wodą	*Begießen mit Wasser*
śmigus dyngus *m*, śmigusa dyngusa	*Ostertaufe*
wątpliwy, -a, -e	*fraglich; scheinbar*
przyjemność, -ci *f*	*Vergnügen*
wieś, wsi *f*	*Dorf*
wiadro, -ra *n*	*Eimer*
co za dużo, to niezdrowo	*allzuviel ist ungesund*
przestrzegać *ipf.*, przestrzegam, przestrzegasz	*warnen*
powiedzenie, -nia *n*	*Spruch*
dlatego też	*darum*
coraz częściej	*immer häufiger*
perfumy, perfum *Pl.*	*Parfüm*
zapewnić *pf.*, zapewnię, zapewnisz	*sichern, garantieren*

22B Landeskunde – Sprachgebrauch

1. Nationale und kirchliche Feiertage

Święto	*Feiertag*
Nowy Rok	*Neujahr*
Wielkanoc	*Ostern*
Święto Pracy	*Tag der Arbeit*
Konstytucja 3. Maja	*Verabschiedung der ersten demokratischen Verfassung am 3. 5. 1791*
Zielone Świątki	*Pfingstsonntag*
Boże Ciało	*Fronleichnam*
Wniebowzięcie Najświętszej Marii Panny	*Mariä Himmelfahrt*
Wszystkich Świętych	*Allerheiligen*
Narodowe Święto Niepodległości	*Tag der Unabhängigkeit*
Wigilia	*Heiligabend*
Boże Narodzenie	*Weihnachten*

2. Verwandtschaftsbezeichnungen

Bliższa rodzina ***nähere Verwandtschaft***

pradziadkowie: *Urgroßeltern:*	prababcia *Urgroßmutter*	pradziadek *Urgroßvater*
dziadkowie: *Großeltern:*	babcia *Großmutter*	dziadek *Großvater*
rodzice: *Eltern:*	matka/mama *Mutter/Mutti*	ojciec/tata *Vater/Vati*
małżeństwo: *Ehepaar:*	żona *Ehefrau*	mąż *Ehemann*
dzieci: *Kinder:*	córka *Tochter*	syn *Sohn*
rodzeństwo: *Geschwister:*	siostra *Schwester*	brat *Bruder*
wnuki: *Enkelkinder:*	wnuczka *Enkeltochter*	wnuczek/wnuk *Enkelsohn*
prawnuki: *Urenkel:*	prawnuczka *Urenkelin*	prawnuczek *Urenkel*

***Dalsza rodzina** weitere Verwandtschaft*

teściowie:	teściowa	teść
Schwiegereltern:	*Schwiegermutter*	*Schwiegervater*
	synowa	zięć
	Schwiegertochter	*Schwiegersohn*
szwagrowie:	szwagierka	szwagier
	Schwägerin	*Schwager*
wujostwo:	ciotka/ciocia	wuj/wujek
	Tante	*Onkel*
Kinder der Schwester	siostrzenica	siostrzeniec
	Nichte	*Neffe*
Kinder des Bruders	bratanica	bratanek
	Nichte	*Neffe*
kuzynostwo:	kuzynka	kuzyn
	Kusine	*Vetter*

22C Grammatik

1. Diminutive (Verkleinerungsformen)

Anders als im Deutschen gibt es im Polnischen zahlreiche Verkleinerungsformen, die mit verschiedenen Verkleinerungsendungen gebildet werden.
Im Polnischen gibt es Verkleinerungsformen in zwei Abstufungen, die unterschiedliche emotionale Wertungen des Sprechers ausdrücken, und die sehr oft keine Entsprechung im Deutschen haben. Diminutive können von verschiedenen Wortarten (Substantive, Adjektive u. a.) gebildet werden:

Substantive	*Maskulinum*	pies	piesek	pieseczek*
		Hund	*Hündchen*	
		dom	domek	domeczek*
		Haus	*Häuschen*	
	Femininum	lampa	lampka	lampeczka
		ryba	rybka	rybeczka
	Neutrum	okno	okienko	okieneczko
		auto	autko	auteczko

*nicht ins Deutsche übersetzbar

Bei der Verkleinerung unterliegen manche Vokale einem Wechsel, z. B.: o wird zu **ó** (koza *Ziege* – k**ó**zka) und ę zu **ą** (zwierzę – zwierz**ą**tko).

Adjektive	mały	malutki	maluteńki/malusieńki
	klein	*sehr klein*	*winzig*
	lekki	leciutki	leciuteńki/leciusieńki
	leicht	*sehr leicht*	*federleicht*

Neben den obenerwähnten Endungen gibt es noch eine ganze Reihe von Endungen, die zur Verkleinerung dienen. Statt nach einer Systematik zu suchen, richte man sich eher nach dem Sprachgefühl der Polen.

Allgemein gilt die Regel: Je häufiger ein Wort vorkommt, um so mehr Verkleinerungsformen besitzt es, z. B.:

matka: mateczka, mateńka, matusia, matuśka, matula, matuchna, matusieńka, mama, mamusia, mamunia, mamusieczka
miły: milutki, miluteńki, milusieńki, milusi, miluchny

Obwohl manche Substantive der Form nach Verkleinerungen sind, haben sie ihre ursprüngliche diminutive Bedeutung verloren, z. B.:

babcia *Großmutter,* dziadek *Großvater,* wujek *Onkel* (existiert neben der Bezeichnung wuj, die allmählich aus der Sprache verschwindet).

2. Die Rektion der Verben

Manche Verben werden in den beiden Sprachen mit unterschiedlichen Kasus verbunden.

Die zahlenmäßig stärkste Verbgruppe steht im Polnischen genauso wie im Deutschen mit dem Akkusativ. In den Fällen jedoch, wo es sich z. B. um Verben der Zuwendung handelt, wird im Polnischen häufig der Dativ gebraucht:

Polnisch: Dativ	*Deutsch: Akkusativ*
towarzyszyć **komuś**	***jemanden*** *begleiten*
przeszkadzać **komuś**	***jemanden*** *stören*
kazać **komuś** coś zrobić	***jemanden*** *etwas machen lassen*

Die Präpositionen, mit denen einzelne Verben stehen, stimmen nicht immer mit dem Deutschen überein. Zum Beispiel hat die Präposition **do** mehrere deutsche Entsprechungen.

pisać **do**	*schreiben **an***
iść **do**	*gehen **in/zu/nach***
celować **do**	*zielen **auf***

Einige Verben, die im Deutschen eine Präposition verlangen, stehen im Polnischen ohne Präposition (bzw. umgekehrt).

jechać samochod**em**	***mit** dem Auto fahren*
dzwonić **do** przyjaciela	*den Freund anrufen*
grać **w** szachy	*Schach spielen*

22D Übungen

1. *Lesen Sie den Lektionstext und entscheiden Sie dann, welche von den untenstehenden Sätzen falsch und welche richtig sind:*

   a) Rodzina w pojęciu polskim to rodzice i dzieci. b) Okazją do spotkań rodzinnych są m. in. imieniny. c) Najważniejszą częścią Bożego Narodzenia jest Wigilia. d) Na Wigilię przygotowuje się jedno danie: kotlet schabowy, a na deser lody. e) Jedno miejsce przy stole pozostawia się wolne dla nieoczekiwanego gościa. f) Gospodarze są zadowoleni, jeśli goście dużo jedzą. g) W Wielką Sobotę jest śmigus dyngus. h) Na Boże Narodzenie święci się chleb i sól w kościele.

2. *Lösen Sie das Kreuzworträtsel. Die Lösung finden Sie in den fett eingerahmten Feldern:*

   a) Deser z maku na kolację wigilijną.
   b) Dobre np. z kapustą i suszonymi grzybami.
   c) Nie daj się ... razy prosić.
   d) Co za dużo, to ...
   e) Druga część od śmigus.
   f) Wigilia to uroczysta ...
   g) Mąż ciotki to ...
   h) Wielkanocne jajo.

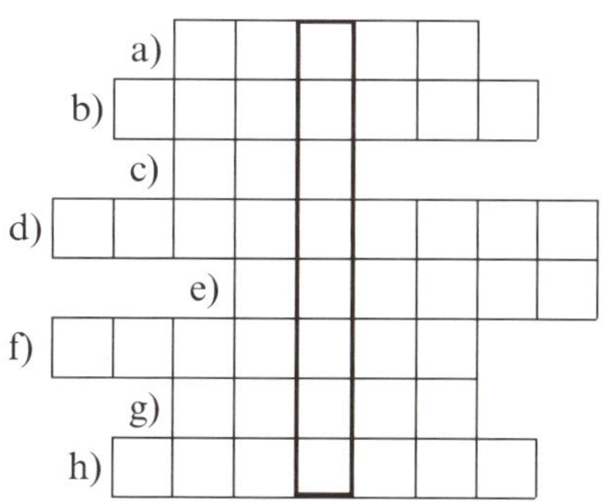

3. *Bilden Sie Verkleinerungsformen zu den unterstrichenen Substantiven und Adjektiven:*

   a) Chciałabym mieć mały dom z ogrodem. b) Dookoła domu byłyby kwiaty i zielone drzewa. c) W nowym domu mieszkałabym z moim mężem i synem. d) Mogłabym też kupić sobie psa i miłego kota. e) Małe zwierzęta są bardzo miłe. f) Moja ciotka i wuj mogliby mnie odwiedzać.

4. *Setzen Sie die richtige Präposition und das Substantiv im richtigen Kasus ein:*

   a) Nie lubię długo czekać na przystanku ... (autobus), który się spóźnia. b) Rodzice zwracają się ... (dzieci) pieszczotliwie. c) Gospodarze naklaniają gości ... (jedzenie). d) Czy często piszesz ... (swoi znajomi)? e) Po przyjęciu goście pożegnali się ... (gospodarze) i poszli ... (dom). f) Często dostaję długie listy ... (moja rodzina). g) Jutro muszę się zająć (ta sprawa). h) Przygotowania ... (święta) trwają kilka tygodni. i) Polacy lubią mówić ... (swoje problemy). j) Wiele tradycji ludowych związanych jest ... (święta). k) Muszę zadzwonić ... (mój przyjaciel). l) Ktoś puka ... (drzwi).

5. *Antworten Sie auf die Fragen:*

   a) Jakie są święta w Polsce? Proszę nazwać trzy. b) Kiedy jest śmigus dyngus? c) Kiedy jest Wigilia? d) Co to jest pisanka? e) Proszę nazwać minimum pięć zawodów. f) Jakie są pory roku? g) Proszę powiedzieć po polsku: Anna heiratet Peter. h) Co w Polsce obchodzi się uroczyściej: imieniny czy urodziny? i) Jakie znaczenia ma słowo „dwójka"? Proszę podać trzy. j) Ile człowiek ma palców? k) Co mogą Państwo polecić swoim znajomym z kuchni polskiej? l) Proszę nazwać trzy zabytki w Warszawie. m) Jaki jest numer kierunkowy do Polski? n) Proszę złożyć znajomemu z Polski życzenia imieninowe. o) Jakie święto jest 11. listopada?

6. *Erzählen Sie über Weihnachten in Ihrem Land. Was ist ähnlich und was ist anders?*

7. *Erzählen Sie über Ostern in Ihrem Land. Was ist ähnlich und was ist anders?*

Deklination der Substantive, Adjektive und Personalpronomina

In den Tabellen werden der Vollständigkeit halber die Deklinationsmuster für alle Kasus angegeben. Die Endungen sind fett gedruckt.

1. Deklination der Substantive

Deklination der maskulinen Substantive

Singular	*belebt*			*unbelebt*	
Nom.	pan	aktor	koń	cel	dom
Gen.	pan**a**	aktor**a**	koni**a**	cel**u**	dom**u**
Dat.	pan**u**	aktor**owi**	koni**owi**	cel**owi**	dom**owi**
Akk.	pan**a**[1]	aktor**a**	koni**a**	cel[2]	dom
Instr.	pan**em**	aktor**em**	koni**em**	cel**em**	dom**em**
Lok.	pan**u**	aktor**ze**	koni**u**	cel**u**	dom**u**
Vok.	pan**ie!**	aktor**ze!**	koni**u!**	cel**u!**	dom**u!**

Plural	*Personalform*		*Sachform*		
Nom.	pan**owie**	aktor**zy**	koni**e**	cel**e**	dom**y**
Gen.	pan**ów**	aktor**ów**	koni	cel**ów**	dom**ów**
Dat.	pan**om**	aktor**om**	koni**om**	cel**om**	dom**om**
Akk.	pan**ów**[3]	aktor**ów**	koni**e**[4]	cel**e**	dom**y**
Instr.	pan**ami**	aktor**ami**	koń**mi**	cel**ami**	dom**ami**
Lok.	pan**ach**	aktor**ach**	koni**ach**	cel**ach**	dom**ach**
Vok.	pan**owie!**	aktor**zy!**	koni**e!**	cel**e!**	dom**y!**

Erläuterungen:
[1]Bei belebten Substantiven: Akkusativ = Genitiv.
[2]Bei unbelebten Substantiven: Akkusativ = Nominativ.
[3]Bei Personalform: Akkusativ = Genitiv.
[4]Bei Sachform: Akkusativ = Nominativ.

Deklination der femininen Substantive

Sg. Nom.	pan**i**	lamp**a**	noc
Gen.	pan**i**	lamp**y**	noc**y**
Dat.	pan**i**	lamp**ie**	noc**y**
Akk.	pan**ią**	lamp**ę**	noc
Instr.	pan**ią**	lamp**ą**	noc**ą**
Lok.	pan**i**	lamp**ie**	noc**y**
Vok.	pan**i!**	lamp**o!**	noc**y!**
Pl. Nom.	pan**ie**	lamp**y**	noc**e**
Gen.	pań	lamp	noc**y**
Dat.	pani**om**	lamp**om**	noc**om**
Akk.	pan**ie**	lamp**y**	noc**e**
Instr.	pani**ami**	lamp**ami**	noc**ami**
Lok.	pani**ach**	lamp**ach**	noc**ach**
Vok.	pan**ie!**	lamp**y!**	noc**e!**

Deklination der neutralen Substantive

Sg. Nom.	okn**o**	mieszkani**e**	imi**ę**	muze**um**
Gen.	okn**a**	mieszkani**a**	imieni**a**	muze**um**
Dat.	okn**u**	mieszkani**u**	imieni**u**	muze**um**
Akk.	okn**o**	mieszkani**e**	imi**ę**	muze**um**
Instr.	okn**em**	mieszkani**em**	imieni**em**	muze**um**
Lok.	okn**ie**	mieszkani**u**	imieni**u**	muze**um**
Vok.	okn**o!**	mieszkani**e!**	imi**ę!**	muze**um!**
Pl. Nom.	okn**a**	mieszkani**a**	imion**a**	muze**a**
Gen.	okien	mieszkań	imion	muze**ów**
Dat.	okn**om**	mieszkani**om**	imion**om**	muze**om**
Akk.	okn**a**	mieszkani**a**	imion**a**	muze**a**
Instr.	okn**ami**	mieszkani**ami**	imion**ami**	muze**ami**
Lok.	okn**ach**	mieszkani**ach**	imion**ach**	muze**ach**
Vok.	okn**a!**	mieszkani**a!**	imion**a!**	muze**a!**

2. Deklination der Adjektive

***Hartstämmige Adjektive auf* -y**

	Singular			*Plural*	
	Mask.	*Fem.*	*Neutr.*	*Personalform*	*Sachform*
Nom.	now**y**	now**a**	now**e**	now**i**[2]	now**e**
Gen.	now**ego**	now**ej**	now**ego**	now**ych**	now**ych**
Dat.	now**emu**	now**ej**	now**emu**	now**ym**	now**ym**
Akk.	=N/G[1]	now**ą**	now**e**	now**ych**	now**e**
Instr.	now**ym**	now**ą**	now**ym**	now**ymi**	now**ymi**
Lok.	now**ym**	now**ej**	now**ym**	now**ych**	now**ych**

Erläuterungen:
[1]Bei belebten Substantiven: Akkusativ = Genitiv, bei unbelebten Substantiven: Akkusativ = Nominativ.
[2]In der Personalform findet ein Konsonantenwechsel statt, z. B.: -wy/-wi, -ry/-rzy usw.

***Weichstämmige Adjektive auf* -i**

	Singular			*Plural*	
	Mask.	*Fem.*	*Neutr.*	*Personalform*	*Sachform*
Nom.	tan**i**	tani**a**	tani**e**	tan**i**	tani**e**
Gen.	tani**ego**	tani**ej**	tani**ego**	tan**ich**	tan**ich**
Dat.	tani**emu**	tani**ej**	tani**emu**	tan**im**	tan**im**
Akk.	=N/G[1]	tani**ą**	tani**e**	tan**ich**	tani**e**
Instr.	tan**im**	tani**ą**	tan**im**	tan**imi**	tan**imi**
Lok.	tan**im**	tani**ej**	tan**im**	tan**ich**	tan**ich**

Erläuterung:
[1]Bei belebten Substantiven: Akkusativ = Genitiv, bei unbelebten Substantiven: Akkusativ = Nominativ.

3. Deklination der Personalpronomina

Nom.	ja	ty	on	ono	ona
Gen.	mnie/mię	ciebie/cię	jego, niego/go		jej/niej
Dat.	mnie/mi	tobie/ci	jemu, niemu/mu		jej/niej
Akk.	mnie/mię	ciebie/cię	jego, niego/go	je/nie	ją/nią
Instr.	mną	tobą	nim		nią
Lok.	mnie	tobie	nim		niej
Vok.	ja	ty	–		–
			Personalform		*Sachform*
Nom.	my	wy	oni		one
Gen.	nas	was		ich/nich	
Dat.	nam	wam		im/nim	
Akk.	nas	was	ich/nich		je/nie
Instr.	nami	wami		nimi	
Lok.	nas	was		nich	
Vok.	my	wy		–	

Erläuterung:
Manche Personalpronomina besitzen zwei Formen. Die einsilbigen Pronomina **mi, ci, mu** usw. werden in einem Satz nicht betont und bilden mit dem vorausgehenden oder nachfolgenden Wort eine Akzenteinheit.

Konjugation der Verben

1. Konjugation von być

Präsens	
(ja)	jestem
(ty)	jesteś
on, ona, ono	jest
(my)	jesteśmy
(wy)	jesteście
oni, one	są

	Präteritum			*Futur*
	m	*f*	*n*	
(ja)	by**łem**	by**łam**		będę
(ty)	by**łeś**	by**łaś**		będzi**esz**
(on)	by**ł**			będzi**e**
(ona)		by**ła**		będzi**e**
(ono)			by**ło**	będzi**e**
	Personalform	*Sachform*		
(my)	by**liśmy**	by**łyśmy**		będzi**emy**
(wy)	by**liście**	by**łyście**		będzi**ecie**
(oni)	by**li**			będ**ą**
(one)		by**ły**		będ**ą**

2. I. Konjugationsklasse

	napisać
(ja)	napiszę
(ty)	napisz**esz**
on, ona	napisz**e**
(my)	napisz**emy**
(wy)	napisz**ecie**
oni, one	napisz**ą**

Für die I. Konjugationsklasse ist folgender Konsonanten- und Vokalwechsel typisch:

1. Pers. Sg./3. Pers. Pl.	d	n	m	t	s	z	k	g	r	a	o
andere Personen	dzi	ni	mi	ci	si	zi	cz	ż	rz	e	e

	móc	chcieć
(ja)	mogę	chcę
(ty)	moż**esz**	chc**esz**
on, ona, ono	moż**e**	chc**e**
(my)	moż**emy**	chc**emy**
(wy)	moż**ecie**	chc**ecie**
oni, one	mog**ą**	chc**ą**

3. II. Konjugationsklasse

	zamówić	zobaczyć
(ja)	zamówię	zobaczę
(ty)	zamów**isz**	zobacz**ysz**
on, ona	zamów**i**	zobacz**y**
(my)	zamów**imy**	zobacz**ymy**
(wy)	zamów**icie**	zobacz**ycie**
oni, one	zamówi**ą**	zobacz**ą**

Für die II. Konjugationsklasse ist folgender Konsonantenwechsel typisch:

1. Pers. Sg./3. Pers. Pl.	c	dz	sz	z	szcz	żdż
andere Personen	c+i	dz+i	s+i	z+i	śc+i	źdz+i

	musieć
(ja)	muszę
(ty)	mus**isz**
on, ona, ono	mus**i**
(my)	mus**imy**
(wy)	mus**icie**
oni, one	musz**ą**

4. III. Konjugationsklasse

	czytać
(ja)	czyta**m**
(ty)	czyta**sz**
on, ona, ono	czyta
(my)	czyta**my**
(wy)	czyta**cie**
oni, one	czyta**ją**

	rozumieć	umieć	wiedzieć
(ja)	rozumi**em**	umi**em**	wi**em**
(ty)	rozumi**esz**	umi**esz**	wi**esz**
on, ona, ono	rozumi**e**	umi**e**	wi**e**
(my)	rozumi**emy**	umi**emy**	wi**emy**
(wy)	rozumi**ecie**	umi**ecie**	wi**ecie**
oni, one	rozumi**eją**	umi**eją**	wi**edzą**

5. Tempora

Präteritum

	Maskulinum	*Femininum*	*Neutrum*
(ja)	pomaga**łem**	pomaga**łam**	
(ty)	pomaga**łeś**	pomaga**łaś**	
(on)	pomaga**ł**		
(ona)		pomaga**ła**	
(ono)			pomaga**ło**
	Personalform	*Sachform*	
(my)	pomaga**liśmy**	pomaga**łyśmy**	
(wy)	pomaga**liście**	pomaga**łyście**	
(oni)	pomaga**li**		
(one)		pomaga**ły**	

Futur

	Singular					
	Maskulinum		*Femininum*		*Neutrum*	
(ja)	będę	pisał	będę	pisała		
(ty)	będziesz	pisał	będziesz	pisała		
(on)	będzie	pisał				
(ona)			będzie	pisała		
(ono)					będzie	pisało
	Plural					
	Personalform		*Sachform*			
(my)	będziemy	pisali	będziemy	pisały		
(wy)	będziecie	pisali	będziecie	pisały		
(oni)	będą	pisali				
(one)			będą	pisały		

Im Polnischen gibt es zwei Futurformen: Einfaches und zusammengesetztes Futur. Vgl. dazu 9C2.

6. Konjunktiv

	Maskulinum	*Femininum*	*Neutrum*
(ja)	pisał**bym**	pisała**bym**	
(ty)	pisał**byś**	pisała**byś**	
(on)	pisał**by**		
(ona)		pisała**by**	
(ono)			pisało**by**
	Personalform	*Sachform*	
(my)	pisali**byśmy**	pisały**byśmy**	
(wy)	pisali**byście**	pisały**byście**	
(oni)	pisali**by**		
(one)		pisały**by**	

Präpositionen

bez	*Gen.*	*ohne*	Pogoda będzie bez opadów.
dla	*Gen.*	*für*	Tu są klucze dla państwa.
do	*Gen.*	*in* *zu* *nach* *bis*	Idziemy do hotelu. Szewczyk przyszedł do króla. Jedziemy do Niemiec/do Warszawy. Czekam do wtorku/do jutra.
na	*Akk.* *Lok.* *Akk.* *Lok.* *Akk.* *Lok.* *Akk.*	*auf* *in* *nach* *an* *für*	Czekam na pana. Okulary leżą na stole. Idę na koncert. Jestem na koncercie. Idę na górę. Na przystanku stoi dużo ludzi. Wyjazd na pół roku/Znaczek na list.
nad	*Lok.* *Akk.*	*an, über* *an*	Mam urlop nad morzem. Pada nad morzem. Jadę nad morze.
o	*Lok.*	*über* *um*	Legenda o smoku wawelskim. Przyjdę o jedenastej.
obok	*Gen.*	*neben*	Teatr jest obok Ogrodu Saskiego.
od	*Gen.*	*von* *seit* *ab*	Telegram od Helgi. Czekam na pana od godziny. Od jutra.
po	*Lok.* *Akk.*	*nach* *an* *zu*	Przyjdę dzisiaj po szóstej. Po południu. Proszę 4 znaczki po 500 złotych.
pod	*Instr.* *Akk.*	*unter* *unter*	Okulary są pod stołem. Zrzucił owcę pod smoczą jamę.
przeciwko	*Dat.*	*gegen*	Nie mam nic przeciwko wietrzeniu.
przed	*Instr.* *Akk.*	*vor* *vor*	Przed domem stoi samochód. Smok wyszedł przed jamę.

przez	*Akk.*	*durch* *über*	Musimy przejść przez ulicę. Musimy przejść przez most *(Brücke)*.
u	*Gen.*	*bei*	Mięso kupię u rzeźnika.
w, we	*Akk.* *Akk.* *Lok.*	*an* *in* *in*	W poniedziałek. Jutro jadę w góry. Dobrze wypoczywam w górach.
z, ze	*Gen.* *Instr.*	*aus* *mit*	Goście z Niemiec. Mieszkam z rodzicami.
za	*Instr.* *Akk.*	*hinter* *hinter* *in* *für*	Okulary są za kanapą. Popatrz za kanapę. Przyjadę za miesiąc. Znaczek za 1500 zł.

A

a und *(gegenüberstellend)*, 3A
aby *Konj.* damit, daß, 15A
abyśmy (aby + śmy) damit wir ..., daß wir ..., 15A
adres, -su *m* Adresse, 10B
aktor, -ra *m* Schauspieler, 3A
aktorka, -ki *f* Schauspielerin, 3A
aktualny, -a, -e aktuell, 9A
albo oder, 4A
albo ... albo entweder ... oder, 20A
ale *Konj.* aber, 13A
aleś to świetnie wymyśliła! wie gut du das ausgedacht hast!, 13A
ależ oczywiście! aber natürlich!, 10A
Amerykanin, -na *m* Amerikaner, 8B
Amerykanka, -ki *f* Amerikanerin, 8B
Angielka, -ki *f* Engländerin, 8B
angina, -ny *f* Angina, 17B
Anglik, -ka *m* Engländer, 8B
ani ... ani *Konj.* weder ... noch, 20B
apartament, -tu *m* Appartement, 12B
apteka, -ki *f* Apotheke, 18A
architekt, -ta *m* Architekt, 3A
atrakcyjny, -a, -e attraktiv, 2A
Austria, -rii *f* Österreich, 14B
Austriaczka, -ki *f* Österreicherin, 8B
Austriak, -ka *m* Österreicher, 8B
autobus, -su *m* Autobus, 10A
autobusowy, -a, -e Autobus..., 10A
aż bis, 11A

B

babcia, -ci *f* Großmutter, 4B
bać się *ipf.*, **boję się, boisz się** Angst haben, 11A
bagaż, -żu *m* Gepäck, 21A
balet, -tu *m* Ballett, 9A
Bałtyk, -ku *m* Ostsee, 15A
bar, -ru *m* Bar, 20B
bar samoobsługowy Cafeteria, 20B
bardziej mehr, 14A
bardzo *Adv.* sehr, 1A
bardzo mi miło sehr angenehm, 1A
bardzo mi przykro das tut mir leid, 1A
barszcz, -czu *m* Borschtsch, 20A
barszczyk *m* **czysty** klarer Borschtsch, 22A
bawić się *ipf.*, **bawię się, bawisz się** sich amüsieren, 9A
benzyna, -ny *f* Benzin, 21A
bez *Präp.* + *Gen.* ohne, 18B
bezchmurnie *Adv.* wolkenlos, 14D
będzie *Fut.* wird sein, 9A
biały, -a, -e weiß, 13A
biec *ipf.*, **biegnę, biegniesz** laufen, 11C
biegać *it.*, **biegam, biegasz** laufen, 16A
biegle *Adv.* fließend, 6B
bigos, -su *m* Bigos *(gedünstetes Sauerkraut mit Fleischstücken)*, 20A
bilet, -tu *m* Fahrkarte, 10A; Eintrittskarte, 5A
bilet powrotny Rückfahrkarte, 16A
biuro, -ra *n* Büro, 2A
biuro podróży Reisebüro, 2A
bliska osoba *f* Verwandte(r), 19A
blisko *Adv.* nah, 10A
bliźniak, -ka *m* Zwilling; Doppelhaus, 12A
bochenek, bochenka *m* Laib, 7A
bocian, -na *m* Storch, 19A
bogaty, -a, -e reich, 19A
boleć *ipf.* schmerzen, weh tun, 17A
Boże Ciało *n* Fronleichnam, 22B
Boże Narodzenie *n* Weihnachten, 22A
Bóg, Boga *m* Gott, 21A
ból, -lu *m* Schmerz, 17B
ból głowy Kopfschmerzen, 17B
brać *ipf.*, **biorę, bierzesz** nehmen, 15A
brat, -ta *m* Bruder, 22B
brzuch, -cha *m* Bauch, 11A
buchać *ipf. hier:* schlagen, 11A
bułka, -ki *f* Brötchen, 7A
burza, -rzy *f* Gewitter, 14A
but, -ta *m* Schuh, 16A
butelka, -ki *f* Flasche, 7A
by *Konj.* damit, um ... zu, 20C
być *ipf.*, **jestem, jesteś** sein, 1A
byli *Prät.* sie waren, 9A
było *Prät.* es war, 9A
bym zjadła = **zjadłabym** ich würde essen, 20A
bywać *it.*, **bywam, bywasz** zu sein pflegen, 19A

C

całkiem *Adv.* ganz, völlig, 10A
całkowicie *Adv.* völlig, 18A
cały, -a, -e ganz, 15A
cebula, -li *f* Zwiebel, 20B
cel, -lu *m* Zweck, Ziel, 19A
celować *ipf.* **do** + Gen., **celuję, celujesz** zielen auf, 22C
cena, -ny *f* Preis, 7A
centrum, centrum *n* Zentrum, 12A
chciałabym *f* ich möchte, 10A
chciałbym *m* ich möchte, 10A
chcieć, chcę, chcesz wollen, 6A
chętnie *Adv.* gern, 8A
chleb, -ba *m* Brot, 7A
chłodniejszy, -a, -e kühler, 14A
chłodny, -a, -e kühl, 14A
chciaż *Konj.* obwohl, 19A
choć *Konj.* obwohl, 19A
chodzić *it.*, **chodzę, chodzisz** gehen, 19A
chodźmy! gehen wir!, 20A
choinka, -ki *f* Weihnachtsbaum, 22A

chory, -a, -e krank, 17A
chory na grypę grippekrank, 17B
chwileczka, -ki *f* Moment; Weilchen, 16A
chwileczkę einen Augenblick, einen Moment, 3A
chwilka, -ki *f* Augenblick, 7A
chyba *Adv.* wohl, vielleicht, 4A
chyba, że ... es sei denn ..., 15A
ciastko, -ka *n* Kuchen, 7A
ciekawe *Adv.* interessant, 3A
ciekawy, -a, -e neugierig; interessant, 9A
cielęcina, -ny *f* Kalbfleisch, 20B
ciemnobrązowy, -a, -e dunkelbraun, 13A
ciemny, -a, -e dunkel, 13A
cieplejszy, -a, -e wärmer, 14A
ciepły, -a, -e warm, 13A
cieszyć się *ipf.*, **cieszę się, cieszysz się** sich freuen, 5A
ciocia, -ci *f* Tante, 22A
ciotka, -ki *f* Tante
ciśnienie, -nia *n* (Luft-) Druck, 14A
co was, 3A
co cię sprowadza do Krakowa? was führt dich nach Krakau?, 20A
co następuje wie folgt, 18A
co pana do mnie sprowadza? was führt Sie zu mir?, 17A
co panu dolega? was fehlt Ihnen?, 17A
co się stało? was ist passiert?, 21A
co słychać? was gibt's Neues?, 20A
co ty na to powiesz? was du dazu sagen wirst?, 15A
co za dużo, to niezdrowo allzuviel ist ungesund, 22A
codziennie *Adv.* jeden Tag, täglich, 13A
coraz częściej immer häufiger, 22A
coś do picia etwas zum Trinken, 8A
coś lżejszego etwas Leichteres, 14A
coś na kolację etwas fürs Abendbrot, 6A
coś odpowiedniego etwas Passendes, 9A
coś ty powiedziała was hast du gesagt?, 13A
córka, -ki *f* Tochter, 4A
cudownie *Adv.* wunderbar, 16B
cukier, cukru *m* Zucker, 7A
cukiernia, -ni *f* Konditorei, 7A
czarny, -a, -e schwarz, 18A
czary, -rów *Pl.* Zauberei, 19A
czas, -su *m* Zeit, 6A
czego potrzebował was er brauchte, 11A
czekać *ipf.* **na** + *Akk.*, **czekam, czekasz** warten, 1A
czekać *ipf.* + *Akk.* bevorstehen, 9A
czekolada, -dy *f* Schokolade, 7B
czerwiec, czerwca *m* Juni, 15B
czerwony, -a, -e rot, 13A
cześć! grüß dich!; tschüs!, 8A
czkawka, -ki *f* Schluckauf, 19A
człowiek, -ka *m* Mensch, 7C
cztery vier, 3B
czterysta vierhundert, 7B
czuć się *ipf.*, **czuję się, czujesz się** sich fühlen, 14A
czwartek, czwartku *m* Donnerstag, 6A
czwarty, -a, -e der, die, das vierte, 5B
czy ob, oder, 1A
czy coś jeszcze? sonst noch etwas?, 7A
czy pani Żórawska? sind Sie Frau Żórawska?, 1A
czy są ...? gibt es ...?, 7A
czyj, czyja, czyje wessen, 12D
czym mogę służyć? womit kann ich dienen?, 16B
czynić *ipf.* **przygotowania** Vorbereitungen treffen, 22A
czynny, -a, -e geöffnet, 20B
czynsz, -szu *m* Miete, 12A
czynsz miesięczny Monatsmiete, 12A
czytać *ipf.*, **czytam, czytasz** lesen, 3A
ćwierć, -ci *f* Viertel, 7B

D

dać *pf.*, **dam, dasz** geben, 10A
dać ogłoszenie do gazety eine Anzeige in die Zeitung setzen, 13A
dać się prosić sich bitten lassen, 22A
dalej *Adv.* weiter, 3A
daleko *Adv.* weit, 10A
dawni Słowiane *Pl.* Urslawen, 19A
dawno *Adv.* einst, 11A
dawno, dawno temu vor vielen Jahren, 11A
deka(gram, -ma) *m* Dekagramm, 7B
dentysta, -ty *m* Zahnarzt, 3A
dentystka, -ki *f* Zahnärztin, 3A
deszcz, -czu *m* Regen, 14A
deszczowo *Adv.* regnerisch, 14D
diabeł, diabła *m* Teufel, 21A
do diabła! zum Teufel!, 21A
dla *Präp.* + *Gen.* für, 3A
dla pewnej sympatycznej osoby für eine sympathische Person, 3A
dlaczego warum, 21A
dlatego (też) darum, 22A
do *Präp.* + *Gen.* nach, zu, in, 5A
do jutra bis morgen, 8A
do poczytania zum Lesen, 18A
do tego dochodzą jeszcze ... dazu kommen noch ..., 12A
do widzenia auf Wiedersehen, 8B
do załatwienia zu erledigen, 5A
do zobaczenia auf Wiedersehen, 8A
doba, -by *f* 24 Stunden, 15A
dobranoc gute Nacht, 8A
dobry, -a, -e gut, 1A

dobry wieczór guten Abend, 8B
dobrze *Adv.* gut, 4A
dojechać *pf.*, **dojadę, dojedziesz** kommen, 10A
dojść *pf.*, **dojdę, dojdziesz** kommen, 10A
dokąd wohin, 9B
dokładnie *Adv.* genau, 13A
doktor, -ra *m* Arzt, 17A
dolegać *ipf.* weh tun, 17A
dom, -mu *m* Haus, 4A
dopiero *Adv.* erst, 6A
doskonale *Adv.* ausgezeichnet, 6B
dostać *pf.*, **dostanę, dostaniesz** bekommen, 11A
dość *Adv.* ziemlich, 10A
dowiedzieć się *pf.*, **dowiem się, dowiesz się** erfahren; sich erkundigen, 9A
dowód *m* **rejestracyjny** Wagenpapiere, 21A
dozwolony, -a, -e *hier:* vorgeschrieben, 21A
drewno, -na *n* Holz, 19A
drobne, -nych *Pl.* Kleingeld, 7A
droga, -gi *f* Weg, 14A
drogi, -a, -ie teuer, 7A; liebe(r), 9A
drugi, -a, -ie der, die, das zweite, 5B
drugie danie *n* Hauptgericht, 20A
drżeć *ipf.*, **drżę, drżysz** zittern, 11A
drżeć ze strachu vor Angst zittern, 11A
drzwi, drzwi *Pl.* Tür, 8A
dusić *ipf.*, **duszę, dusisz** *hier:* dünsten, 20B
duszno *Adv.* schwül, 16A
dużo *Adv.* viel, 8A
duży, -a, -e groß, 4A
dwa zwei, 3B
dwa tygodnie temu vor zwei Wochen, 15A
dwanaście zwölf, 3B
dwieście zweihundert, 7B
dworzec, dworca *m* Bahnhof, 10A
dwójka, -ki *f* Zweibettzimmer, 15A; Hotelzimmer Nummer 2, die Zwei, 16B
dwudziesty, -a, -e der, die, das zwanzigste, 5B
dwukrotnie *Adv.* zweimal, 21A
dwunasty, -a, -e der, die, das zwölfte, 5B
dwupokojowy, -a, -e Zweizimmer..., 12B
dyspozycja, -cji *f* Verfügung, 12A
dysza, -szy *f* Düse, 21A
dywan, -nu *m* Teppich, 13A
dziadek, dziadka *m* Großvater, 4B
dziadkowie *Pl.* Großeltern, 4B
działać *ipf.* funktionieren, 21A
dziczyzna, -ny *f* Wild, 20B
dziecko, -ka *n* Kind, 3A
dzielny, -a, -e tapfer, 11A
dziennie *Adv.* täglich, 17A
dziennikarka, -ki *f* Journalistin, 3A
dziennikarz, -rza *m* Journalist, 3A
dzień, dnia *m* Tag, 1A
dzień dobry guten Tag, 1B
dziesiąta (die) zehnte; zehn (Uhr), 5A
dziesiąty, -a, -e der, die, das zehnte, 5B
dziesięć zehn, 3B
dziewczę, -cia *n* Mädchen, 19A
dziewiąty, -a, -e der, die, das neunte, 5B
dziewięć neun, 3B
dziewięćset neunhundert, 7B
dziękować *ipf.* **za** + *Akk.*, **dziękuję, dziękujesz** danken für, 7A
dzisiaj heute, 2A
dzisiejszy, -a, -e heutig, 10A
dziś heute, 6A
dzwonić *ipf.* **do** + *Gen.*, **dzwonię, dzwonisz** klingeln, 8A; anrufen, 22C

E

europejski, -a, -ie europäisch, 14A

F

fałszywy, -a, -e falsch, 18A
fenomenalnie *Adv.* phänomenal, 20B
filharmonia, -nii *f* Philharmonie, 9A
film, -mu *m* Film, 9D
firanka, -ki *f* Gardine, 13A
fizjologiczny, -a, -e physiologisch, 19A
formularz, -rza *m* Formular, 10A
Francja, -cji *f* Frankreich, 14B
Francuz, -za *m* Franzose, 8A
Francuzka, -ki *f* Französin, 8B

G

garaż, -żu *m* Garage, 12A
garsoniera, -ry *f* Junggesellenwohnung, 12A
gaz, -zu *m* Gas, 12A
gazeta, -ty *f* Zeitung, 10A
gaźnik, -ka *m* Vergaser, 21A
Gdańsk, -ka *m* Danzig, 14B
gdy als, wenn, nachdem, 11A
gdzie wo; wohin, 9B
głęboko *Adv.* tief, 17A
głęboko oddychać tief durchatmen, 17A
głośno *Adv.* laut, 15A
głowa, -wy *f* Kopf, 17A
godz. = **godzina** Stunde, 12B
godzina, -ny *f* Stunde, 1A; Uhr, 5B
godzinę później eine Stunde später, 6A
godziny *f/Pl. hier:* Unterrichtsstunden, 6A
godziny przyjęć Sprechstunde, 17A
golić się *ipf.*, **golę się, golisz się** sich rasieren, 6A
gorączka, -ki *f* Fieber, 17A
gorzej schlechter, 14A
gospoda, -dy *f* Gaststätte, 20B
gospodarz, -rza *m* Gastgeber, 21A
gościć *ipf.* **u** + *Gen.*, **goszczę,**

gościsz Gäste empfangen, zu Besuch sein, 9A
goście, gości *Pl.* Gäste, 2A
goździk, -ka *m* Nelke, 7A
gra, gry *f* Spiel, 17A
grać *ipf.*, **gram, grasz** spielen, 22C
grać w szachy Schach spielen, 22C
grad, -du *m* Hagel, 14B
gram, -ma *m* Gramm, 7B
granica, -cy *f* Grenze, 15A
grudzień, grudnia *m* Dezember, 15A
grupa, -py *f* Gruppe, 3A
gruszka, -ki *f* Birne, 20A
grypa, -py *f* Grippe, 17A
grzyb, -ba *m* Pilz, 22A
gulasz, -szu *m* Gulasch, 20A
gustować *ipf.*, **gustuję, gustujesz** Gefallen finden, lieben, 13A
guzik, -ka *m* Knopf, 16A
gwałtowny, -a, -e gewalttätig, 18A

H

hala, -li *f* Halle, 7A
hala targowa Markthalle, 7A
Halka *f* Halka *(Oper von Moniuszko)*, 5A
hall, -lu *m* Diele, 13D
herbata, -ty *f* Tee, 20A
Hilary *männlicher Vorname*, 16A
hotel, -lu *m* Hotel, 5A
hotelowa restauracja *f* Hotelrestaurant, 5A

I

i und, 2A
i dalej ... und dann noch ..., 3A
i. in. = **i inne** und andere, 19B
ich ihr; sie, 16C
igła, -ły *f* Nadel, 16A
ile wieviel, wie viele, 3A
ile ma być szynki? wieviel Schinken soll es sein?, 7A
ile wynosi czynsz? wie hoch ist die Miete?, 12A
im ... tym je ... desto, 20A
imieniny, imienin *Pl.* Namenstag, 8A
imię, imienia *n* Vorname, 8A
inaczej anders, sonst, 16A
inny, -a, -e andere(r), 7A
internista, -ty *m* praktischer Arzt, 17A
itd. = **i tak dalej** und so weiter, 19B
itp. = **i tym podobne** und ähnliche(s), 19B
iść *ipf.*, **idę, idziesz** gehen, 6A
iż = **że** *Konj.* daß, 19A

J

ja ich, 1A
ja w sprawie ogłoszenia ich komme wegen Ihrer Anzeige, 12A
jabłko, -ka *n* Apfel, 7A
jadąc *Part. I* als ich fuhr, 18A
jadalnia, -ni *f* Eßzimmer, 12A
jadłospis, -su *m* Speisekarte, 20A
jadowity, -a, -e giftig, 11A
jajko, -ka *n* Ei, 22A
jak wie, 10A
jak można dojść ...? wie komme ich ...?, 10A
jak pech, to pech! so ein Pech!, 21A
jak się masz? wie geht es dir?, 8A
jaki, jaka, jakie welcher, welche, welches, 7A
jakiś, jakaś, jakieś irgendein, irgendeine, irgendein, 7A
jaskinia, -ni *f* Höhle, 11A
jasnobrązowy, -a, -e hellbraun, 13B
jasny, -a, -e hell, 13A
jechać *ipf.*, **jadę, jedziesz** fahren, 7A
jechać samochodem mit dem Auto fahren, 22C
jeden, dwa, trzy, ... eins, zwei, drei, ..., 3A
jeden, jedna, jedno ein, eine, ein, 3A
jedenastka, -ki *f* die Elf, 16A
jedenasty, -a, -e der, die, das elfte, 5B
jedna z najzimniejszych eine der kältesten, 14A
jedna z nich eine von ihnen, 18A
jednak jedoch; doch, 4A
jednopokojowy, -a, -e Einzimmer..., 12B
jednorodzinny, -a, -e Einfamilien..., 12B
jedynka, -ki *f* Einbettzimmer, 15A; Hotelzimmer Nummer 1; die Eins, 16B
jego, jej, jego sein, ihre, sein, 3A
jesień, -ni *f* Herbst, 14B
jest (er, sie, es) ist, 1A
jestem kawalerem *Mann:* ich bin ledig, 4A
jestem panną *Frau:* ich bin ledig, 4A
jestem tu samochodem ich bin mit dem Auto hier, 20A
jeszcze noch, 3A
jeść *ipf.*, **jem, jesz** essen, 6A
jeśli wenn, 6A
jeździć *it.*, **jeżdżę, jeździsz** fahren, 19C
jeżeli wenn, 6A
język, -ka *m* Sprache, 6A; Zunge, 17A
(język) francuski Französisch, 6A
(język) polski Polnisch, 6A
(język) angielski Englisch, 6A
(język) niemiecki Deutsch, 6A
jutro morgen, 6A
już schon, 1A

K

kaczka, -ki *f* Ente, 20B
kapusta, -ty *f* Weißkohl, 20B
kapusta kwaszona Sauerkraut, 20B
Karkonosze, -szy *Pl.* Riesengebirge, 15A
karp, -pia *m* Karpfen, 22A
karta, -ty *f hier:* Speisekarte, 20A
kartka, -ki *f* (Ansichts-) Karte, 10A

kasa, -sy *f* Kasse, 16A
kasa biletowa Fahrkartenschalter, 16A
kasjerka, -ki *f* Kassiererin, 16A
Katowice, Katowic *Pl.* Kattowitz, 14B
kawa, -wy *f* Kaffee, 20A
kawałek, kawałka *m* Stück, 7A
kawaler, -ra *m* Junggeselle, 4A
kawalerka, -ki *f* Junggesellenwohnung, 12A
kawiarnia, -ni *f* Café, 20B
kazać *pf.*, **każę, każesz** befehlen, 11A
każdy, -a, -e jeder, jede, jedes, 10A
kelner, -ra *m* Kellner, 20A
kiedy wenn, 6A; wann, 5B
kielich, -cha *m* (Wein-)Glas, 20B
kieliszek, kieliszka *m* (Wodka-)Glas, 20B
kiełbasa, -sy *f* Wurst, 7A
kierunek, kierunku *m* Richtung, 10A
kieszeń, -ni *f* Tasche, 19A
kilka einige, 9A
kilo(gram, -ma) *m* Kilogramm, 7A
kim *Instr. hier:* was, 3A
kim ona/on jest (z zawodu)? was ist sie/er (von Beruf)?, 3A
kino, -na *n* Kino, 9D
kiosk, -ku *m* Kiosk, 10A
klasa, -sy *f* Klasse, 16A
kłopot, -tu *m* Mühe, Sorge, 13A
kobieta, -ty *f* Frau, 2A
kochany, -a, -e liebe(r), 9B
kod, -du *m* Postleitzahl, 10B
kolacja, -cji *f* Abendbrot, 6A
kolega, -gi *m* (Arbeits-)Kollege, 9A
kolejny, -a, -e nächste(r), 8A
koleżanka, -ki *f* (Arbeits-) Kollegin, 1A
kolęda, -dy *f* Weihnachtslied, 22A
kolor, -ru *m* Farbe, 13A
komfortowy, -a, -e komfortabel, 4A
komisarz, -rza *m* Kommissar, 18A
kompot, -tu *m* Kompott, 20A
komunia, -nii *f* Kommunion, 22A
koncentrat *m* **pomidorowy** Tomatenmark, 20B
koncert, -tu *m* Konzert, 9A
koniec, końca *m* Ende, 7A
Konstancin *m Vorort von Warschau,* 4A
kontrola *f* **drogowa** Polizeikontrolle, 21A
koń, konia *m* Pferd, 4A
kończyć *ipf.*, **kończę, kończysz** enden, schließen, 9A
koperta, -ty *f* Briefumschlag, 10A
kostka, -ki *f hier:* Stück, 7A
kosztować *ipf.*, **kosztuję, kosztujesz** kosten, 7A
kościół, kościoła *m* Kirche, 22A
kraj, -ju *m* Land, 15A
Kraków, Krakowa *m* Krakau, 14B
kropelki, -lek *Pl.* Tropfen, 17A
król, -la *m* König, 11A
królewna, -ny *f* Königstochter, 11A
krupnik, -ku *m* Graupensuppe, 20A
kryminał, -łu *m* Krimi, 18C
kryminalny, -a, -e Kriminal..., 18A
krzesło, -ła *n* Stuhl, 13A
krzyczeć *ipf.*, **krzyczę, krzyczysz** schreien, 16A
książka, -ki *f* Buch, 10A
kształtować się *ipf.* sich gestalten, 19A
kto wer, 1A
kto rano wstaje, temu Pan Bóg daje Morgenstunde hat Gold im Munde, 21A
ktoś jemand, 8A
która godzina? wieviel Uhr ist es?, 5A
którego dziś mamy? welchen Tag haben wir heute?, 15A
który, która, które welcher, welche, welches, 3A
kuchnia, -ni *f* Küche, 12A
kukanie, -nia *n* Kuckucksruf, 19A
kukułka, -ki *f* Kuckuck, 19A
kupić *pf.*, **kupię, kupisz** kaufen, 5A
kupiwszy *Part. II* **bilet** nachdem er die Fahrkarte gekauft hatte, 18A
kupować *ipf.*, **kupuję, kupujesz** kaufen, 7A
kurs, -su *m hier:* (Sprach-) Kurs, 6A
kurtka, -ki *f* Windjacke, 14A
kutia, -tii *f* Weihnachtsgrütze, 22A
kuzyn, -na *m* Vetter, 22A
kwiat, -ta *m* Blume, 7A
kwiecień, kwietnia *m* April, 15B

L

lampka *f* **wina** ein Glas Wein, 20A
lata, lat *Pl.* Jahre, 4A
latać *it.*, **latam, latasz** zu fliegen pflegen, 19A
lato, -ta *n* Sommer, 14B
latem im Sommer, 14B
lecieć *ipf.*, **lecę, lecisz** fliegen, 19A
legenda, -dy *f* Legende, 10A
lekarstwo, -wa *n* Arznei, 17A
lekarz, -rza *m* Arzt, 3B
lekcje, lekcji *f/Pl.* Unterricht, 6A
lekki, -a, -ie leicht, 17A
lepiej besser, 6A
lepiej powiedz! sag lieber!, 13A
lepszy, -a, -e besser, 14A
liczba, -by *f* Zahl, 19A
linia *f* **kolejowa** Eisenbahnstrecke, 18A
lipiec, lipca *m* Juli, 15A
list, -tu *m* Brief, 5A
list lotniczy Luftpostbrief, 10A
list polecony Einschreibebrief, 10A
list zwykły einfacher Brief, 10A
lista, -ty *f* Liste, 2A

listonosz, -sza *m* Briefträger, 8A
listopad, -da *m* November, 15B
litr, -ra *m* Liter, 7A
lodówka, -ki *f* Kühlschrank, 7A
lody, -dów *Pl.* Eis, 7A
lokal, -lu *m* Wohnung, 12A; Restaurant, Gaststätte, 20B
lokalny, -a, -e örtlich, lokal, 14A
Londyn, -nu *m* London, 14B
lot, -tu *m* Flug, 19A
lub oder, 6A
ludzie, -dzi *Pl.* Leute; Menschen, 16A
lusterko, -ka *n* kleiner Spiegel, 16A
luty, -tego *m* Februar, 15B

Ł

łazienka, -ki *f* Badezimmer, 12A
łącznie ze śniadaniem inklusive Frühstück, 15A
łąka, -ki *f* Wiese, 19A
łóżko, -ka *n* Bett, 18A
łysy, -a, -e kahl, 18A
łyżeczka, -ki *f* Teelöffel, 20B
łyżka, -ki *f* Löffel, 20B

M

M-4 eine Wohnung, die aus 4 Räumen besteht, 12A
m. in. = **między innymi** unter anderen/anderem, 19B
m kw = **metr kwadratowy** Quadratmeter, 12B
ma na imię er heißt mit Vornamen, 8A
maj, -ja *m* Mai, 15B
mak, -ku *m* Mohn, 22A
mały, -a, -e klein, 4A
małżeństwo, -wa *n* Ehe; Ehepaar, 22B
mam 24 lata ich bin 24 Jahre alt, 4A
mam przesiadkę ich muß umsteigen, 16A
mama, -my *f* Mutti, 22B
mandat, -tu *m* Strafgebühr, 21A
marzec, marca *m* März, 15A
marzenie, -nia *n* Traum, Wunsch, 8A
masło, -ła *n* Butter, 7A
matka, -ki *f* Mutter, 4B
mawiać *it.*, **mawiam, mawiasz** zu sagen pflegen, 19A
Mazury, Mazur *Pl.* Masuren, 15A
mąka, -ki *f* Mehl, 7A
mąż, męża *m* Mann, 4A
meble, -li *Pl.* Möbel, 12A
mechanik, -ka *m* Mechaniker, 21A
metr, -ra *m* Meter, 12B
metr kwadratowy Quadratmeter, 12B
mężatka, -ki *f* verheiratete Frau, 4A
mężczyzna, -ny *m* Mann, 2A
mgła, -ły *f* Nebel, 14A
mi mir, 1A
miał (er) hatte, 11A
miasto, -ta *n* Stadt, 10A
mieć *ipf.*, **mam, masz** haben, 4A
mieć zamiar im Begriff sein, 9A
miejscami örtlich, 14A
miejsce, -ca *n* Platz, 3A
miesiąc, -ca *m* Monat, 9A
mieszkać *ipf.*, **mieszkam, mieszkasz** wohnen, 4A
mieszkam w nim ich wohne darin, 4A
mieszkanie, -nia *n* Wohnung, 4A
między + *Instr.* zwischen, 9A
między innymi unter anderem, 9A
międzynarodowy international, 8A
mięso, -sa *n* Fleisch, 7A
milion, -na *m* eine Million, 7B
miło *Adv.* angenehm, 1A
miły, -a, -e nett, lieb, 2A
minuta, -ty *f* Minute, 6B
mleko, -ka *n* Milch, 7A
młody, -a, -e jung, 2A
mniejszy, -a, -e kleiner, 14A
mocny, -a, -e stark, 8A
mocować się *ipf.*, **mocuję się, mocujesz się** ringen, kämpfen, 18A
morze, -rza *n* Meer, See, 15A
może vielleicht, 8A
możliwość, -ci *f* Möglichkeit, 14A
możliwy, -a, -e möglich, 14A
można *Adv.* man kann, 10A
móc, mogę, możesz können, dürfen, 6A
mój, moja, moje mein, meine, mein, 1A
mówić *ipf.*, **mówię, mówisz** sprechen, 6A
mroźno *Adv.* frostig, 14D
mróz, mrozu *m* Frost, 14A
musieć, muszę, musisz müssen, 6A
muzeum, muzeum *n* Museum, 9A
my wir, 4A
myć się *ipf.*, **myję się, myjesz się** sich waschen, 6A
myśleć *ipf.*, **myślę, myślisz** denken, 5A
myśmy chcieli = **my chcieliśmy** wir wollten, 15A
mży es nieselt, 14B

N

na *Präp.* + *Akk./Lok.* auf, 1A; in, an, für, 4A
na chwilę für einen Augenblick, 16A
na dole unten, 13A
na dół nach unten, 13B
na drogę für die Reise, 14A
na górę nach oben, 13B
na górze oben, 13A
na jak długo? für wie lange?, 15A
na koniec zum Schluß, 7A
na lewo links, 12A; nach links, 13B
na ogół im allgemeinen, 14A
na okres 1 roku für ein Jahr, 12A
na poczcie auf der Post, 10A
na pół roku für ein halbes Jahr, 12A
na północnym wschodzie im Nordosten, 14A

na prawo rechts, 12A; nach rechts, 13B
na razie bis bald, 8B
na tydzień für eine Woche, 15A
na wesoło zum Lachen, 20A
nad *Präp.* + *Akk.* über, 14A
nadać *pf.*, **nadam, nadasz** aufgeben, 10A
nadal *Adv.* weiter(hin), 9A
nagle *Adv.* plötzlich, 16A
najbliższy, -a, -e nächste(r), 14A
najchłodniej *Adv.* am kühlsten, 14A
najcieplej *Adv.* am wärmsten, 14A
najdłużej am längsten, 6A
najlepiej am besten, 6A
najlepszy, -a, -e der, die, das beste, 10B
najwyżej *Adv.* höchstens, 21A
najwyższy, -a, -e höchste(r), 14A
nakłaniać *ipf.*, **nakłaniam, nakłaniasz** *hier:* aufdringlich bitten, 22A
nakrycie, -cia *n* Gedeck, 22A
należeć *ipf.* **do** + *Gen.*, **należę, należysz** gehören zu, 22A
należy man soll, 19A
napić się *pf.*, **napiję się, napijesz się** trinken, 20A
napisać *pf.*, **napiszę, napiszesz** schreiben, 5A
napływać *ipf.* (zu)strömen, 14A
naprawa, -wy *f* Reparatur, 21A
naprawdę *Adv.* wahrhaftig; wirklich, 2A
naprawiać *ipf.*, **naprawiam, naprawiasz** reparieren, 21A
naprawić *pf.*, **naprawię, naprawisz** reparieren, 21A
naprzeciw(ko) *Präp.* + *Gen.* gegenüber, 10A
nareszcie *Adv.* endlich, 21A
Narodowe Święto Niepodległości Tag der Unabhängigkeit, 22B
następnym razem nächstes Mal, 20A
nasz, nasza, nasze unser, unsere, unser, 3A
natomiast dagegen, hingegen, 8A
natychmiast *Adv.* sofort, 18A
nauczyciel, -la *m* Lehrer, 2A
nawet *Adv.* sogar, 3A
nazwisko, -ka *n* Familienname, 10B
nazywać się *ipf.*, **nazywam się, nazywasz się** heißen, 1A
nic nichts, 1A
nic nie szkodzi das macht nichts, 1A
nie nein, nicht, 1A
nie da się ukryć das läßt sich nicht verheimlichen, 21A
nie ma es gibt nicht, 7B
nie, nie słuchaj! nein, das stimmt nicht!, 13A
nie tylko ... ale i ... nicht nur ... sondern auch ..., 20A
nie tylko ... lecz także ... nicht nur ... sondern auch ..., 20A
nie wypada es gehört sich nicht, 22A
niebieski, -a, -ie blau, 13A
niech *Part.* möge(n), soll(en), will (wollen), 8A
niech żyje es lebe, 8B
nieco *Adv.* + *Gen.* etwas, ein wenig, 10A
niedaleko stąd nicht weit von hier, 10A
niedługo *Adv.* nicht lange, kurz, 9A
niedziela, -li *f* Sonntag, 6A
niejaki, -a, -ie ein gewisser, 18A
niejednokrotnie mehrmals, 19A
niektórzy *Pl.* manche, einige, 8A
niemalowany, -a, -e ungestrichen, 19A
Niemcy, Niemiec *Pl.* Deutschland, 2A
Niemiec, Niemca *m* Deutscher, 8B
Niemka, -ki *f* Deutsche, 8A
niemożliwe *Adv.* unmöglich, 1A
nieodłączny, -a, -e unzertrennlich, 19A
niepokój, niepokoju *m* Unruhe, 11A
nieprawda das ist nicht wahr, 14A
niespodzianka, -ki *f* Überraschung, 9A
niestety *Adv.* leider, 4A
nieszczęście, -cia *n* Unglück, 11B
nieszczęśliwy, -a, -e unglücklich, 11B
nieść *ipf.*, **niosę, niesiesz** tragen, 16C
niewielki, -a, -ie ziemlich klein, 12A
niezamężna *Frau:* unverheiratet, 9A
nieznajomy, -ego *m* Unbekannte(r), 15A
nieźle *Adv.* gar nicht schlecht, 6B
nigdy *Adv.* nie, 2A
nikomu niemandem, 11A
nikt, nikogo niemand, 11A
niski, -a, -ie klein, 2A
niskie ciśnienie *n* Tiefdruck, 14A
niż als, 14A
niż, -żu *m* Tief(druck), 14A
no to do roboty also dann an die Arbeit, 5A
noc, -cy *f* Nacht, 6B
noclegi *m/Pl.* Unterkunft, 5A
nos, -sa *m* Nase, 16A
nosić *it.*, **noszę, nosisz** tragen, 21A
nosić nazwę heißen, 11A
Nowy Świat *m Straßenname,* 4A
nowy, -a, -e neu, 2A
Nowy Rok *m* Neujahr, 22B
nożyczki, -czek *Pl.* Schere, 16A
nóż, noża *m* Messer, 20B
np. = **na przykład** zum Beispiel, 19A
numer *m* **kierunkowy** Vorwahl, 15B

O

o *Präp.* + *Lok.* um, 5A; über, 4A
o drugiej um zwei (Uhr)

o której godzinie? um wieviel Uhr?, 5A
obchodzić *ipf.*, **obchodzę, obchodzisz** *hier:* feiern, 22A
obcokrajowiec, obcokrajowca *m* Ausländer, 12A
obecnie *Adv.* gegenwärtig, jetzt, 14A
obejrzeć *pf.*, **obejrzę, obejrzysz** sich ansehen, 10A
obiad, -du *m* Mittagessen, 6A
objaw, -wu *m* Erscheinung, 19A
oboje beide, 2A
obok *Präp.* + *Gen.* neben, an, 5A
obserwować *ipf.*, **obserwuję, obserwujesz** beobachten, 19A
obsmażyć *pf.*, **obsmażę, obsmażysz** anbraten, 20B
oczywiście *Adv.* natürlich, selbstverständlich, 4A
od *Präp.* + *Gen.* von, 5A
od ... do *Präp.* von ... bis, 14A
od godziny seit einer Stunde, 1A
od jutra ab morgen, 15A
od zaraz ab sofort, 12A
odbyć się *pf.* stattfinden, 11A
odchodzić *ipf. hier:* abfahren, 18A
odczytać *pf.*, **odczytam, odczytasz** ablesen, 18A
oddawać *ipf.*, **oddaję, oddajesz** abgeben, zurückgeben, 12A
oddawać do dyspozycji zur Verfügung stellen, 12A
oddychać *ipf.*, **oddycham, oddychasz** atmen, 17A
odgrywać *ipf.*, **odgrywam, odgrywasz** spielen, 19A
odjeżdżać *ipf.*, **odjeżdżam, odjeżdżasz** abfahren, 16A
odległość, -ci *f* Entfernung, 18A
odpowiadać *ipf. hier:* entsprechen, 15A
odpowiedni, -nia, -nie passend, geeignet, 9A
odpowiednio *Adv.* entsprechend, 14A
odpukać *pf.*, **odpukam, odpukasz** klopfen, 19A
odpukać w niemalowane drewno auf Holz klopfen, 19A
ogień, ognia *m* Feuer, 11A
ogłoszenie, -nia *n* Anzeige, 12A
ogród, ogrodu *m* Garten, 5A
ojciec, ojca *m* Vater, 4B
okazało się, że ... es stellte sich heraus, daß ..., 16A
okazja, -zji *f* Anlaß, 8A; Gelegenheit, 15A
okno, -na *n* Fenster, 16A
oko, -ka *n* Auge, 17A; Fettauge; Masche, 17B
okres, -su *m* Zeit(dauer), 12A
określony, -a, -e bestimmt, 19A
okulary, -rów *Pl.* Brille, 16A
olej, -ju *m* Öl, 21A
omawiać *ipf.*, **omawiam, omawiasz** besprechen, 2A
on, ona, ono er, sie, es, 3C
opad, -du *m* Niederschlag, 14A
opatrunek, opatrunku *m* Verband, 17A
opera, -ry *f* Oper, 9A
opłata, -ty *f* Gebühr, 12A
opona, -ny *f* Reifen, 21A
opóźniony, -a, -e verspätet, 16A
oprowadzać *ipf.*, **oprowadzam, oprowadzasz** führen, 2A
osiem acht, 3B
osiemset achthundert, 7B
osoba, -by *f* Person, 3A
osobno *Adv.* getrennt, 20A
ostatecznie *Adv.* schließlich, 15A
ostatni, -nia, -nie letzte(r), 9A
ostatnio *Adv.* letztens, letztes Mal, 15A
oszczędzać się *ipf.*, **oszczędzam się, oszczędzasz się** sich schonen, 17A
otwarty, -a, -e geöffnet, 18A
otwierać *ipf.*, **otwieram, otwierasz** aufmachen, 16A
otworzyć *pf.*, **otworzę, otworzysz** aufmachen, 16A
owca, -cy *f* Schaf, 11A
owoc, -cu *m* Obst, Frucht, 7B
owocowy, -a, -e Obst..., Frucht..., 20A
oznaczać *ipf. hier:* bedeuten, 3A
ósmy, -a, -e der, die, das achte, 5B

P

pa! tschüs!, 20A
pacjent, -ta *m* Patient, 17A
paczka, -ki *f* Paket, Schachtel, 7B; Packung, 10A
padać *ipf.* regnen, 14A
palec, palca *m* Finger; Zeh, 17B
paliwo, -wa *n* Kraftstoff, 21A
pałac, -cu *m* Palast; Schloß, 5A
pamięć, -ci *f* Gedächtnis, 4A
pamiętać *ipf.*, **pamiętam, pamiętasz** sich erinnern, 15A
pan, -na *m* Herr, 1A
pani, pani *f* Frau, 1A
panna, -ny *f* Fräulein, 4A
panować *ipf.*, **panuję, panujesz** herrschen, 11A
pantomima, -my *f* Pantomime, 9A
państwo, -wa *n* Herrschaften; Familie, 1B
papier, -ru *m* Papier, 18A
papieros, -sa *m* Zigarette, 7B
para, -ry *f* Dampf, 11A
parasol, -la *m* Regenschirm, 14A
parę + *Gen.* ein paar, einige, 9A
park, -ku *m* Park, 5A
parter, -ru *m* Erdgeschoß, 13B
Paryż, -ża *m* Paris, 14B
pas, -sa *m* Taille, 17A
pasterka, -ki *f* Mitternachtsmette, 22A
paszcza, -czy *f* Rachen, Maul, 11A
październik, -ka *m* Oktober, 15A
pączek, pączka *m* Berliner Pfannkuchen, 7A

pech, -cha *m* Pech, 21A
perfumy, perfum *Pl.* Parfüm, 22A
peron, -nu *m* Bahnsteig, 16A
pewien, pewna, pewne ein gewisser, eine gewisse, ein gewisses, 3A
pewnego dnia eines Tages, 11A
pewnego razu einmal, 11A
pewność, -ci *f* Sicherheit, Gewißheit, 9A
pęknąć *pf.*, **pęknę, pękniesz** (zer)platzen, 11A
piątek, piątku *m* Freitag, 6A
piąty, -a, -e der, die, das fünfte, 5B
picie, -cia *n* Trinken, 20A
pić *ipf.*, **piję, pijesz** trinken, 11A
pieczone mięso *n* Gebratenes, 20B
pielęgniarka, -ki *f* Krankenschwester, 3A
pieniądze, pieniędzy *Pl.* Geld, 7B
pierogi, -gów *Pl.* gefüllte Teigtaschen, 20A
pierwszy, -a, -e der, die, das erste, 5B
pies, psa *m* Hund, 4A
pieszczotliwie *Adv.* zärtlich, 22A
pięcioosobowy, -a, -e Fünfpersonen..., 21A
pięć fünf, 3B
pięćset fünfhundert, 7B
piękny, -a, -e schön, 4A
piętnaście po 6 Viertel nach 6, 6A
piętro, -ra *n* Etage, 13B
pisanka, -ki *f* (buntbemaltes) Osterei, 22A
pisać *ipf.*, **piszę, piszesz** schreiben, 6B
pisarka, -ki *f* Schriftstellerin, 3A
pisarz, -rza *m* Schriftsteller, 3A
piwiarnia, -ni *f* Bierstube, 20B
piwnica, -cy *f* Keller, 13A
piwo, -wa *n* Bier, 20A
plac, -cu *m* Platz, 5A
plan, -nu *m* Plan, 10D
plecy, -ców *Pl.* Rücken, 17B
płacić *ipf.*, **płacę, płacisz** zahlen, 7A
płaszcz, -cza *m* Mantel, 14A
płatny za rok z góry für ein Jahr im voraus zu bezahlen, 12A
płynąć *ipf.*, **płynę, płyniesz** schwimmen, 19C
pływać *it.*, **pływam, pływasz** schwimmen, 19C
po *Präp.* + *Akk.* für, zu, 10A
po *Präp.* + *Lok.* durch, nach, an, 5A
po owoce Obst kaufen, 7A
po godz. 16 nach 16 Uhr, 12A
po niemiecku auf deutsch, 6A
po południu am Nachmittag, 6A
pobierać się *ipf.* heiraten, 9B
pobieramy się wir heiraten, 9B
pochmurno *Adv.* bewölkt, 14D
pociąg, -gu *m* Zug, 15A
pociąg osobowy Personenzug, 16A
pociąg pospieszny Schnellzug, 16A
początek, początku *m* Anfang, 15A
poczta, -ty *f* Post, 10A
pocztowy, -a, -e Post..., 10A
pod *Präp.* + *Instr. hier:* unweit, 4A; unter, 11A
podać *pf.*, **podam, podasz** geben, (über)reichen, 7A
podarunek, podarunku *m* Geschenk, 22A
poddany, -nego *m* Untertan, 11A
podobać się *ipf.* gefallen, 9A
podobnie *Adv.* ähnlich, 16A
podpis, -su *m* Unterschrift, 3A
podręcznik, -ka *m* Lehrbuch, 9A
podróż, -ży *f* Reise, 2A
podróżny, -nego *m* Reisende(r), 16A
podzielić *pf.*, **podzielę, podzielisz** (ein)teilen, 15A
pogoda, -dy *f* Wetter, 14A
pogodny, -a, -e heiter; fröhlich, 8A
pogotowie *n* **ratunkowe** Rettungsstation, 15B
pojawiać się *ipf.*, **pojawiam się, pojawiasz się** erscheinen, 11A
pojechać *pf.*, **pojadę, pojedziesz** fahren, 5A
pojechać za granicę ins Ausland fahren, 15A
pojęcie, -cia *n* Begriff, 22A
pojutrze übermorgen, 9A
pokazać *pf.*, **pokażę, pokażesz** zeigen, 13A
pokochać *pf.*, **pokocham, pokochasz** liebgewinnen, 11A
pokój, pokoju *m* Zimmer, 12A
pokój do pracy Arbeitszimmer, 12A
pokój dwuosobowy Doppelzimmer, 15A
pokój dzienny Wohnzimmer, 12A
pokój gościnny Gästezimmer, 13D
pokój jednoosobowy Einzelzimmer, 15A
pokroić *pf.*, **pokroję, pokroisz** schneiden, 20B
pokroić na kawałki in Stükke schneiden, 20B
pokroić w kostkę würfeln, 20B
Polak, -ka *m* Pole, 8B
Polka, -ki *f* Polin, 8B
polecać się *ipf.*, **polecam się, polecasz się** sich empfehlen, 20A
polecamy się na przyszłość besuchen Sie uns einmal wieder, 20A
polecić *pf.*, **polecę, polecisz** anordnen; empfehlen, 18A
polewanie się wodą Begießen mit Wasser, 22A
poleżeć *pf.*, **poleżę, poleżysz** liegen, *hier:* im Bett bleiben, 6A
policja, -cji *f* Polizei, 15B
policjant, -ta *m* Polizist, 21A
Polska, Polski *f* Polen, 2A
połknąć *pf.*, **połknę, połkniesz** (ver)schlucken, 11A

połowa, -wy *f* Hälfte, 15A
położyć się *pf.*, **położę się, położysz się** sich hinlegen, 17A
południe, -nia *n* Mittag, 6A; Süden, 14A
południowy, -a, -e Süd..., südlich, 14A
pomagać *ipf.*, **pomagam, pomagasz** helfen, 12A
pomalować *pf.*, **pomaluję, pomalujesz** malen, streichen, 13A
pomarańczowy, -a, -e orange, 13A
pomidor, -ra *m* Tomate, 7A
pomieszczenie, -nia *n* Raum, 12A
pomóc *pf.* **w** + *Lok.*, **pomogę, pomożesz** helfen bei, 9A
pomyłka, -ki *f* Irrtum, 15A
to chyba pomyłka da sind Sie wohl falsch verbunden, 15A
pomysł, -łu *m* Idee, Einfall, 13A
pomyśł tylko! stell dir mal vor!, 13A
pomyśleć *pf.*, **pomyślę, pomyślisz** denken, nachdenken, 13A
pomyślność, -ci *f* Wohlergehen, 8B
poniedziałek, poniedziałku *m* Montag, 6A
ponieważ weil, denn, 6A
poniżej *Adv.* unterhalb, 14A
poniżej *Präp.* + *Gen.* unter, 13A
popołudnie, -nia *n* Nachmittag, 6B
pora *f* **dnia** Tageszeit, 6B
porabiać *ipf.*, **porabiam, porabiasz** machen, tun, 20A
poradzić *pf.* **sobie, poradzę sobie, poradzisz sobie** sich zu helfen wissen, 21A
porcja, -cji *f* Portion, 7B
porozmawiać *pf.*, **porozmawiam, porozmawiasz** sich unterhalten; besprechen, 12A
porywać *ipf.*, **porywam, porywasz** entführen, 11D
porządek, porządku *m* Ordnung, 20A
porzekadło, -ła *n* Spruch, 22A
posiłki *m/Pl.* Verpflegung, 5A
posłuchaj! hör mal zu! 13A
pospać *pf.*, **pośpię, pośpisz** schlafen, 6A
postarać się *pf.*, **postaram się, postarasz się** sich bemühen, 9A
postny, -a, -e fleischlos, 22A
postój, postoju *m* (Taxi-) Stand, 10A
poszliśmy *Prät.* wir gingen, 13A
poszukiwać *ipf.*, **poszukuję, poszukujesz** suchen, 12A
potem dann, 5A
potrafić *pf.*, **potrafię, potrafisz** können; wissen, 21A
potrawa, -wy *f* Speise, Gericht, 22A
potrójny, -a, -e dreifach, 21A
potrzeba mi + *Gen.* ich brauche, 11A
potrzebować *ipf.* + *Gen.*, **potrzebuję, potrzebujesz** brauchen, 10A
potwór, potwora *m* Ungeheuer, 11A
powiedzcie lepiej sagt lieber, 8A
powiedzenie, -nia *n* Spruch, 22A
powiedzieć *pf.*, **powiem, powiesz** sagen, 8A
powietrze, -rza *n* Luft, 14A
powinien *Adj.* (er) soll, 6A
powodzenia! viel Glück!, 8B
powrót, powrotu *m* Rückkehr, 21A
poza *Präp.* + *Instr.* außerhalb; außer, 17A
poza tym außerdem, sonst, 13A
pozdrawiać *ipf.*, **pozdrawiam, pozdrawiasz** grüßen, 9A
poznać *pf.*, **poznam, poznasz** kennenlernen, 8A
Poznań, -nia *m* Posen, 14B
poznawać *ipf.*, **poznaję, poznajesz** erkennen 19A; kennenlernen
pozwolić *pf.*, **pozwolę, pozwolisz** (zu)lassen; erlauben, gestatten, 8A
pozwól na górę komm mit nach oben, 13A
pożegnać się *pf.* **z** + *Instr.*, **pożegnam się, pożegnasz się** sich verabschieden von, 8A
pożyczony, -a, -e geliehen, 18A
pożyczyć *pf.*, **pożyczę, pożyczysz** leihen, 18A
pójść *pf.*, **pójdę, pójdziesz** gehen, 5A
pół halb, 7A
północ, -cy *f* Mitternacht 6A; Norden, 14B
północny, -a, -e Nord..., nördlich, 14A
prababcia, -ci *f* Urgroßmutter, 22B
praca, -cy *f* Arbeit, 6A
pracowity, -a, -e arbeitsam, 11A
pradziadek, pradziadka *m* Urgroßvater, 22B
pradziadkowie *Pl.* Urgroßeltern, 22B
prasa, -sy *f* Presse, 13A
prawda, -dy *f* Wahrheit, 17A
prawnuczka, -ki *f* Urenkelin, 22B
prawnuk, -ka *m* Urenkel, 22B
prawo *n* **jazdy** Führerschein, 21A
prezent, -tu *m* Geschenk, 7A
prędkość, -ci *f* Geschwindigkeit, 21A
produkty spożywcze *Pl.* Lebensmittel, 22A
prognoza, -zy *f* Vorhersage, 14A
program, -mu *m* Programm, 2A
program pobytu Aufenthaltsprogramm, 2A
proponować *ipf.*, **proponuję, proponujesz** vorschlagen, 20A
prosić *ipf.*, **proszę, prosisz** bitten, 3A
proszę do środka! bitte, kommen Sie herein!, 12A

proszę się rozebrać do pasa machen Sie den Oberkörper frei, 17A
prosto *Adv.* geradeaus, 10A
próbować *ipf.*, **próbuję, próbujesz** versuchen, 20A
prysznic, -ca *m* Dusche, 15A
przebiegać *ipf.* verlaufen, 18A
przechodzień, przechodnia *m* Passant, 16A
przecież *Adv.* doch, 5A
przeciw(ko) *Präp.* + *Dat.* gegen, 16A
przeczytać *pf.*, **przeczytam, przeczytasz** lesen, 13A
przed *Präp.* + *Instr.* vor; an, 6A
przed chwilą vor einer Weile, 16A
przed południem am Vormittag, 6A
przedmieście, -cia *n* Vorstadt, 18A
przedpołudnie, -nia *n* Vormittag, 6B
przedsionek, przedsionka *m* Windfang, 13D
przedstawiać się *ipf.*, **przedstawiam się, przedstawiasz się** sich vorstellen, 1A
przedstawić *pf.*, **przedstawię, przedstawisz** vorstellen; präsentieren, 5A
przedwczoraj vorgestern, 9A
przejaśnienie, -nia *n* Aufheiterung, 14A
przejść *pf.*, **przejdę, przejdziesz** überqueren, 16A
przekonać się *pf.*, **przekonam się, przekonasz się** sich überzeugen, 18A
przekonany, -a, -e überzeugt, 18A
przekroczyć *pf.*, **przekroczę, przekroczysz** überschreiten, 21A
przelotny, -a, -e vorübergehend, 14A
przemęczony, -a, -e übermüdet, überarbeitet, 17A
przemieszczać *ipf.* verlagern, 14A
przepis, -su *m* (Koch-)Rezept, 20B
przepisać *pf.*, **przepiszę, przepiszesz** verschreiben, 17A
przepisany, -a, -e verschrieben, 18A
przepowiadać *ipf.*, **przepowiadam, przepowiadasz** voraussagen, prophezeien, 19A
przepraszać *ipf.*, **przepraszam, przepraszasz** entschuldigen, 1A
przesąd, -du *m* Aberglaube, 19A
przesądny, -a, -e abergläubisch, 19A
przesądzać *ipf.*, **przesądzam, przesądzasz** übertreiben, 8A
przesiadka, -ki *f* Umsteigen, 16A
przestępstwo, -wa *n* Straftat, 18A
przestrzegać *ipf.*, **przestrzegam, przestrzegasz** warnen, 22A
przesunąć *pf.*, **przesunę, przesuniesz** *hier:* verlegen, 15A
przeszkadzać *ipf.* **komuś** jmdn. stören, 22C
przeważnie *Adv.* überwiegend, 22A
przewodniczka, -ki *f* Reiseleiterin, 2A
przewodnik, -ka *m* Reiseleiter, 2A
przez *Präp.* + *Akk.* durch, über, 6A
przez godzinę eine Stunde (lang), 6A
przeziębienie, -nia *n* Erkältung, 17A
przeziębiony, -a, -e erkältet, 17B
przodek, przodka *m* Vorfahr, Ahn, 19A
przy *Präp.* + *Lok.* an, bei, 16A
przy tej okazji bei dieser Gelegenheit, 15A
przybysz, -sza *m* Ankömmling, 22A
przyjaciel, -la *m* Freund, 9B
przyjaciółka, -ki *f* Freundin, 20A
przyjąć propozycję den Vorschlag annehmen, 22A
przyjechać *pf.*, **przyjadę, przyjedziesz** ankommen, eintreffen, 5A
przyjemnie *Adv.* angenehm, 1B
przyjemność, -ci *f* Vergnügen, 22A
przyjęcie, -cia *n* Empfang, 8A
przyjęcie imieninowe Namenstagsparty, 8A
przyjmować *ipf.*, **przyjmuję, przyjmujesz** einnehmen, 17A
przyjrzeć się *pf.*, **przyjrzę się, przyjrzysz się** sich ansehen, 13A
przykro *Adv.* peinlich, 8A
przykro mi es tut mir leid, 8A
przynieść *pf.*, **przyniosę, przyniesiesz** bringen, 20A
przypominać sobie *ipf.*, **przypominam sobie, przypominasz sobie** (sich) erinnern, 15A
przypomnieć sobie *pf.*, **przypomnę sobie, przypomnisz sobie** (sich) erinnern, 17A
przyrządzanie, -nia *n* Zubereitung, 20B
przysłuchać się *pf.*, **przysłucham się, przysłuchasz się** sich anhören, 7A
przystanek, przystanku *m* Haltestelle, 10A
przystojny, -a, -e gut aussehend, 4A
przyszłość, -ci *f* Zukunft, 19A
przyszły, -a, -e der, die, das nächste, 15A
przyszyć *pf.*, **przyszyję, przyszyjesz** annähen, 16A
ptak, -ka *m* Vogel, 19A
pukać *ipf.*, **pukam, pukasz** klopfen, 8A
punktualny, -a, -e pünktlich, 1A
pusty, -a, -e leer, 7A
puszcza, -czy *f* Urwald, 15A
pytać *ipf.* **o** + *Lok.*, **pytam, pytasz** fragen nach, 9A

R

rachunek, rachunku *m* Rechnung, 20A
raczej *Adv.* eher, lieber, 2A
radość, -ci *f* Freude, 8A
rana, -ny *f* Wunde, 17A
ranek, ranka *m* Morgen, 6A
rano *Adv.* morgen früh, 6B
raz einmal; eins, 11A
razem *Adv.* zusammen, 4A
recepcja, -cji *f* Rezeption, 15A
recepcjonistka, -ki *f* Empfangschefin, 15A
recepta, -ty *f* Rezept, 17A
regał, -łu *m* Regal, 13A
restauracja, -cji *f* Restaurant, 5A
reszta, -ty *f* Rest, 7A
reżyser, -ra *m* Regisseur(in), 3A
ręka, -ki *f* Hand, 16A
robić *ipf.*, **robię, robisz** machen, 9A
robi mi się niedobrze mir wird schlecht, 21A
robota, -ty *f* Arbeit, 5A
rocznica *f* **ślubu** Hochzeitsjubiläum, 10B
rodzaj, -ju *m* Art, 19A
rodzice, -ców *Pl.* Eltern, 4A
rodzeństwo, -wa *n* Geschwister, 22B
rodzina, -ny *f* Familie, 4B
rok, -ku *m* Jahr, 12A
rola, -li *f* Rolle, 19A
rosnąć *ipf. hier:* steigen, 14A
rozebrać się *pf.*, **rozbiorę się, rozbierzesz się** sich ausziehen, 17A
rozgrywać się *ipf.* sich abspielen, 18A
rozkład *m* **jazdy** Fahrplan, 18A
rozmienić *pf.*, **rozmienię, rozmienisz** wechseln, 16D
rozmowa, -wy *f* Gespräch, 7A
rozpuszczony, -a, -e verdünnt, 17A
roztargnienie, -nia *n* Zerstreutheit, 16A
rozumieć *ipf.*, **rozumiem, rozumiesz** verstehen, 6A
rozwiązywać *ipf.*, **rozwiązuję, rozwiązujesz** lösen, 18D
róg, rogu *m* Ecke, 10A
również auch, 2A
róża, -ży *f* Rose, 7A
różny, -a, -e verschieden, 13A
rynek, rynku *m* Marktplatz, 5A
rzecz, -czy *f* Sache, 9A
rzeczywiście *Adv.* tatsächlich, 18A
rzeźnik, -ka *m* Fleischer, 7A
Rzym, -mu *m* Rom, 14B

S

sam, -a, -o allein, 4A; bloß, nur, 8A
samochód, samochodu *m* Auto, Wagen, 16A
scena, -ny *f* Szene, 18A
schody, -dów *Pl.* Treppe, 16A
sekretarka, -ki *f* Sachbearbeiterin, 3A
sen, snu *m* Schlaf, 17A
ser, -a *m* Quark; Käse, 7A
serdecznie *Adv.* herzlich, 9A
serwetka, -ki *f* Serviette, 20B
setka, -ki *f* Hunderter; die Hundert, 16B
siarka, -ki *f* Schwefel, 11A
siedem sieben, 3B
siedemset siebenhundert, 7B
sierpień, sierpnia *m* August, 15A
się sich, 1A
sięgać *ipf.*, **sięgam, sięgasz** greifen, 19A
silnik, -ka *m* Motor, 21A
siostra, -ry *f* Schwester, 22B
siódemka, -ki *f* die Sieben, 16A
siódmy, -a, -e der, die, das siebente, 5B
skaleczenie, -nia *n* Verletzung, 17A
skąd wiesz? woher weißt du das?, 14A
sklep, -pu *m* Geschäft, 7A
składać *ipf.* **życzenia** wünschen, 8A
składniki, -ków *Pl.* Zutaten, 20B
skoczyć *pf.*, **skoczę, skoczysz** springen; laufen, 16A
skóra owcza, skóry owczej *f* Schafpelz, 11A
skręcić *pf.*, **skręcę, skręcisz** abbiegen, 10A
skromny, -a, -e bescheiden, 4A
skrzyżowanie, -nia *n* (Straßen-)Kreuzung, 10A
słabo *Adv.* schwach, 6B
słabość, -ci *f* **do** Schwäche für, 22A
słaby, -a, -e schwach, 4A
słonecznie *Adv.* sonnig, 14D
słońce, -ca *n* Sonne, 8A
Słowianie, Słowian *Pl.* Slawen, 19A
słuchać *ipf.*, **słucham, słuchasz** zuhören, 1A
słucham? wie bitte?, 15A
słucham panią/pana? was kann ich für Sie tun?, 1A
służyć *ipf.*, **służę, służysz** dienen, 20A
służę uprzejmie zu Ihren Diensten, 20A
słychać *nur Inf.* man hört, 20A
słyszeć *ipf.*, **słyszę, słyszysz** hören, 14A
smaczny, -a, -e schmackhaft, 20A
smakować *ipf.* schmecken, 8A
smakowity, -a, -e schmackhaft, 11A
smocza jama, smoczej jamy *f* Drachenhöhle, 11A
smok *m* **wawelski** Waweldrache, 10A
smutny, -a, -e traurig, 2A
sobie sich; einander, 4A
sobota, -ty *f* Samstag, 6A
solenizantka, -ki *f* jemand, der seinen Namenstag feiert, 8A
sól, soli *f* Salz, 7C
spać *ipf.*, **śpię, śpisz** schlafen, 6A
spaść *pf.* **spadnę, spadniesz** sinken, 14A

spędzić *pf.*, **spędzę, spędzisz** verbringen, 15A
spełniać się *ipf.* sich erfüllen, 19A
spełnienie, -nia *n* Erfüllung, 8A
spodnie, -ni *Pl.* Hose, 14A
spodobać się *pf.*, **spodobam się, spodobasz się** gefallen, 13A
spodziewać się *ipf.*, **spodziewam się, spodziewasz się** erwarten, hoffen auf, 7A
spojrzeć *pf.*, **spojrzę, spojrzysz** schauen, 18A
spokój, spokoju *m* Ruhe, 11A
spokojnie *Adv.* ruhig, 14A
sporo *Adv.* + *Gen.* ziemlich viel, 9A
spotkać (się) *pf.*, **spotkam (się), spotkasz (się)** (sich) treffen, 18A
spotkanie, -nia *n* Begegnung, 20A
spotkanie rodzinne Familientreffen, 22A
spotykać się *ipf.*, **spotykam się, spotykasz się** sich treffen, 2A
spoza *Präp.* + *Gen.* hinter ... hervor, 18A
spóźnić się *pf.*, **spóźnię się, spóźnisz się** sich verspäten, 20A
spóźnienie, -nia *n* Verspätung, 16A
sprawa, -y *f* Angelegenheit, 5A
sprawdzać *ipf.*, **sprawdzam, sprawdzasz** durchsehen, 2A
sprawdzić *pf.*, **sprawdzę, sprawdzisz** (nach)schauen, 16A
sprawy mają się dobrze es läuft gut, 20A
sprowadzać *ipf.*, **sprowadzam, sprowadzasz** führen, herbeiführen, 17A
sprzątanie, -nia *n* Aufräumen, 9A
sprzedawca, -cy *m* Verkäufer, 7A
sprzyjać *ipf.* günstig sein, 14A
st. = **stopień** Grad, 14A
stać *ipf.*, **stoję, stoisz** stehen, 18A
stać się *pf.* passieren, geschehen, 21A
stacja *f* **benzynowa** Tankstelle, 21A
stacja *f* **obsługi** Autowerkstatt, 21A
stamtąd von dort aus, 5A
Stare Miasto *n* Altstadt, 4A
stary, -a, -e alt, 8A
sterta, -ty *f* Haufen; Stapel, 18A
sto hundert, 7B
stojący, -a, -e stehende(-r, -s), 18A
stojąc *Part. I* stehend, 18C
stolica, -cy *f* Hauptstadt, 14A
stolik, -ka *m* (ein kleiner) Tisch, 20A
stołówka, -ki *f* Kantine, Mensa, 20B
stopień, stopnia *m* Grad, 14A
stosunek, stosunku *m* Verhältnis, 22A
stół, stołu *m* Tisch, 13A
strach, -chu *m* Angst, 11A
strasznie *Adv.* schrecklich; sehr, 16A
straszny, -a, -e schrecklich, 11A
straż *f* **pożarna** Feuerwehr, 15B
stwierdzić *pf.*, **stwierdzę, stwierdzisz** feststellen, 18A
styczeń, stycznia *m* Januar, 15B
stylowy, -a, -e stilvoll, 13A
sukienka, -ki *f* Kleid, 14A
supersam, -mu *m* Supermarkt, 7A
surdut, -a *m* Gehrock, 16A
suszony, -a, -e getrocknet, 22A
sweter, swetra *m* Pullover, 14A
swędzi(e)ć *ipf.* jucken, 19A
swobodnie *Adv.* frei, 6B
swój, swoja, swoje sein, ihr, mein *usw.* eigen, 11A
sympatyczny, -a, -e sympathisch, 2A
syn, -na *m* Sohn, 4A
sypialnia, -ni *f* Schlafzimmer, 12A
szafa, -fy *f* Schrank, 13A
szanowny, -a, -e verehrte(r), 10B
Szczecin, -na *m* Stettin, 14B
szczególny, -a, -e besondere(-r, -s), 22A
szczęście, -cia *n* Glück, 10B
szczęśliwy, -a, -e glücklich, 11A
szczęśliwej podróży! gute Reise!, 8B
szczupły, -a, -e schlank, 2A
szef, -fa *m* Chef, 1A
szeregówka, -ki *f* Reihenhaus, 12B
sześć sechs, 3B
sześćset sechshundert, 7B
szewczyk, -ka *m* Schusterjunge, 11A
szklanka, -ki *f* Glas, 17A
szkoda *Adv.* schade, 9A
szkodzi (es) schadet, 1A
szkoła, -ły *f* Schule, 6A
szósty, -a, -e der, die, das sechste, 5B
szukać *ipf.* + *Gen.*, **szukam, szukasz** suchen, 9A
szukanie, -nia *n* Suchen, 16A
Szwajcar, -ra *m* Schweizer, 8B
Szwajcarka, -ki *f* Schweizerin, 8B
szybko *Adv.* schnell, 7A
szycie, -cia *n* Nähen, 16A
szynka, -ki *f* Schinken, 7A

Ś

ściana, -ny *f* Wand, 13A
ślicznie *Adv.* schön, 16A
śmigus dyngus *m*, **śmigusa dyngusa** Ostertaufe, 22A
śniadanie, -nia *n* Frühstück, 6A
śnieg, -gu *m* Schnee, 14A
śpiewać *ipf.*, **śpiewam, śpiewasz** singen, 22A
środa, -dy *f* Mittwoch, 6A
Śródmieście *n Stadtviertel im Zentrum Warschaus*, 4A
świadek, świadka *m* Zeuge, 18A

światło, -tła *n* Strom, 12A
świąteczny, -a, -e Fest-tags..., 22A
świecić *ipf.* scheinen, 14A
świetnie *Adv.* ausgezeichnet, glänzend, großartig, herrlich, 5A
święcić *ipf.*, **święcę, święcisz** weihen, 22A
święta rodzinne *Pl.* Familienfest, 22A
Święta Wielkanocne *Pl.* Ostern, 22A
święto, -ta *n* Feiertag, 22B
Święto Pracy Tag der Arbeit, 22B

T

tabletka, -ki *f* Tablette, 17A
tabliczka, -ki *f* Tafel, 7B
tajemniczy, -a, -e geheimnisvoll, 19A
tak ja, 1A
tak swobodnie jak so frei wie, 6A
tak wcześnie rano so früh am Morgen, 6A
taksówka, -ki *f* Taxi, 10A
taksówkarz, -rza *m* Taxifahrer, 16A
także auch, 2A
talerz, -rza *m* Teller, 20B
tam dalej dort (drüben), 12A
tam i z powrotem hin und zurück, 16A
tamte *Pl.* jene, 10A
tamten, tamta, tamto jener, jene, jenes, 7A
tani, -nia, -nie preiswert, 7A
taras, -su *m* Terrasse, 13D
tata, -ty *m* Vati, 22B
Tatry, Tatr *Pl.* Tatra, 15A
te *Pl.* diese, 7A
teatr, -ru *m* Theater, 5A
Teatr Wielki *Eigenname (Theater in Warschau)*, 5A
tekst, -tu *m* Text, 3A
telefon, -nu *m* Telefon, 12A
telegram, -mu *m* Telegramm, 8A
ten, ta, to dieser, diese, dieses, 1A
teraz jetzt, 5A
też auch, 2A
tędy hier durch, 21C
tęgi, -a, -ie dick, 2A
tj. = **to jest** das ist, 19B
tłumaczka, -ki *f* Dolmetscherin, 2A
tłuszcz, -czu *m* Fett, 20B
to das, 1A
to dobrze robi das tut gut, 16A
to miło z twojej strony das ist nett von dir, 20A
to niemożliwe das kann nicht sein, 1A
to prawda das stimmt, 17A
to się świetnie składa das trifft sich gut, 20A
tobie dir, 8A
tor, -ru *m* Gleis, 16A
tort, -tu *m* Torte, 7A
tort orzechowy Nußtorte, 7A
towarzystwo, -wa *n* Gesellschaft, 8A
towarzyszyć *ipf.* **komuś** jmdn. begleiten, 22C
tradycja, -cji *f* Tradition, 22A
tramwaj, -ju *m* Straßenbahn, 10A
tramwajowy, -a, -e Straßenbahn..., 10A
trochę *Adv.* + *Gen.* etwas, ein wenig, 6A
trochę wolniej etwas langsamer, 10A
trójka, -ki *f* die Drei, 16A
trud, -du *m* Mühe, 21A
trzeba man soll, man muß, 5A
trzeci, -ia, -ie der, die, das dritte, 5B
trzy drei, 3B
trzy razy dreimal, 17A
trzykrotnie *Adv.* dreimal, 21A
trzymać *ipf.*, **trzymam, trzymasz** freihalten, 15A
trzymać się *ipf.*, **trzymam się, trzymasz się** sich festhalten, 8A
trzymaj się! mach's gut!, 8A
trzypokojowy, -a, -e Dreizimmer..., 12A
trzysta dreihundert, 7B
tu, tutaj hier, 3A
tulipan, -na *m* Tulpe, 7A
Tuwim, Julian *polnischer Dichter*, 16A
twój dein, 16C
ty du, 1C
tydzień, tygodnia *m* Woche, 6A
tylko nur, 7A
tym bardziej um so mehr, 13A
tymczasem inzwischen, 9A
tysiąc, -ca *m* tausend, 7A
tzn. = **to znaczy** das heißt, 19B
tzw. = **tak zwany** sogenannt, 19B

U

u *Präp.* + *Gen.* bei, 16C
ubiegły, -a, -e der, die, das vorige, 15A
ubierać się *ipf.*, **ubieram się, ubierasz się** sich anziehen, 6A
ubrać się *pf.*, **ubiorę się, ubierzesz się** sich anziehen, 14A
ucho, -cha *n* Ohr, 17A; Henkel, 17B
uciec *pf.*, **ucieknę, uciekniesz** wegfahren, weglaufen, 16A
ucieszyć się *pf.*, **ucieszę się, ucieszysz się** sich freuen; erfreut sein, 11A
uczyć *ipf.*, **uczę, uczysz** unterrichten, lehren, 6A
uczyć się *ipf.*, **uczę się, uczysz się** lernen, 6A
uczynić *pf.*, **uczynię, uczynisz** tun, machen, 11A
udać się *pf.*, **udam się, udasz się** gelingen, 11A; gehen, sich begeben, 18A
udział, -łu *m* Anteil, 18A
ugasić *pf.*, **ugaszę, ugasisz** (aus)löschen, 11A
ukryć *pf.*, **ukryję, ukryjesz** verstecken, verheimlichen, 21A
ul. = **ulica, -cy** *f* Straße, 10B
umeblowany, -a, -e möbliert, 12A
umiarkowany, -a, -e gemäßigt, 14A

umieć, umiem, umiesz können, 6A
umówiony, -a, -e verabredet, 2A
upał, -łu *m* Hitze, 14A
uprzejmy, -a, -e freundlich, 2A
urlop, -pu *m* Urlaub, 15A
uroczy, -a, -e (lieb)reizend, 4A
uroczysty, -a, -e feierlich, 22A
urok, -ku *m* Zauber, 19A
uruchomić *pf.*, **uruchomię, uruchomisz** in Betrieb setzen, 21A
uruchomić silnik den Motor anlassen, 21A
urządzać (się) *ipf.*, **urządzam (się), urządzasz (się)** (sich) einrichten, 13A
usłyszeć *pf.*, **usłyszę, usłyszysz** hören, vernehmen, 19A
usunąć *pf.*, **usunę, usuniesz** beseitigen, beheben, 21A
uszkodzenie, -nia *n* Panne, 21A
uważać *ipf.* **za** + *Akk.*, **uważam, uważasz** halten für, 19A
uzupełnić *pf.*, **uzupełnię, uzupełnisz** ergänzen 7A; nachfüllen, 21A

W

w, we *Präp.* + *Lok.* in, 2A
w celu zwecks, 19A
w ciągu im Laufe, 17A
w czasie in der Zeit, während, 9A
w dniu imienin zum Namenstag, 8A
w jakiej cenie ...? wieviel kostet ...?, 7A
w lewo/prawo (nach) links/rechts, 10A
w locie im Flug, 19A
w porządku in Ordnung, 16B
w sumie insgesamt, 13A
w sześcioro zu sechst, 21A
w takim razie in diesem Fall; dann, 10A
w ten sposób auf diese Weise, 19A
w tym kierunku in dieser Richtung, 10A
w zeszłym tygodniu letzte Woche, 13A
wagon, -nu *m* Wagen, Waggon, 16A
wagon restauracyjny Speisewagen, 16A
wagon za nami der Wagen hinter uns, 16A
wam euch, 8A
Warszawa, -wy *f* Warschau, 4A
warto es lohnt sich, 19A
warzywa, warzyw *Pl.* Gemüse, 7A
wasz euer, 16C
ważny, -a, -e wichtig, 19A
wąsy, -sów *Pl.* Schnurrbart, 18A
wątpliwy, -a, -e fraglich; scheinbar, 22A
wbrew *Präp.* + *Dat.* trotz, 22A
wchodzić *ipf.*, **wchodzę, wchodzisz** hereinkommen, 17A
wchodzić w grę in Frage kommen, 17A
wczesny, -a, -e früh, 6A
wcześnie *Adv.* früh, 6A
wczoraj gestern, 9A
wdech! wydech! einatmen! ausatmen!, 17A
we dwoje zu zweit, 20A
weekend, -du *m* Wochenende, 15A
wejście, -cia *n* Eingang, 13D
wejść *pf.*, **wejdę, wejdziesz** hereinkommen, 8A
wesele, -la *n* Hochzeit, 11A
wesoły, -a, -e fröhlich, froh, 2A
weź! nimm!, 14A
wezwać *pf.*, **wezwę, wezwiesz** vorladen, 18A
wędzony boczek *m* geräucherter Speck, 20B
wiadomość, -ci *f* Nachricht, 12A
wiadro, -ra *n* Eimer, 22A
wiatr, -ru *m* Wind, 14A
wiązać *ipf.*, **wiążę, wiążesz** verbinden, 19A
widelec, widelca *m* Gabel, 20B
widelczyk, -ka *m* kleine Gabel, 20B
widoczny, -a, -e sichtbar, 18A
widok, -ku *m* Aussicht, 15A
widokówka, -ki *f* Ansichtskarte, 10A
widzieć *ipf.*, **widzę, widzisz** sehen, 16A
wieczny, -a, -e ewig, 16A
wieczór, wieczoru *m* Abend, 6A
wieczorem am Abend, abends, 6A
Wiedeń, Wiednia *m* Wien, 14B
wiele + *Gen.* viele, 5A
wiele dni naprzód mehrere Tage vorher, 22A
Wielka Brytania, Wielkiej Brytanii *f* Großbritannien, 14B
Wielkanoc, -cy *f* Ostern, 22A
wielki, -a, -ie groß, 5A
wielmożny, -a, -e geehrte(r), 10B
wielokrotnie *Adv.* mehrmals, 22A
wieprzowina, -ny *f* Schweinefleisch, 7A
wiersz, -sza *m* Gedicht, 16A
wierzenie, -nia *n* Glaube, 19A
wierzyć *ipf.* **w** + *Akk.*, **wierzę, wierzysz** glauben an, 16A
wieś, wsi *f* Dorf, 22A
wietrzenie, -nia *n* Lüftung, 16A
wieźć *ipf.*, **wiozę, wieziesz** befördern, 11C
większość, -ci *f* Mehrheit, 8A
większy, -a, -e größer, 14A
Wigilia, -lii *f* Heiligabend, 22A
wigilijny, -a, -e Heiligabend..., 22A
willa, -li *f* Villa, 4A

willowy, -a, -e Villen..., 12A
winiarnia, -ni *f* Weinstube, 20B
wino, -na *n* Wein, 7A
wiosna, -ny *f* Frühling, 14B
wiosną im Frühling, 14B
wisieć *ipf.*, **wiszę, wisisz** hängen, 18A
witać *ipf.*, **witam, witasz** (be)grüßen, 8A
witamina, -ny *f* Vitamin, 17A
wkrótce *Adv.* bald, in Kürze, 5A
włącznie *Adv.* einschließlich, 15A
własny, -a, -e eigen, 16A
właścicielka, -ki *f* Eigentümerin, 12A
właściwie *Adv.* eigentlich, 3A
właśnie *Adv.* gerade, eben, 2A
Włochy, Włoch *Pl.* Italien, 14B
włożyć *pf.*, **włożę, włożysz** anziehen, 14A
wnętrze, -rza *n* Innere(s), 18A
wnuczek, wnuczka *m* Enkel, 4B
wnuczka, -ki *f* Enkelin, 4B
wnuk, -ka *m* Enkel, 22B
wobec tego (also) dann; daraufhin, 7A
woda, -dy *f* Wasser, 7A
woda mineralna Mineralwasser, 7A
wolałabym, wolałbym ich würde eher, 15A
woleć, wolę, wolisz vorziehen, lieber haben, 15A
wolny, -a, -e frei, 3A
wołowina, -ny *f* Rindfleisch, 7A
wozić *it.*, **wożę, wozisz** befördern, 19C
wpływ, -wu *m* Einfluß, 19A
wpół do jedenastej (es ist) halb elf, 6A
wprawdzie *Adv.* zwar, 22A
wprowadzać się *ipf.*, **wprowadzam się, wprowadzasz się** einziehen, 13A
wprowadzić się *pf.*, **wprowadzę się, wprowadzisz się** einziehen, 12A
wracać *ipf.*, **wracam, wracasz** zurückkehren, 18A
wracając als er nach Hause ging, 18A
wraz z(e) + *Instr.* zusammen mit, 11A
wreszcie *Adv.* endlich, 13A
Wrocław, -wia *m* Breslau, 14B
wrócić *pf.*, **wrócę, wrócisz** zurückkehren, 18A
wróciwszy do domu nachdem er nach Hause zurückgekehrt war, 18A
wróżba, -by *f* Wahrsagung, 19A
wróżyć *ipf.*, **wróżę, wróżysz** wahrsagen, 19A
wrzesień, września *m* September, 15B
wschód, wschodu *m* Osten, 14A
wsiadać *ipf.*, **wsiadam, wsiadasz** einsteigen, 16A
wsiąść *pf.*, **wsiądę, wsiądziesz** einsteigen, 16D
wskazywać *ipf.* zeigen, 18A
wspaniale *Adv.* herrlich, prächtig, 9A
wspaniały, -a, -e prachtvoll, 11A
współczesny, -a, -e zeitgenössisch, 19A
wspominać *ipf.*, **wspominam, wspominasz** zurückdenken, 19A
wstać *pf.*, **wstanę, wstaniesz** aufstehen, 6A
wstawać *ipf.*, **wstaję, wstajesz** aufstehen, 6A
wszelki, -a, -ie jede(r); all, 8A
wszyscy *Pl.*, **wszystkich** alle, 8A
Wszystkich Świętych Allerheiligen, 22B
wszystkiego najlepszego herzlichen Glückwunsch, 8A
wszystko *Adv.* alles, 7A
wtedy dann, 6A
wtorek, wtorku *m* Dienstag, 6A
wujek, wujka *m* Onkel, 22A
wy ihr, 1C
wybierać się *ipf.*, **wybieram się, wybierasz się** *hier:* gehen, 7A
wybrać *pf.*, **wybiorę, wybierzesz** (aus)wählen, 10A
wybrać się w góry ins Gebirge fahren, 14A
wybuchnąć *pf.* ausbrechen, 11A
wychodzić *ipf.*, **wychodzę, wychodzisz** (hin)ausgehen; herauskommen, 8A
wychodzić za mąż *Frau:* heiraten, 9A
wycieczka, -ki *f* Ausflug, 2A
wydarzyć się *pf.* passieren, 18A
wydatek, wydatku *m* Ausgabe, 19A
wydawać *ipf.*, **wydaję, wydajesz** (aus)geben, 8A
wyjrzeć *pf.*, **wyjrzę, wyjrzysz** hinaussehen, hinausschauen, herausgucken, 18A
wykryć *pf.*, **wykryję, wykryjesz** aufdecken, aufspüren, 18A
wymieniać *ipf.*, **wymieniam, wymieniasz** auswechseln, 21A
wymienić *pf.*, **wymienię, wymienisz** auswechseln, 21A
wymówić *pf.*, **wymówię, wymówisz** aussprechen, 19A
wymówić w złą godzinę ein Wort zur unrechten Stunde sagen, 19A
wymyślić *pf.*, **wymyślę, wymyślisz** erfinden, ausdenken, denken, 13A
wynająć *pf.*, **wynajmę, wynajmiesz** vermieten, 12A
wynajmować *ipf.*, **wynajmuję, wynajmujesz** vermieten, 12A
wynosić *ipf.* *hier:* betragen, 12A
wyobrazić sobie *pf.*, **wyobrażę sobie, wyobrazisz sobie** sich vorstellen, 13A
wypadek, wypadku *m* Ereignis; Fall, 19A
wypełnić *pf.*, **wypełnię, wy-**

pełnisz ausfüllen, 10A; (auf)füllen, 11A
wypierać *ipf.* verdrängen, 14A
wypisać *pf.*, **wypiszę, wypiszesz** schreiben, 17A
wypocząć *pf.*, **wypocznę, wypoczniesz** sich erholen, ausruhen, 15A
wypoczynek, wypocznku *m* Erholung, 14A
wysiąść *pf.*, **wysiądę, wysiądziesz** aussteigen, 16A
wysłać *pf.*, **wyślę, wyślesz** (ab)schicken, 9A
wysoki, -a, -ie hoch; groß, 2A
wystarczy es genügt, 8A
wystawa, -wy *f* Ausstellung, 9A
wyśmienity, -a, -e ausgezeichnet, 20A
wywodzić się *ipf.*, **wywodzę się, wywodzisz się** abstammen, 19A
wyż, -żu *m* Hoch(druck), 14A
wzajemny, -a, -e gegenseitig, 22A
wzgórze, -rza *n* Hügel, Anhöhe, 11A
wziąć *pf.*, **wezmę, weźmiesz** (mit)nehmen, 14A
wzmocnienie, -nia *n* Stärkung, 17A

Z

z *Präp.* + *Gen.* aus, 2A
z *Präp.* + *Instr.* mit, 2A
z całą pewnością ganz gewiß, 14A
z okazji aus Anlaß, 8A
z pewnością sicherlich, gewiß, 9A
za *Präp.* + *Akk.* vor, in, 6A; für, zu, 10A
za chwil(k)ę gleich, 7A
za drogo zu teuer, 7A
za godzinę in einer Stunde, 5B
za granicę ins Ausland, 12D
za piętnaście ósma Viertel vor acht, 6A
za rogiem um die Ecke, 10A
za to dafür, 15A
za żonę zur Frau, 11A
zaadresować *pf.*, **zaadresuję, zaadresujesz** adressieren, 10A
zabić *pf.*, **zabiję, zabijesz** töten, 11A
zabierać *ipf.*, **zabieram, zabierasz** mitnehmen, wegnehmen, 16A
zabrać *pf.*, **zabiorę, zabierzesz** mitnehmen 20A; wegnehmen, 15A
zabrać się *pf.* **do roboty** sich an die Arbeit machen, 11A
zachmurzenie, -nia *n* Bewölkung, 14A
zachód, zachodu *m* Westen, 14A
zachodni, -nia, -nie West..., westlich, 14A
zacząć *pf.*, **zacznę, zaczniesz** anfangen, 5A
zaczekać *pf.* **na** + *Akk.*, **zaczekam, zaczekasz** warten auf, 16A
zaczynać *ipf.*, **zaczynam, zaczynasz** beginnen, 6A
zadzwonić *pf.* **do** + *Gen.*, **zadzwonię, zadzwonisz** anrufen in, 15B
zagadka, -ki *f* Rätsel, 18A
zająć się *pf.*, **zajmę się, zajmiesz się** *hier:* erledigen, 21A
zajęty, -a, -e besetzt, 15A
zajmować *ipf.*, **zajmuję, zajmujesz** *hier:* benutzen, 12A
zakłócić *pf.*, **zakłócę, zakłócisz** stören, 11A
zakupy, -pów *Pl.* Einkäufe, 7A
załatwienie, -nia *n* Erledigung, 5A
założyć *pf.*, **założę, założysz** anziehen, anlegen, 14A
zamawiać *ipf.*, **zamawiam, zamawiasz** bestellen, 16C
zamek, zamku *m* Schloß, 5A
Zamek Królewski Königsschloß *(in Warschau)*, 5A
zamiar, -ru *m* Absicht, 9A
zamieszkać *pf.*, **zamieszkam, zamieszkasz** sich niederlassen, 11A
zamknięty, -a, -e geschlossen, 16A
zamordować *pf.*, **zamorduję, zamordujesz** ermorden, umbringen, 18A
zamówić *pf.*, **zamówię, zamówisz** bestellen, 5A
zanim *Konj.* ehe, bevor, 21A
zapalić *pf.* *hier:* anspringen, 21A
zapasy, -sów *Pl.* Vorräte, 7A
zapewnić *pf.*, **zapewnię, zapewnisz** sichern, garantieren, 22A
zapłacić *pf.*, **zapłacę, zapłacisz** zahlen, 20A
zapomnieć *pf.*, **zapomnę, zapomnisz** vergessen, 14A
zaproponować *pf.*, **zaproponuję, zaproponujesz** *hier:* anbieten, 8A
zapytać *pf.*, **zapytam, zapytasz** fragen, 20A
zaraz *Adv.* gleich, 5A; Moment mal, 15A
zarezerwować *pf.*, **zarezerwuję, zarezerwujesz** reservieren, 5A
zarówno ... jak i ... sowohl ... als auch ..., 20B
zastanawiać się *ipf.*, **zastanawiam się, zastanawiasz się** überlegen, 20A
zaś *Konj.* dagegen, aber, 6A
zatankować *pf.*, **zatankuję, zatankujesz** tanken, 21A
zatrzymać *pf.*, **zatrzymam, zatrzymasz** anhalten, 21A
zatrzymywać *ipf.*, **zatrzymuję, zatrzymujesz** anhalten, 21A
zauważyć *pf.*, **zauważę, zauważysz** merken, wahrnehmen, 18A
zawód, zawodu *m* Beruf, 3B
zawrót *m* **głowy** Schwindel, 17A
zawsze *Adv.* immer, 2A
zażyć *pf.*, **zażyję, zażyjesz** einnehmen, 17A
zażywać *ipf.*, **zażywam, zażywasz** einnehmen, 17A
zbadać *pf.*, **zbadam, zbadasz** untersuchen, 17A

zbiornik, -ka *m* Tank, Behälter, 21A
zbliża się północ es ist gleich Mitternacht, 8A
zbliżać się *ipf.*, **zbliżam się, zbliżasz się** sich nähern, 8A
zbrodnia, -ni *f* Verbrechen, 18A
zbyt *Adv.* (all)zu, 17A
zbyt mało zu wenig, 22A
zdanie, -nia *n* Satz, 22A
zdaniem nach Meinung, 22A
zdążyć *pf.*, **zdążę, zdążysz** zur rechten Zeit kommen, 15A; schaffen, fertig werden, 18A
zdążyć na pociąg den Zug erreichen, 15A
zdążyłem tylko ... ich konnte nur ..., 18A
zdjęcie, -cia *n* Aufnahme, Foto, 7A
zdolność, -ci *f* Fähigkeit, 19A
ze mną mit mir, 5A
ze schodów von der Treppe, 16A
zegarek, zegarka *m* Uhr, 1A
zepsuć się *pf.* kaputtgehen, 21A
zepsuty, -a, -e kaputt, 1A
zerknąć *pf.*, **zerknę, zerkniesz** einen Blick werfen, 16A
zero null, 3B
zeszły, -a, -e vorige(r), 15A
zeszyć *pf.*, **zeszyję, zeszyjesz** zusammennähen, 11A
zeznać *pf.*, **zeznam, zeznasz** aussagen; angeben, 18A
zeznanie, -nia *n* Aussage, 18A
zgadzać się *ipf.*, **zgadzam się, zgadzasz się** einverstanden sein, 5A
zgłoszenie, -nia *n* Anmeldung, 12A
zgoda? einverstanden?, 16B
zgodnie z tradycją nach der Tradition, 22A
Zielone Świątki *Pl.* Pfingsten, 22B
zielony, -a, -e grün, 13A
ziemniak, -ka *m* Kartoffel, 7A
zima, -my *f* Winter, 14A
zimą im Winter, 14C
zimny, -a, -e kalt, 13A
zjedlibyśmy wir würden essen, 20A
zjeść *pf.*, **zjem, zjesz** essen, 20A
złoty, -ego *m* Zloty, 7B
złoty, -a, -e golden, 13A
złożyć zeznanie eine Aussage machen, 18A
zmęczony, -a, -e müde, 14A
zmienny, -a, -e veränderlich, 14A
znać *ipf.*, **znam, znasz** kennen, 6A
znaczek, znaczka *m* Briefmarke, 10A
znaczenie, -nia *n* Bedeutung, 22A
znad *Präp.* + *Gen.* von, 14A; von ... her, 18B
znajomi, -mych *Pl.* Bekannte, 8A
znak, -ku *m* Zeichen, 3A
znak zapytania Fragezeichen, 3A
znakomicie *Adv.* ausgezeichnet, 20A
znaleźć *pf.*, **znajdę, znajdziesz** finden, 13A
zneutralizowanie, -nia *n* Neutralisierung, 19A
znieść *pf.*, **zniosę, zniesiesz** heruntertragen, 16A
znosić *ipf.*, **znoszę, znosisz** vertragen, 14A
znowu *Adv.* wieder, 16A
znów *Adv.* wieder, 21A
zobaczyć *pf.*, **zobaczę, zobaczysz** sehen; erblicken; nachsehen, 5A
zostać *pf.*, **zostanę, zostaniesz** bleiben, 20A; werden, 11A
zresztą *Adv.* übrigens, 9A
zrobić *pf.*, **zrobię, zrobisz** machen, 7A
zrzucić *pf.*, **zrzucę, zrzucisz** hinunterwerfen, 11A
zupa, -py *f* Suppe, 20A
zupa pomidorowa Tomatensuppe, 20A
zwany, -a, -e genannt, 11A
związany, -a, -e verbunden, 22A
zwiedzanie, -nia *n* Besichtigung, 5A
zwierzę, -cia *n* Tier, 11D
zwolnienie, -nia *n* Attest, 17A
zwracać się *ipf.* **do** + *Gen.*, **zwracam się, zwracasz się** sich wenden an, 22A
zwrócić się *pf.* **do** + *Gen.*, **zwrócę się, zwrócisz się** sich wenden an, 11A
zwyczaj, -ju *m* Sitte, Brauch, 19A
zwykle *Adv.* normalerweise, 1A
zza *Präp.* + *Gen.* von ... her, 18A

Ź, Ż

źle *Adv.* schlecht, 6B
żaden, żadna, żadne überhaupt kein, 17A
żartować *ipf.*, **żartuję, żartujesz** scherzen, spaßen, 13A
że *Konj.* daß, 5A
żeby *Konj.* daß, damit, um ... zu, 15A
żegnać się *ipf.*, **żegnam się, żegnasz się** sich verabschieden, 8A
żenić się *ipf.*, **żenię się, żenisz się** *Mann:* heiraten, 9B
żona, -ny *f* Frau, 4A
żonaty *Mann:* verheiratet, 4A
żółty, -a, -e gelb, 7A
żółty ser *m* Käse, 7A
żuć *ipf.*, **żuję, żujesz** kauen, 11C
życie, -cia *n* Leben, 16C
życzenia, -czeń *Pl.* Glückwünsche, 8A
życzenia imieninowe Namenstagswünsche, 10B
życzenia urodzinowe Geburtstagswünsche, 10B
życzyć *ipf.*, **życzę, życzysz** wünschen, 7A
żyć *ipf.*, **żyję, żyjesz** leben, 11A

Sachregister

(Die Zahlen verweisen auf die Lektionsabschnitte)